Ulrich Heyden

Mein Weg nach Russland

Bibliografische Information der Deutschen Bibliothek:
Die Deutsche Bibliothek verzeichnet diese Publikation
in der Deutschen Nationalbibliografie.

Lektorat: Katrin McClean
Coverfoto: Swetlana Heyden

Druck: CPI – Clausen und Bosse, Leck
Printed in Germany
ISBN: 978-3-85371-528-4

Promedia Verlag
E-Mail: promedia@mediashop.at
Web: www.mediashop.at|www.verlag-promedia.de

ULRICH HEYDEN

Mein Weg nach Russland

Erinnerungen eines Reporters

PROMEDIA

Über den Autor

Ulrich Heyden, geboren 1954 in Hamburg, wurde von 1974 bis 1980 als Metallflugzeugbauer ausgebildet und arbeitete in Hamburger Metallbetrieben. Von 1981 bis 1991 Studium der Volkswirtwirtschaft und der Mittleren und Neueren Geschichte in Hamburg. Seit 1992 freier Korrespondent in Moskau, u.a. für *der Freitag, Die Presse, Sächsische Zeitung* und *Deutschlandfunk*.

»Wenn Armageddon donnert,
wenn so viele Pfeile des Hasses, der Trennung,
der Zerstörung, der Zersetzung den Raum durchdringen,
sollten wir dann nicht jeden
Funken der Freundlichkeit schützen?
Wenn die höchsten Begriffe
in Unwissenheit verunglimpft werden,
sollten wir nicht alle heiligen Lampen
an den Herd des Geistes bringen?
Wenn Lügen und Aberglaube versuchen,
alles Reinste zu verschmutzen,
nur um das Feld des Chaos zu vergrößern,
sollten wir nicht in den besten Chroniken
nach Beweisen für wirkliche Zusammenarbeit suchen?«

Nikolai Rerich, Himavat, 1946

Nikolai Rerich (1874–1947) war ein berühmter russischer Maler und Philosoph, der viele Jahre in Indien lebte.

Inhalt

Vorwort

Die grüne Spitzenpolitikerin und spätere deutsche Außenministerin Annalena Baerbock machte im Mai 2021 eine bemerkenswerte Äußerung zur deutschen Geschichte. Auf dem EU-US Future Forum des Thinktanks Atlantic Council erinnerte[1] sie an ihren Opa Waldemar, der im Winter 1945 als Wehrmachtsoffizier östlich der Oder gegen die Rote Armee gekämpft hatte. Weiter erklärte Baerbock, die Generation ihres Opas habe später dazu beigetragen, dass einst verfeindete Länder – wie Polen und Deutschland – nun in Frieden und Freundschaft leben können.

Dass ihr Opa, Waldemar Baerbock, als Offizier an einem deutschen Angriffskrieg beteiligt gewesen war, bei dem 27 Millionen Bürger der Sowjetunion getötet wurden, erwähnte die grüne Politikerin in ihrem Auftritt vor dem Atlantic Council mit keinem Wort. Baerbock zog mit der Äußerung über ihren Opa einen Schlussstrich unter die Verbrechen, welche die deutsche Wehrmacht und die SS in der Sowjetunion verübten. Leider folgten auf Baerbocks Rühr-Geschichte über ihren Opa keine kritischen Reaktionen in der deutschen Öffentlichkeit, von einigen linken Kommentatoren abgesehen.

Dass in den großen deutschen Medien ab Februar 2022 die Erinnerung an den von Deutschland am 22. Juni 1941 begonnenen Angriffskrieg gegen Russland komplett beiseitegeschoben wurde, brachte mich auf den Gedanken, am Beispiel der eigenen Familie nachzuzeichnen, wie mit diesem Ereignis in der deutschen Nachkriegszeit umgegangen worden war. Ich stöberte in Tagebüchern, Briefen und privaten Dokumenten und begann mich an fast Vergessenes zu erinnern.

Je tiefer ich grub, desto komplizierter wurde es. Bei meinem Vater, der als Offizier einer Aufklärungseinheit im Winter 1941 bis auf 147 Kilometer an Moskau herangekommen war, stieß ich auf ein verworrenes Gemisch aus Dämonisierung und »Russland-Liebe«. Er verehrte nicht nur die russischen Zaren. Er hatte auch einen Kupferstich vom Kreml im Wohnzimmer hängen

1 https://www.atlanticcouncil.org/news/transcripts/annalena-baerbock-on-a-transatlantic-green-deal-and-german-strategies-in-facing-russia-and-china/

und er idealisierte das bäuerliche russische Leben mit großen, fruchtbaren Feldern.

Beim Durchforsten von Dokumenten und Erinnerungen wurde mir klar: Die Rotarmisten, gegen die mein Vater kämpfte – viele von ihnen einfache Bauernsöhne –, nahm er nicht als Menschen, sondern nur als graue Masse wahr. Er interessierte sich nicht dafür, was das für Menschen waren, wo ihre Angehörigen lebten und was diese Angehörigen an Ängsten durchstanden. Nur durch diese Anonymisierung gelang es ihm, das Gefühl, Menschen gegenüberzustehen, wie er selbst einer war, abzutöten.

Die Anonymisierung war möglich geworden durch Nazi-Propaganda, die sowjetische Soldaten als unberechenbar, wild und dem deutschen Volk feindlich gesonnen dämonisierte. So kam es, dass mein Vater in der Lage war, auf gleichaltrige Rotarmisten zu schießen, ohne danach in Gewissensqualen zu zergehen.

Eine Dämonisierung der russischen Soldaten erleben wir auch heutzutage im deutschen Fernsehen. In der *ZDF*-Sendung »Markus Lanz«[2] erklärte die Politikwissenschaftlerin und stellvertretende Direktorin des Instituts der Europäischen Union für Sicherheitsstudien, Florence Gaub, im April 2022: »Ich glaube, wir dürfen nicht vergessen, dass auch wenn Russen europäisch aussehen, dass es keine Europäer sind – im kulturellen Sinne.« Russen hätten einen anderen Bezug zu Gewalt und Tod. »Es gibt (bei Russen) nicht diesen liberalen und postmodernen Zugang zum Leben. Das Leben als ein Projekt, das jeder für sich individuell gestaltet. Sondern das Leben kann halt einfach auch mit dem Tod recht früh enden.« Starker Tobak, aber sowas darf eine »Expertin« heute in einer Talkshow sagen, ohne dass der Moderator ihr ins Wort fällt.

Und wie ging es bei uns zuhause zu, als ich klein war? Zum sonntäglichen Frühstück – im Hintergrund spielte meist Musik von Johann Sebastian Bach – schilderte mein Vater uns Kindern in ergreifenden Geschichten, wie heldenhaft er furchtbare Schlachten in Weißrussland und Russland durchgestanden hatte. Wir fieberten mit ihm. Aber Kriegsbegeisterung lösten seine Erzählungen bei uns Kindern nicht aus, eher im Gegenteil. Erst als ich erwachsen wurde, fiel mir auf, dass die Vernichtung der Juden in der

2 https://www.zdf.de/gesellschaft/markus-lanz/markus-lanz-vom-12-april-2022-100.html, Minute 45:29

Sowjetunion und das Schicksal der sowjetischen Zivilbevölkerung in den Erzählungen meines Vaters nicht vorkamen. Alle Fragen in diese Richtung übertünchte er mit der Parole, man habe Russland »vom Bolschewismus befreien« wollen. Den Angriffskrieg gegen die Sowjetunion verurteilte er nie. Er gestand nur ein, dass Hitler und seine Generäle beim »Unternehmen Barbarossa« taktische Fehler gemacht hatten.

Die Kriegszeit war im Leben meines Vaters das stärkste emotionale Erlebnis. Diese Zeit als Zwanzigjähriger galt für ihn als Maßstab, an dem er alles maß: Mut, Ausdauer, Kälte, Schmerz, Kameradschaft, Todesangst.

Die Erinnerungen waren so stark, dass er mich 1995 überredete, ihn auf eine »Vergebungsfahrt« deutscher Christen in die Ukraine zu begleiten. Nachdem die Reisegruppe ein jüdisches Massengrab bei Berditschew besucht hatte, war mein Vater sichtlich verunsichert. Aber von einer Beteiligung von Wehrmachtssoldaten an Massakern gegen die Zivilbevölkerung und Juden wollte er nichts wissen.

1997 besuchten wir gemeinsam jenes Dorf vor Moskau, in dem er im Winter 1941 mit seiner Einheit Stellung bezogen hatte. Der Besuch in dem Dorf endete mit einem Fiasko, denn Bewohner berichteten uns, dass während der Besatzung drei Zivilisten, die der Kappung einer Telefonleitung verdächtigt wurden, von deutschen Soldaten erschossen worden waren. Davon hatte mein Vater mir nie erzählt. An eine beschauliche Begehung seiner ehemaligen Stellung vor Moskau war nicht mehr zu denken. Er wollte das Dorf so schnell wie möglich verlassen.

Als in Westdeutschland 1968 eine Protestbewegung gegen den Vietnam-Krieg, die Notstandsgesetze und eine reaktionäre Politik in vielen Lebensbereichen losbrach, fassten ich und vieler meiner Altersgenossen Mut. Wir begannen unsere Eltern zu fragen, was sie in der Nazizeit und an der Ostfront erlebt hatten, bekamen aber meist nur ausweichende und bruchstückhafte Antworten. Niemand wollte am Pranger stehen. Und so schwieg man lieber. Von staatlicher Seite gab es zunächst keinerlei Unterstützung bei der Aufarbeitung der Nazi-Vergangenheit.

Was die Aufarbeitung der Nazizeit betrifft, wurde seit den späten 1960er Jahren von einer linken und demokratischen Öffentlichkeit viel erreicht, doch wie sich jetzt zeigt, zu wenig. Denn die deutschen Medien sind der Erzählung Annalena Baerbocks über ihren unschuldigen

Opa Waldemar blind gefolgt und haben alle Schuld am Ukraine-Krieg auf Russland abgewälzt.

Das Geschichtsbewusstsein vor allem in Westdeutschland ist heute auf das Niveau der 1950er Jahre zurückgefallen, als viele Westdeutsche meinten, die wahren Übeltäter im Zweiten Weltkrieg seien die Sowjetsoldaten und nicht die Wehrmacht gewesen, welche die Sowjetunion überfiel.

Das Thema »Deutsche im Krieg gegen Russland« ist von beklemmender Aktualität. Mit meinem Buch möchte ich zum Nachdenken über die deutsche Kriegsbeteiligung in der Ukraine anregen.

Ulrich Heyden
Moskau, im November 2023

1. Im Schatten des Krieges

Ich kam im September 1954 zur Welt. Es war im Jahr, als die Wiederbewaffnung der Bundesrepublik Deutschland und die Aufnahme in die NATO beschlossen und die Visapflicht im Grenzverkehr zwischen Deutschland und Frankreich abgeschafft wurden.

Faschismus und Krieg waren erst neun Jahre vorüber. Meine Mutter Christa – geboren 1930 in Ostpreußen – war von der Flucht vor der Roten Armee geschwächt, weshalb sie mehrere Fehlgeburten erlitt.

Meine Eltern hatten 1952 geheiratet. Ihre Hochzeitsreise machten sie ausgerechnet nach Spanien. Es war außer Portugal das einzige Land in Westeuropa, wo damals noch eine Diktatur herrschte.

Erst zwei Jahre später begann sich die Hoffnung auf ein Kind zu erfüllen. Doch die Schwangerschaft war nicht einfach. Meine Mutter hatte extra für mich ein handtellergroßes, grünes Tagebuch angelegt, in dem sie alles Wichtige vor und nach der Geburt notierte. »18. 12. 53 letzte Regel. Vom 8. 2. bis 15. 5. fest gelegen.« Ich sollte sicher in ihr wachsen, weshalb ihr vom Arzt Bettruhe verordnet worden war. Die Ruhe zahlte sich aus. Sie notierte: »14. 5. ganz schwache Bewegungen.« Die Geburt zog sich über drei Tage hin. »Der Geburtskanal war zu eng«, erzählte mein Vater. So kam ich mit Kaiserschnitt auf die Welt. Ein Wunder, wie meine Mutter das durchgestanden hat.

Nach der Geburt schrieb sie in das Tagebuch, »vom ersten Tag an dunkle Locken. Er trank sofort gut und die Milch kam auch schnell und reichlich.« Als ich zwei Jahre alt war, notierte sie: »Er ist sehr empfindsam auf fröhliche und traurige Stimmung bei mir. Ist sehr hilfsbereit.«

Und es gab neue Freude. Nur wenig nach mir wurde meine Schwester geboren.

Der letzte Eintrag meiner Mutter in dem Büchlein ist vom September 1957. Danach führte eine Gouvernante das Tagebuch weiter. Meine Mutter war im April 1959 bei einem Autounfall in Münster gestorben. In ihrem Bauch trug sie ihr drittes Kind. Der Unfall ereignete sich auf dem Rückweg von einem Skiurlaub. Christa saß auf dem Beifahrersitz, mein Vater am Steuer. Das Auto wurde an der Beifahrerseite von einem Laster gerammt, der die Ampel nicht beachtet hatte.

Dass meine Mutter gestorben war, wurde mir nur verklausuliert von meiner Gouvernante mitgeteilt. Ich war damals fünf Jahre alt. »Sie ist nach oben gegangen«, sagte die Frau und zeigte dabei in den Himmel. Ich guckte angestrengt in den Himmel, sah die Mutter aber nicht.

Zur Beerdigung wurde ich nicht mitgenommen. Dass ich geweint oder getrauert habe, daran kann ich mich nicht erinnern. Dass ich Journalist wurde, hat aber vielleicht etwas mit dem Tod meiner Mutter zu tun. Ich hasse es, wenn etwas verschwiegen oder vertuscht wird.

Im ersten Jahr nach dem Tode meiner Mutter bekamen ich und meine Schwester jeweils eine Gouvernante, die sich um uns kümmerten. Meine Betreuerin mochte ich sehr gerne. Sehr bald schon erklärte ich ihr, dass ich sie heiraten wollte. Irgendwann verschwand sie dann.

Über seine verstorbene Frau sprach mein Vater immer wie von einem Engel. Ein Anlass, sich an die Verstorbene zu erinnern, war der Geburtstag meiner Mutter im Juni. Dann fuhr er mit dem Auto zu ihrem Grab südlich der Elbe, wo Christa neben dem Familiengrab einer Schwester ihre Ruhestätte hatte.

Als ich größer war, fuhr ich oft mit. Für mich waren diese Fahrten in die Marsch mit dem Geruch von Äpfeln verbunden. Sobald wir eine der vielen Apfel-Plantagen dort erreicht hatten, kaufte Wilhelm eine Kiste von diesem Obst, das im Auto einen starken Duft verbreitete. Der Duft hatte für uns beide etwas Beruhigendes. Er gab uns die Hoffnung, dass das Leben weitergeht.

Ein Jahr nach dem Tod von Christa heiratete Wilhelm erneut. Seine neue Frau brachte drei Kinder mit in die Ehe. Gemeinsame Kinder hatte Wilhelm mit seiner zweiten Frau nicht.

Es war wohl eine Vernunftehe. Verliebtheit habe ich zwischen Wilhelm und seiner zweiten Frau nicht bemerkt. Ich hatte eher den Eindruck, dass es eine gute Freundschaft war.

Mein Vater stand nach dem Tod meiner Mutter mit seinen zwei Kindern, mir und meiner Schwester, alleine da. Der zweiten Frau meines Vaters ging es ähnlich. Sie war nach dem Tod ihres Ehemanns mit ihren drei Kindern – einem Sohn und zwei Töchtern – alleinstehend. In unserer neuen Familie wurde alles pragmatisch geregelt. Lange Trauerphasen passten nicht zum soldatischen Wesen meines Vaters.

2. Das Geschäft

Bohnerwachs und schummrige Beleuchtung

Es fühlte sich merkwürdig an, wenn ich als Kind in Hamburg in die Firma meines Vaters ging. Alles war so streng. Wilhelm saß an einem großen Besprechungstisch, meist beschäftigt mit Schriftstücken, die ihm von seiner Sekretärin zur Unterschrift vorgelegt wurden. Dem Tisch gegenüber stand eine mit grünem Leder bezogene Bank, auf der ich Platz nehmen durfte.

Der Raum mit seinen weißen Wänden, den Schränken aus dunklem Mahagoniholz und den Kupferstichen aus dem 19. Jahrhundert hatte etwas bedrückend Strenges. Auf den Stichen waren französische Soldaten mit großen Mützen und Gewehren zu sehen, die 1814 – am Ende der Besatzungszeit – über eine hölzerne Elbbrücke aus Hamburg abzogen.

Wilhelm freute sich, wenn ich kam. Er war stolz auf mich, hatte aber kaum Zeit, mit mir zu sprechen.

Die Firma befand sich im Neuen Wall, im ersten Stock eines der Kontorhäuser, die mit flexibler Raumaufteilung Anfang des 20. Jahrhunderts für Handelsunternehmen gebaut worden waren. Wer zur Firma wollte, musste durch einen nur schwach beleuchteten, aber pompösen Eingang. Über eine Treppe aus schwarzem Marmor, der mit weißen Adern durchzogen war, ging es hinauf in den ersten Stock. Die Treppenstufen waren immer blank gewischt. Kein Staubkorn weit und breit. Die mattschwarzen Gitterstäbe im Treppengeländer, in die meine Kinderfinger griffen, gaben Halt, waren aber kantig-viereckig und kalt. Nur der leuchtende Messing-Handlauf des Geländers brachte etwas Warmes in diese kühle Vorhalle.

Im ersten Stock angekommen, ging es links durch eine unscheinbare Holztür zum Empfangszimmer. Dort roch es nach Bohnerwachs. Weil die Leuchter an den Wänden des Empfangszimmers wenig Licht gaben, war es im Empfangszimmer immer ein bisschen schummrig. Hell war nur der Raum mit der Empfangsdame und Telefonistin Frau S., deren Arbeitsplatz vom Empfangszimmer durch eine große Glasscheibe getrennt war. Frau S. hatte schön gemachte Haare und eine modische Brille. Sie begrüßte mich immer mit einem Lächeln, das so herzlich war, als ob sie auf mich gewartet hätte.

Außer dem Zimmer der Telefonistin lagen die Zimmer der Angestellten alle zur Fensterseite des Bürogebäudes. Man erreichte die Zimmer der Mitarbeiter über einen Korridor, der sich in der Form eines großen »L« parallel zur Gebäudeaußenwand hinzog. Vom Korridor waren die Zimmer der Angestellten nur durch eine Glasscheibe getrennt, also für die beiden Chefs und die Mitarbeiter beim Vorbeigehen einsehbar. Nur das Zimmer von Wilhelm war nicht einsehbar. Was es bedeutet, immer unter Kontrolle zu stehen, wurde mir erst später im Berufsleben bewusst.

Da mein Vater meist noch in einer Besprechung saß, holte die Telefonistin mich in ihren Raum und sprach ein bisschen mit mir, damit es mir nicht langweilig wurde. Zwischendurch nahm sie Anrufe an und stellte sie an Mitarbeiter durch.

Irgendwann ging dann die Doppeltür auf – das war eine spezielle Konstruktion zur Schalldämpfung – und heraus kam Wilhelms Sekretärin, Frau B., eine untersetzte Frau. Sie hatte einen dunklen Lockenkopf und trug immer ein enges schwarzes Kleid, das bis zum Knie reichte. Ihre Lippen waren dunkelrot geschminkt.

Ich schlüpfte hinein zu meinem Vater, der irgendwelche Papiere durchlas. Er sagte mir, er habe noch keine Zeit, ich könne mich aber mit Herrn O. unterhalten, das war sein Teilhaber in der Firma. Er saß im Nebenzimmer.

Von Wilhelm wusste ich, dass Herr O. im Zweiten Weltkrieg in Russland Stuka-Flieger gewesen war. Diese Kampfflugzeuge stürzten mit einem furchterregenden Heulton aus dem Himmel auf ihre Ziele am Boden. Mir schien, dass das eine gefährliche Sache sei, Herr O. also ein mutiger Mann sein musste. Dabei sah er mit seinem Kinnbart aus wie ein gemütlicher Großvater, der seinen Kindern gerne Märchen vorliest. Auf wen er da in Russland genau hinabstürzte, darüber verlor Herr O. kein Wort.

Als ich etwas älter war, kam Herr O. einmal auf das Thema Hamburger Werften zu sprechen. Die machten ab den 1960er Jahren der Reihe nach dicht. Schiffe wurden von nun an in Südostasien gebaut. Dort war die Produktion billiger. Herr O. fand an dieser Entwicklung nichts Bedenkliches. Deutschland werde sich jetzt auf Spitzentechnologie konzentrieren. Die einfachen und groben Arbeiten würden in die »Dritte Welt« ausgelagert, meinte er.

Irgendwann stand dann Wilhelm in der Tür und sagte: »Lass uns essen gehen.« Wir gingen durch den Neuen Wall vorbei an den Geschäften, in denen die Hamburger Oberschicht kaufte. Hier gab es teures Porzellan, Juweliere, edle Lampen und Decken. Nirgendwo sonst in Hamburg fanden konservative Zeitgenossen ihre standesgemäße Kleidung, graue Flanellhosen, blaue Jacketts mit Goldknöpfen, Lodenmäntel, Jägerhüte, steife Lederschuhe aus England, Trachtenjoppen aus Bayern, Bunthosen, Pullover mit V-Ausschnitt und Krawatten in dezenten Tönen. In einem dieser Geschäfte wurde wohl auch meine grüne, lederne Bundhose gekauft, die ich als Kind trug.

Nach zehn Minuten erreichten wir auf der rechten Seite des Neuen Walls ein vegetarisches Restaurant. Wilhelm bemühte sich um einen gesunden Lebensstil, nach dem alten Wehrmachtsmotto: »In einem gesunden Körper ist ein gesunder Geist.« Das ständige Sitzen im Büro war für ihn, der Aktion und Bewegung liebte, eine Herausforderung.

Mein Vater rauchte nicht und trank Alkohol in Maßen. Er arbeitete sehr viel und war häufig auf Messen und Geschäftsreisen. Um auf andere Gedanken zu kommen und sich zu entspannen, schwamm er, ging in die Sauna, ritt auf seinem Pferd oder ging zur Jagd.

Sein Lebensstil war fast asketisch. Die einzige Beschäftigung, die keine Anstrengung erforderte, die er sich aber regelmäßig gönnte, war gut Essen. Zum Frühstück gab es Porridge mit braunem Zucker und Sahne. Er liebte Leberwurst mit schwarzer Johannisbeermarmelade. Zu besonderen Anlässen aß er Hase oder Reh aus dem Ofen mit Preiselbeersauce. Das höchste der Gefühle waren für ihn österreichische Gerichte wie Marillenknödel und Kaiserschmarren. Alle diese Gerichte mag ich auch sehr.

Ein kleines rotes Buch aus Peking

Mein Vater war Inhaber einer Im- und Export-Firma, die er von seinem Vater – der ebenfalls Wilhelm hieß – übernommen hatte. Die Firma handelte mit Ölen und Fetten und machte im wirtschaftlichen Aufschwung nach dem Zweiten Weltkrieg gute Gewinne. So konnte sich mein Großvater väterlicherseits Anfang der 1950er Jahre zwei große Häuser mit Grundstücken in grüner Lage kaufen.

In den 1960er Jahren stellte mein Vater das Geschäft auf andere Handelswaren um, darunter Sicherheitsgurte aus Schweden, Saunas aus Finnland,

Teppiche aus der Volksrepublik China sowie Abwasserpumpen und Vibrationswalzen aus Deutschland.

Von einer Reise in die Volksrepublik China brachte Wilhelm mir Ende der 1960er Jahre ein kleines, in rotes Plastik eingebundenes Büchlein mit. Es trug den Titel: »Die Worte des Vorsitzenden Mao Tse-tung«. Für ihn war das Geschenk wohl ein Spaß. Noch ahnte er nicht, dass ich mich politisch gerade in die maoistische Richtung entwickelte.

Auf den Handel mit Sicherheitsgurten für Autos war Wilhelm sehr stolz. Er behauptete, er sei der erste in Deutschland gewesen, der Sicherheitsgurte aus Schweden importierte. Zu diesen Gurten hatte er einen ganz persönlichen Bezug. Er sagte häufig, seine erste Frau, meine Mutter, »würde noch leben, wenn sie einen Gurt gehabt hätte.«

Hitler-Fahne am Haus, weil alle es so machten

Wilhelm hatte eine strenge Erziehung durchgemacht. 1936 – da war er fünfzehn – hatte ihn sein Vater in das Jungeninternat Roßleben in Thüringen geschickt, eine Elite-Schule mit militärischem Drill. Anlass für die Verschickung ins Internat war nach der Schilderung meines Vaters, dass er als Junge die Hitler-Fahne aus dem Fenster des elterlichen Hauses hängte. Er habe sich vor den anderen Jungens in jener Straße in Hannover, wo die Familie damals wohnte, nicht blamieren wollen, erzählte mir Wilhelm.

Mein Großvater war kein Nazi-Anhänger, aber rechtsnational. Er kam mit einer schweren Beinverletzung aus dem Ersten Weltkrieg, wo er im Artillerieregiment Magdeburg Nr. 4 in Frankreich kämpfte. Weil er an einem vorgeschobenen Außenposten mittels einer noch funktionierenden Telefonleitung das Feuer von zwei deutschen Divisionen auf die angreifenden Engländer lenkte, bekam er einen Verdienstorden. Er studierte dann Jura in Kiel und gehörte einer »weißen« Burschenschaft an. Ich erinnere mich, dass er auf einer Backe eine lange Narbe, einen sogenannten »Schmiss«, hatte – die Folge eines Fechtkampfes, wie sie in den »weißen« Burschenschaften üblich waren. Sie sollten zur Tapferkeit erziehen.

Was mein Vater im Internat Roßleben erlebte, muss für ihn wie ein Schock gewesen sein. »Sie sind neu?«, wurde er von einem älteren Internatsschüler gefragt. Worauf Wilhelm sofort eine solche Ohrfeige bekam, dass er hinflog. Nachts sei er als Neuer von älteren Zöglingen mehrere Male »ausgehoben«, das heißt, aus dem Bette geschmissen und mit kaltem Wasser übergossen worden. Mein Vater schrieb viele Briefe an seine Mutter, in denen er schilderte, wie schlimm das Internat sei. Er habe im Internat auch viel geweint, erzählte er mir.

In einem Brief meines Großvaters an seinen Sohn in Roßleben – ich fand ihn im Nachlass meines Vaters – schrieb dieser, die Deutschen seien »kein Naturvolk«. Die deutsche Jugend sei in Gefahr zu »verweichlichen«. Die Erziehung »mit dem Rohrstock« mache einen jungen Menschen zu einem Erwachsenen, der »überall durchkommt«.

Als mein Großvater seinen Sohn das erste Mal nach drei Monaten im Internat besuchte, saß mein Vater gerade im Deutschunterricht. Als er die Hupe eines Studebaker hörte, rannte er wie in Trance aus dem Unterricht. Im Hof war sein Vater mit dem Auto vorgefahren. Der Internatszögling warf sich seinem Vater in die Arme und sagte: »Hol mich hier weg.« So erzählte es mir Wilhelm.

Mein Vater wurde im Internat umgepolt. Aus einem weichen Jungen wurde ein harter Mann. Er lernte, wie man sich Respekt verschafft. Weil er »Patriot« war, habe er sich im Dezember 1939 als Kriegsfreiwilliger bei der Kavallerie-Ersatz-Abteilung 13 in Lüneburg gemeldet, schrieb mein Vater in einer selbstverfassten Chronologie über seine militärische Laufbahn.[3]

Ein halbes Jahr später – im Juni 1940 – wurde er in die Aufklärungsabteilung 152 der 52. Infanterie-Division nach Frankreich versetzt. Der Feldzug gegen Frankreich war jedoch bereits zu Ende. An Gefechten nahm Wilhelm dort nicht mehr teil.

Im Juli 1940 verpflichtete er sich zur unbegrenzten Dienstzeit in der Deutschen Wehrmacht. Weil er erst 19 Jahre alt war, musste mein Großvater unterschreiben. Der habe gesagt, »das kann ich ruhig unterschreiben, der (Hitler) macht sowieso Pleite.«

Anfang 1941 begann Wilhelm an der Kavallerieschule in Krampnitz in Brandenburg eine Ausbildung zum Zugführer einer Radfahr-Schwadron. Mit dieser Schwadron war er am 22. Juni 1941 am Überfall auf die Sowjetunion beteiligt.

3 Militärische Laufbahn, selbst verfasst von Wilhelm Heyden, vier maschinenschriftliche Seiten, 1999, S. 1

3. Als 20-jähriger Soldat vor Moskau

Wilhelm zog mit seiner Einheit von Brest-Litowsk über Minsk, Rogatschew und Kaluga bis zum Dorf Kuschmistschewo. Das Dorf liegt an der Oka, 147 Kilometer südwestlich von Moskau. Dort lagerte seine Einheit ab Mitte November 1941. Es habe nur eine »primitive Schneeloch-Verteidigungsstellung« gegeben, schreibt Wilhelm in seinen Erinnerungen. Eingraben sei wegen einer Temperatur »von 30 Grad Minus« nicht möglich gewesen.

Wilhelm kämpfte in der Sowjetunion in den Reihen der 52. Infanterie-Division. Er hatte das Kommando über eine Schwadron von 40 Radfahrern, die wiederum zu einer Vorausabteilung, der »Aufklärungs-Abteilung 152« gehörte, dem »Auge der Division«.

Die 52. Infanterie-Division wurde nach Schilderungen deutscher Soldaten auch zur Partisanenbekämpfung eingesetzt, wobei auch Frauen und Kinder getötet wurden. Über Derartiges hat mein Vater aber nie berichtet.

Das Einzige, was er mir gegenüber erwähnte, waren »furchtbare Partisanen«, welche »entgegen der soldatischen Regeln von hinten angriffen«. Ob er an Erschießungen von Partisanen und Vergeltungsaktionen gegen Zivilisten beteiligt war, wagte ich ihn als Jugendlicher nicht zu fragen.

Am 17. Dezember 1941 musste die Einheit von Wilhelm den Rückzug antreten, weil »die Russen« in Überzahl angriffen. »Schlitzäugige kamen in Massen über die Oka«, erzählte mir mein Vater von den dramatischen Tagen, in denen sich der Traum, mit der Wehrmacht Moskau zu erobern und über den Roten Platz zu marschieren, zerschlug.

Mit »Schlitzäugigen« waren offenbar Burjaten, Tadschiken und Usbeken gemeint, die aus dem südöstlichen Teil der Sowjetunion mobilisiert worden waren, um den deutschen Vorstoß auf Moskau zu stoppen.

Ob Wilhelm selbst »Schlitzäugige« gesehen hat, scheint mir zweifelhaft. Vermutlich hat er seine Erzählungen mit den Kernelementen der Nazi-Propaganda von den »Wilden«, die aus Asien vorstießen, angereichert. Mit Stolz erzählte mir Wilhelm, er habe den Rückzug seiner Fahrrad-Schwadron geleitet, da der Kommandeur seiner Einheit beim »russischen Angriff« umgekommen war. Die Fahrräder, welche die Schwadron mitführte, mussten im Dorf zurückgelassen werden.

Johann Sebastian Bach im Schlachtenlärm

Jeden Sonntag am festlich gedeckten Frühstückstisch unserer Familie mit Grapefruit, Marmelade, Toast und Hoppelpoppel-Zuckerei kam irgendwann der Punkt, an dem Wilhelm eine Geschichte aus dem Krieg erzählte. Das passierte mit derselben Regelmäßigkeit wie die Bach-Musik, die beim Frühstück im Hintergrund spielte.

Wir Kinder ertrugen die Erzählungen vom Krieg, so wie man ein Gewitter erträgt. Aber es war jedes Mal wie eine Fahrt durch die Hölle. Harte Schlachten, grausam, unerbittlich und ständige Lebensgefahr.

Die Kriegserinnerungen meines Vaters, die ich in diesem Buch an verschiedenen Stellen wiedergebe, stammen aus den Erinnerungen an Erzählungen meines Vaters sowie verschiedenen Dokumenten, die ich in seinem Nachlass fand, darunter auch maschinenschriftliche Bemerkungen von einem Kriegskameraden meines Vaters.

Vom Krieg erzählen war Wilhelms liebste Beschäftigung. Damit stand er nicht allein. Viele meiner Lehrer füllten ihre Unterrichtsstunden mit Geschichten aus dem Krieg. Von Gräueln an der sowjetischen Zivilbevölkerung und den Juden wurde kein Wort erzählt. Es ging immer nur um den tapferen deutschen Soldaten, die nicht siegten, aber Unbeschreibliches durchgestanden hatten.

Ganz Westdeutschland schien auf diese Weise den Krieg zu »bewältigen«. Es ist wohl nur dem Wiederaufbau des Landes zu verdanken, der alle Kräfte in Anspruch nahm, dass die Leute bei so viel massiver Verdrängung nicht verrückt wurden. Immerhin wurden sie mit dem »Wirtschaftswunder« und einer modernen Konsumgesellschaft belohnt. Und die Großindustrie, die schon am Krieg verdient hatte, machte nun mit Konsumgütern gute Gewinne.

Immer, wenn ich meinen Vater fragte, was die deutschen Soldaten in der Sowjetunion zu suchen hatten, sagte er, man habe Russland vom Bolschewismus befreien wollen. Das hörte sich so an, als ob hinter dem gewaltsamen Tod von 27 Millionen Sowjetbürgern eine »gute Absicht« gestanden hätte.

Die Verbrechen der Wehrmacht gegen die sowjetische Zivilbevölkerung, die in Westdeutschland erstmals seit der »Wehrmachtsausstellung« 1995 zum öffentlichen Thema wurden, schalt Wilhelm als »Beleidigung der deutschen Soldaten«. In der Ausstellung »Verbrechen der Wehrmacht« wurde anhand von Fotos, die deutsche Frontsoldaten machten und Briefen, die sie schrieben, nachgewiesen, dass die »einfachen Soldaten« vom Holocaust in der Sowjetunion wussten und zum Teil daran beteiligt waren. Bis dahin lautete die Meinung, die man überall hörte und las, Verbrechen an der sowjetischen Zivilbevölkerung hätte nur die SS begangen.

Er erinnerte noch weißrussische Wörter für Eier und Milch

Russen als Menschen tauchten in den Erzählungen von Wilhelm nicht auf. Nur zwei russische Jungens aus dem Dorf Kusmistschewo vor Moskau erwähnte Wilhelm positiv. Sie holten Feuerholz für den deutschen Offizier. Zwei weißrussische Wörter, »Jaika« und »Malako« – Eier und Milch –, erinnerte Wilhelm noch. Die baute er gerne in seine Kriegserzählungen ein.

Auf einem Foto sieht man Wilhelm vor einem Holzhaus stehen. In diesem Haus im Dorf Kusmistschewo wohnte er von November bis Dezember 1941. Auf dem Foto neben ihm stehen zwei sowjetische Jungs. Sie tragen Mützen mit Ohrenklappen und Stiefel aus Filz. Einer der Burschen grinst. Wilhelm scheint auf dem Foto zu lächeln, aber völlig entspannt wirkt er nicht.

Der Rückzug nach Westen endete für Wilhelm am 2. August 1942 mit einer schweren Verletzung. Nahe der Stadt Brjansk bekam er den Befehl, zusammen mit der Bataillonsinfanterie einen feindlichen Frontbogen im dichten Waldgelände »auszumisten«,[4] so die Worte von Wilhelm. Als er einen »minenverseuchten Holzbunker« angriff, wurde er im Nahkampf »mit Russen« schwer am Bein und an einem Arm verletzt. Nach diesen Verletzungen war die Beteiligung meines Vaters am Feldzug gegen die Sowjetunion nach 13 Monaten zu Ende.

Er kam in ein Lazarett in Lüneburg, wo ihm fast das rechte Bein amputiert worden wäre. Aber er habe den Arzt überredet, es nicht zu tun, erzählte mir Wilhelm später mit einem Gefühl des Triumphs. Er war zu diesem Zeitpunkt 21 Jahre alt. Aus heutiger Sicht scheint es mir unvorstellbar, was mein Vater durchgemacht hat. Und ich kann mir kaum erklären, dass ihm als jungen Menschen mit schwersten Verletzungen keine Zweifel am

4 Militärische Laufbahn, W. Heyden, S. 2

Feldzug gegen die Sowjetunion kamen. Nie hat er mir über seine Gefühle als Schwerverletzter berichtet. Ich vermute, er hat die Schmerzen und die Angst, als Schwerbehinderter heimzukehren, mit dem Gefühl kompensiert, es sei alles im Dienst für das Vaterland geschehen.

Über den Lazarettaufenthalt erzählte Wilhelm meist in fröhlichem Ton. Er lag dort zusammen mit dem Aristokraten und Landgut-Besitzer A. B., mit dem Wilhelm seitdem eine enge Freundschaft verband und der später einer meiner Patenonkel wurde.

Der dritte Mann im Krankenzimmer war jemand von der SS. Den habe man »umgepolt«, meinte Wilhelm, ohne näher darauf einzugehen, was er meinte.

Nach der Genesung im Lazarett in Lüneburg wurde Wilhelm im Februar 1943 für sieben Monate nach Norwegen verlegt. Die Einheiten der Wehrmacht hatten dort die Aufgabe, einen möglichen Angriff der Engländer abzuwehren. Aber »die Engländer« kamen nicht. In dieser Zeit wurde Wilhelm zum Oberstleutnant befördert.

Der Schinder

Der nächste Einsatzort meines Vaters war ab Oktober 1943 die Kavallerieschule in Bydgoszcz (Bromberg), gelegen im nördlichen Zentralpolen. Dort war Wilhelm ein gefürchteter Ausbilder. Darüber berichtet in seinen Erinnerungen der Kavallerist Heinrich Orsini-Rosenberg. Er schreibt, er habe sich damals entschlossen, sich in der Kavallerieschule bei »einem Offizier zu melden, der den Ruf als ganz besonders brutaler und harter Ausbilder hatte.«[5]

Weiter schreibt der Kavallerist, »Josef Haiden[6] war angeblich[7] ein sehr tapferer Offizier und mit seinen Untergebenen an der Front sehr fürsorglich. Er hatte allerdings eine sehr raue Schale und ließ uns dies am Anfang deutlich merken. Es gab, obwohl die äußeren Umstände wenig einladend waren, ständiges Strafexerzieren bei Schnee und Kälte und nächtelange Stalldienste.«

5 Meine Erlebnisse als Soldat, Heinrich Orsini-Rosenberg, S. 79, Maschinenschrift 99 Seiten, Oktober 2008

6 »Josef« war ein Spitzname von Wilhelm Heyden, die falsche Schreibweise des Nachnamens habe ich nicht korrigiert.

7 Das Wort »angeblich« wurde in der Maschinenschrift handschriftlich durchgestrichen.

Wie wurde mein Vater zum Schinder? Vermutlich spielte das Internat eine Schlüsselrolle. Dort herrschten strengste Regeln und wer sich behaupten wollte, musste hart werden. Erst nach einer Zeit voller Schikanen wurden die Schüler in einem Ritual in die Gemeinschaft aufgenommen. Man musste ein Stück Rinde von einer Eiche beißen. In dieses Stück wurde dann Siegellack geträufelt und in diesen Siegellack wurde mit dem Siegelring des Schülers das Familienwappen eingepresst.

Dass Wilhelm als »Bürgerlicher« unter lauter Aristokraten Zugführer wurde, war für ihn wohl ein großer Erfolg. Er fühlte sich als wichtiger Teil der nationalen deutschen Elite.

Die sowjetische Artillerie trieb die Wehrmacht vor sich her

Ab Januar 1945 wurde die militärische Lage für das deutsche Heer im Norden von Polen kritisch. Wilhelms Kriegskamerad, Orsini-Rosenberg, schreibt, »wir hörten das immer näherkommende Donnern vor allem der russischen Artillerie und schließlich kam es so weit: Ich glaube, es war in der Nacht vom 21.–22. Januar, dass der Alarm ertönte und wir in voller Ausrüstung antreten mussten.«[8]

Wilhelm schreibt in seinen Erinnerungen, aus Berlin sei der Befehl gekommen, dass die Kavallerieschule »den Abschnitt Bromberg ›bis zum letzten Mann‹ verteidigen« sollte. »Nur die wertvollen Pferde mussten im Landmarsch (Bahnkapazität nicht vorhanden) gerettet werden. (…) Wir ritten wie befohlen in ca. 2 1/2 Wochen durch Pommern und Mecklenburg in die Wehrmacht-Ausbildungsstätte Munster.«[9]

Eine wesentlich drastischere Beschreibung des Marsches der Kavalleristen nach Westen liefert Orsini-Rosenberg. Auf dem Weg zur Oder habe man viel Leid unter den Menschen gesehen, die auf der Flucht nach Westen waren. Überall waren die Straßen verstopft. Vielen Erwachsenen und Kindern fehlte die nötige Winterkleidung. Es herrschte Mangel an Nahrungsmitteln. »Wir fanden tatsächlich eine noch freie Brücke und es gelang unseren Offizieren, insbesondere Josef Haiden, trotz dem gewaltigen

8 Meine Erlebnisse als Soldat, Heinrich Orsini-Rosenberg, S. 80
9 Militärische Laufbahn, Wilhelm Heyden, S. 3

Andrang und des unvorstellbaren Durcheinanders, uns, zum Teil mit gezogener Pistole, über diese Brücke auf das andere Ufer zu manövrieren.«[10]

Die höchst problematische Episode des Durchbruchs über die Brücke mit Hilfe einer Pistole hat mir mein Vater auch einmal mündlich erzählt, ohne dass in seiner Erzählung so etwas wie Mitleid für die Flüchtlinge auftauchte. Für ihn galt nur der militärische Befehl, den er erfolgreich ausführte und den er auch später nicht in Frage stellte.

Über das Schicksal der in der Kavallerieschule in Bromberg zurückgebliebenen 300 Kavalleristen hat mein Vater nie etwas erzählt. Orsini-Rosenberg schreibt in seinen Erinnerungen, dass wahrscheinlich viele gefallen oder in sowjetische Kriegsgefangenschaft geraten seien.

Nachdem der Zug mit den Kavalleristen aus Bromberg mit den geretteten »wertvollen« Pferden in Munster angekommen war, wurden die 21 Soldaten und auch Wilhelm wenig später weiter nach Naestved, gelegen auf der dänischen Insel Seeland, abkommandiert.

Doch auch dieser Ort war nur eine Zwischenstation. Die Kavalleristen aus Bromberg – inzwischen alle zu Leutnants befördert – wurden Mitte März 1945 zum Kavalleriecorps südlich von Graz in Österreich verlegt.

Wilhelm, der nicht nach Österreich abkommandiert worden war, setzte sich im dänischen Naestved selbst mit auf die Liste der nach Österreich verschickten Leutnants. Er sei faktisch »desertiert«, erzählte er mir, aber nicht, um die Armee zu verlassen, sondern um mit seinen Kameraden zusammenzubleiben. Um nach Österreich zu gelangen, mussten sich die Kavalleristen über verschiedene Verkehrsmittel zu ihrem Ziel durchschlagen.

Südlich von Graz wurde Wilhelm Chef der zweiten Reiterschwadron. Das Ziel der zwei deutschen Kavallerie-Divisionen, die Anfang April 1945 »von den Russen verfolgt« wurden, war es, in die Gefangenschaft der Engländer zu kommen.

Und so kam es auch. Die Gefangennahme lief sehr freundlich ab, erzählte Wilhelm. »German cavalry, come in«, hätten die Engländer gesagt. Diese Worte klangen in Wilhelms Ohren wie Musik. Er empfand von Seiten der Engländer Anerkennung für die deutsche Kavallerie. Trotz der

10 Meine Erlebnisse als Soldat, Heinrich Orsini-Rosenberg, S. 82

militärischen Niederlage verhielt sich das Schicksal gegenüber den beiden deutschen Divisionen gnädig.

Die freundliche Aufnahme durch die Engländer kam nicht von ungefähr. England und Deutschland verband ideologisch der Antikommunismus. Und wie 1998 bekannt wurde, gab es Überlegungen der Engländer, die Sowjetunion mit Hilfe deutscher Divisionen anzugreifen, um ein befürchtetes sowjetisches Übergewicht in Europa zu verhindern. Premierminister Winston Churchill hatte im Frühjahr 1945 beim Generalstab der britischen Streitkräfte eine Studie unter dem Arbeitstitel »Operation Unthinkable« in Auftrag gegeben. Es sollte geprüft werden, welchen Verlauf ein Feldzug gegen die Sowjetunion unter Beteiligung von Divisionen der deutschen Wehrmacht gehabt hätte.[11]

Wilhelm kam nach der Gefangennahme durch die Engländer in das Entlassungslager Aalen in Württemberg. Ob er dort verhört wurde, hat er nie erzählt. Im Juli 1945 wurde er aus dem Lager entlassen und war ein freier Mann. So eine kurze Gefangennahme sei »sehr selten« gewesen, schrieb er später in einer Aktennotiz.[12]

11 Vgl. Knut Mellenthin, Churchills dritter Weltkrieg, http://www.ag-friedensforschung.de/themen/Kriegsgeschichtel/churchill.html

12 Handschriftliche Notiz auf dem Dokument »Meldeorte ab dem 17. Lebensjahr«, Maschinenschrift, eingereicht bei der Abteilung Führungszeugnisse/Polizeipräsidium Hamburg, 5. Januar 1951

4. Soldatenlieder und Kotztüten

Schwerbehindert vom Krieg

Im Nachlass meines Vaters fand ich ein Schreiben des Versorgungsamtes Hamburg aus dem Jahre 1956. Aus dem Dokument geht hervor, dass Wilhelm im Rücken und im linken Arm zahlreiche Stecksplitter hatte. Der linke Unterarm war verformt, die Folge eines Durchschusses der beiden Unterarmknochen.

Die Erwerbstätigkeit sei zu 30 Prozent eingeschränkt, stand in dem Bescheid. Wegen fortschreitender Beschwerden durch die Kriegsverletzungen wurde Wilhelm im Jahr 1980 eine Erwerbsminderung von 70 Prozent bescheinigt. Dass er einen Schwerbehindertenausweis besaß, darüber hat Wilhelm nie gesprochen. Er klagte auch nicht über seine Verletzungen. Er wollte auf keinen Fall ein »Invalide«, sondern »vollwertig« sein.

Wie Wilhelm seine Schicksalsschläge – schwere Verwundung und Tod seiner ersten Frau – verarbeitete, weiß ich nicht. Aber irgendetwas rumorte in ihm. Er litt häufig unter Migräneanfällen und konnte dann kaum noch den starken Mann markieren. Er musste Tabletten nehmen, obwohl Tabletten gegen sein Prinzip waren, dass ein echter Mann ohne künstliche Hilfsmittel durchkommen muss.

Wilhelm war jähzornig. Einmal – als Kleinkind – schrie ich in meinem Gitterbett. Da kam er mit einer Kutscherpeitsche angerannt und baute sich vor mir auf. Meine Mutter Christa stand mit ausgebreiteten Armen vor meinem Bettchen. Das ist das Einzige, was ich von ihr erinnere.

Mit 14 Jahren aus Ostpreußen geflüchtet

Christa von Negenborn, meine Mutter, habe ich im Gegensatz zu meinem Vater als gütigen Menschen in Erinnerung.

Auch in ihrem Leben hatte der Krieg Spuren hinterlassen. Ende Oktober 1944 flüchtete sie im Alter von 14 Jahren mit ihrer Mutter und ihren vier Schwestern im Zug von Königsberg nach Heiligengrabe in Mecklenburg und später weiter nach Medingen in Niedersachsen.

Wie die Familie es schaffte, zu fliehen, obwohl die Gauleitung von Ostpreußen eine Flucht unter Androhung der Todesstrafe verboten hatte, ist nicht überliefert. Für finanziell bessergestellte Deutsche war die Hürde offenbar überwindbar.

Erst als Ostpreußen im Januar 1945 von der Roten Armee umzingelt war und der NSDAP-Gauleiter Erich Koch die von der Roten Armee geforderte Kapitulation ablehnte, begann die überstürzte Flucht der deutschen Zivilbevölkerung. Es flüchteten überwiegend alte Menschen, Frauen und Kinder.

Die Umstellung auf das Leben als Flüchtlinge hätte für die Familie meiner Mutter nicht radikaler sein können. Die Negenborns lebten bis 1944 auf dem herrschaftlichen Landgut Loyden bei Bartenstein (Bartoszyce). Das Landgut, das 1945 durch das Potsdamer Abkommen an Polen fiel, besaß ein großes, im spätklassizistischen Stil gebautes, Herrenhaus. Zu dem Gut gehörten 850 Hektar Land und Wald.

Als Flüchtlinge musste die Familie von Negenborn im Februar 1945 in einem kleinen roten Backsteinhäuschen unterkommen. Es stand auf dem Gelände eines evangelischen Klosters im niedersächsischen Medingen. Die Familie war im Grund dorthin zurückgekehrt, von wo einst die Vorfahren nach Osten aufgebrochen waren. Die Vorfahren meiner Mutter waren im 18. Jahrhundert aus Niedersachsen nach Ostpreußen übergesiedelt. Ende des 19. Jahrhunderts war Christas Großvater väterlicherseits – wegen gutem Wirtschaften in Loyden – der Adelstitel verliehen worden.

Das Schicksal meiner Mutter war im Nachkriegsdeutschland nicht außergewöhnlich. Zwölf Millionen Deutsche flüchteten zwischen 1945 bis 1948 aus den ehemaligen deutschen Ostgebieten, aus Polen und dem Sudetenland. In Westdeutschland waren 15 Prozent der Bevölkerung Flüchtlinge. In der Sowjetischen Besatzungszone waren es 24 Prozent.

Auf dem Dach die Schlagwaffe der Kreuzritter

Auf dem Dach des Herrenhauses des Landgutes Loyden hatten die Negenborns das Zeichen der deutschen Kreuzritter, einen Morgenstern, angebracht. Er erinnerte an den Deutschen Orden, der im 13. Jahrhundert große Teile des späteren Ostpreußens und des Baltikums erobert und die heidnischen Prußen christianisiert hatte. Bei dem Morgenstern handelte es sich um die symbolische Nachbildung einer Schlagwaffe der Kreuzritter. Wie sah die Waffe aus? Am Ende eines Knüppels befand sich ein Kopf, der mit fünf Zentimeter langen Dornen besetzt war. Dieser Kopf gab der Waffe ein sternförmiges Aussehen.

Mein Vater, der Loyden 1964 zusammen mit einem Schwager besuchte, erwähnte mit Begeisterung den Morgenstern auf dem Dach. Doch ich bezweifle, dass Wilhelm den Morgenstern selbst gesehen hat. Vermutlich kannte er das Symbol nur aus den Erzählungen meiner Mutter. Für meinen Vater war der Morgenstern das Symbol, dass die Osterweiterung des Deutschen Reiches »etwas Gutem« diente.

»Das Attentat auf den Führer war ja toll«

Meine Mutter wuchs behütet auf dem Landgut auf. In ihrem Tagebuch, das Verwandte 2010 als kleines Büchlein[13] drucken ließen, schrieb Christa über die Hasen, Lämmer und Pferde, die sie auf dem Gut betreute und auch gesund pflegte.

Der Krieg taucht in ihrem Tagebuch nur am Rande auf. Am 10. Juli 1944 – die Rote Armee war nur noch 400 Kilometer von Loyden entfernt – schreibt sie, »nun sind Sommerferien 1944 ganz herrlich. Heißes Wetter und alles wies sein muß. (…) Ich bin von der Schule abgegangen. Bernd [Christas Bruder] ist Leutnant geworden. (…) In Russlands geht's ja jetzt hoch her wer da noch wüsste wies mal ausgehen wird.«

Am 7. August 1944 notiert sie dann doch etwas über den Krieg, aber sehr kurz. »Wir wollten gerne Panzer haben.« Und: »Das Attentat auf den Führer war ja toll.«

Dass Christa das Attentat auf Hitler begrüßte, hängt wohl mit der Stimmung in Teilen des ostdeutschen Landadels zusammen, die nach Stalingrad verstanden, dass der Krieg gegen die Sowjetunion nicht zu gewinnen war und der komplette Untergang Deutschlands drohte.

Sehr merkwürdig ist, dass sich über das wichtigste Ereignis im August 1944 in Christas Tagebuch kein Wort findet. Die britische Luftwaffe hatte Ende August auf Königsberg mit hunderten von Bombern in zwei Wellen

13 Christa von Negenborn, Tagebücher 1942–1948

Luftangriffe ausgeführt, durch welche die Innenstadt in Schutt und Asche gelegt und 130.000 Einwohner obdachlos wurden. Königsberg lag nur 60 Kilometer nördlich vom Landgut Loyden. Christa hatte die Stadt oft zusammen mit ihrer Mutter besucht. Dass sie den britischen Angriff in ihrem Tagebuch nicht erwähnt, kann damit zusammenhängen, dass die Eltern ihr nichts von dem Angriff erzählten, um die 14-Jährige nicht zu ängstigen.

Ende Oktober 1944 war das vom Krieg fast unberührte Landleben von Christa zu Ende. Sie schreibt in ihr Tagebuch: »Flucht! Ja das ist ein Wort, dessen Bedeutung man nicht gleich so voll und ganz erfasst. Wenn man eine mitmacht. Obgleich die Russen noch 100 Kilometer von Loyden entfernt waren. (…) Am 22. 10. um vier Uhr fuhren wir ab. Wir hatten die ganze Nacht durch gepackt. Vati war rührend und Mutti auch. Wir aßen noch schnell die Klopse und das schönste Kompott auf.«

Als Andenken an das Landgut nahm meine Mutter ein paar Roggenähren mit, die sie mit einem roten Band zusammenschnürte. Ich habe das Andenken später in einer Kiste aufbewahrt. Aber als ich mich politisierte, schien es mir nicht mehr wichtig und zudem politisch fragwürdig. Es ging verloren.

»Ist der Führer gestorben?«

Am 4. Mai 1945 – Christa war bereits in Niedersachsen – schrieb sie ungläubig in ihr Tagebuch: »Am 2. Mai ist der Führer gestorben?! Am 3. Mai Berlin gefallen. Heute kommen große Lastautos mit deutschen Soldaten durch. (…) Frieden! Komisch was haben wir uns sonst unter ›dem großen Frieden‹ vorgestellt. Und nun – Hier waren Amerikaner (…). Seit heute sind Engländer hier.« Am 19. Mai 1946 schreibt sie: »Die Tommys sind alle weg. Hoffentlich ist unsere ›Sicherheit‹ nicht dadurch beeinträchtigt.«

Im Februar 1945 erhielt Christa die Nachricht, dass ihr Bruder – Bernd – Ende Januar in der Gegend von Allenstein (Olsztyn) gefallen war. Der Tod des einzigen Sohnes muss für die Familie schrecklich gewesen sein.

Bei meiner Geburt 1954 bekam ich in Andenken an den gefallenen Bruder und zu Ehren von Christas Vater die Zunamen »Bernd« und »Hans-Werner«. Als Vornamen entschied man sich für »Ulrich-Wilhelm«. Damit wollten meine Eltern meinem Großonkel Ulrich-Wilhelm Graf Schwerin von Schwanenfeld eine Ehre erweisen. Er gehörte zu den deutschen Offizieren, welche das Attentat auf Hitler organisiert hatten.

Als ich erwachsen war, nannte ich mich nur noch Ulrich. Zu allen anderen Namen hatte ich keinen Bezug. Dass die Verschwörer des 20. Juli 1944 in Westdeutschland als die wichtigsten Antifaschisten Deutschlands verehrt wurden, war für mich Geschichtsverfälschung. Die Organisatoren des Hitler-Attentats hatten den Anschlag auf Hitler erst geplant, als die totale Niederlage Deutschlands absehbar war. Die größten Helden Deutschlands waren für mich Kommunisten und Sozialdemokraten, aber auch Christen und Humanisten, wie die Studenten der »Weißen Rose«, die schon lange vor den adligen Wehrmachtsoffizieren im Untergrund den Widerstand organisiert hatten.

Schnaps und Zigaretten

Als Flüchtlinge im westdeutschen Niedersachsen fanden sich meine Mutter und ihre vier Schwestern schnell zurecht. Sie besorgten den Haushalt, pflückten Beeren und versorgten die kranke Mutter, welche durch den Verlust der Heimat und den Tod des Sohnes geschwächt war. Aber Christa berichtet in ihrem Tagebuch auch von zahlreichen freudigen Erlebnissen. Die Schwestern besuchten Bekannte und Verwandte und nahmen an Kostümfesten und Bällen teil. Bei jedem festlichen Anlass habe man Schnaps getrunken und Zigaretten geraucht. Sie vermerkt in ihrem Tagebuch jede Begegnung jungen Männern, die sie interessant fand oder eher nicht. Aber lange hielt sich Christa nicht in Deutschland auf. Weil sie keine Arbeit fand, fuhr sie zusammen mit ihrer älteren Schwester nach Schweden, wo sie eine Zeitlang als Haushaltshilfe arbeitete.

Ein Redakteur des *Deutschlandfunk* wollte mich Anfang der 1990er Jahre für eine Radio-Reportage über das Gebiet Kaliningrad – das ehemalige Nord-Ostpreußen – gewinnen. Doch ich biss nicht an. Ich wollte für den konservativen Sender kein Thema bearbeiten, bei dem ich zwangsläufig die deutschen Sehnsuchtsgefühle nach dem »verlorenen Osten« hätte bedienen müssen. Als ich dann 2010 das erste Mal für eine Reportage für die Zürcher *Wochenzeitung* nach Kaliningrad fuhr, spürte ich zu der Stadt – für mich überraschend – eine Nähe. Wo ich auch war, in Kaliningrad oder auf der Kurischen Nehrung, immer wieder dachte ich an meine Mutter, welche diese Orte als Kind besucht hatte. Die gut erhaltenen alten Häuser deutschen Stils verstärkten das Gefühl der Nähe zu ihr.

Hart gegen sich selbst

Mein Vater hatte mir eine »Lebensweisheit« eingebläut. Als Mann solle man nicht durch das offene Tor gehen, sondern durch das Nadelöhr. Man solle sich selbst harte Aufgaben stellen und den Versuchungen eines angenehmen Lebens widerstehen. Diese Lebensweisheit lehne ich vom Kopf her zwar ab, aber sie hat wohl doch Spuren bei mir hinterlassen. An Selbstdisziplin bei der Verfolgung meiner Ziele mangelt es mir nicht.

Bei Tisch gab es für alle Kinder die Regel, dass sie statt Butter nur Margarine essen durften. Schinken und andere besondere Leckereien durften nur mit ausdrücklicher Genehmigung der Eltern genommen werden. Der Sinn der Übung: Nichts sollte selbstverständlich sein.

Urlaub mit Wilhelm war eine Herausforderung. Ständig mussten wir Kinder irgendwelche Mutproben machen. Ich erinnere mich an einen Urlaub an einem See bei Villach in Österreich. Da stand ein Drei-Meter-Sprungturm. Wilhelm versprach zwei D-Mark, wenn ich oder meine beiden jüngeren Schwestern sprangen. Ich machte mit viel Angst einen Sprung ins Wasser, aber nicht wegen dem Geld.

Aus einer entspannten Atmosphäre machte Wilhelm im Handumdrehen eine anstrengende Situation. Wenn wir auf der elterlichen Terrasse in der Sonne saßen und meine Stiefmutter und ich in den Schatten wollten, weil es zu heiß wurde, riet er, die Sonnenstrahlen auszuhalten. Er machte es selbst vor. Sein Gesicht war schweißüberströmt. Diese Selbstquälerei schien ihm zu gefallen. Das war wohl sein »Ausgleich« für tagelanges Arbeiten im Büro.

Entspannt oder einfach ausgelassen habe ich ihn sehr selten erlebt. Nur wenn er auf einen Ball gehen wollte und stolz mit schwarzen Lackschuhen aus dem Schlafzimmer kam, dann spürte ich etwas von Lebensfreude. Er hatte wohl gelegentliche Romanzen. Einmal fragte ich ihn ganz direkt, ob er in seinem Leben fremd gegangen sei. Er sagte nicht »nein«, sondern: »Ich habe mich nie an eine verheiratete Frau rangemacht.« Immer wieder gelang es ihm, dem »Unmoralischen« noch eine »moralische« Seite abzugewinnen.

Neid auf russische Volkstänze

Wilhelm war aktives CDU-Mitglied. Aber die zunehmende Amerikanisierung des deutschen Alltags sah er mit Missgunst. Er vermisste deutsche Volkslieder. Als Wilhelm mich 1995 einmal in Moskau besuchte, war er begeistert und neidisch, wie oft im russischen Fernsehen Volkstänze gezeigt wurden. Auch mein Großvater väterlicherseits – ein erzkonservativer Mann – hörte nach den Börsennachrichten gelegentlich DDR-Radio, weil das noch deutsche Volkslieder brachte, die in den westdeutschen Medien nicht gesendet wurden.

Mein Vater sang beim Autofahren gerne Soldatenlieder und schlug dabei den Rhythmus mit der flachen Hand auf das Armaturenbrett, während wir Kinder auf der Rückbank über unseren Kotztüten hingen.

Er sang fröhlich harmlose Lieder wie dieses:

War einst ein junger Fähnrich, wohl in ein Madel verliebet.
In eine Hübsche, in eine Feine, in eine Hübsche, in eine Feine
In eine feine Bierbraumamsel!
Herr Hauptmann, wollt ihr wissen, was den Soldaten gebühret?
Ja zu der Nacht ein schönes Madel. Ja zu der Nacht ein schönes Madel
und noch fünfundzwanzig Flaschen Bier!

Ich erinnere mich auch an folgendes Lied, welches er im Auto ernst und mit Inbrunst sang, wenn kein Erwachsener dabei war:

Die Fahne hoch! Die Reihen fest geschlossen!
SA marschiert mit ruhig festem Schritt.
Kam'raden, die Rotfront und Reaktion erschossen,
Marschier'n im Geist in unser'n Reihen mit.

Das Horst-Wessel-Lied war zur Zeit des deutschen Faschismus so etwas wie die zweite Nationalhymne. Wilhelm erklärte uns, dass das Lied verboten war. Warum, sagte er uns Kindern nicht.

Wilhelm hatte dichterisches und schauspielerisches Talent. Auf Festen wurde er schnell zum Mittelpunkt einer Runde, die er mit verrückten

Anekdoten unterhielt. Er hatte manchmal etwas von einem Clown und liebte es im Mittelpunkt zu stehen. Auch schockierte er seine Umwelt mit irgendwelchen Reden an der Grenze des Anstands. Während solcher Gefühlsausbrüche waren die strengen Regeln, »wie man sich benimmt« und nach denen wir Kinder erzogen wurden, plötzlich nicht mehr gültig. Oft schämte ich mich für seine Shows.

Es machte ihm Spaß, Grenzen des Anstands zu überschreiten. Meine Freundinnen, die ich mit nach Hause brachte, wurden taxiert und dann mit Worten – scharf wie Rasierklingen – brüskiert.

Als ich ihm 1973 eine armenische Freundin vorstellte, erklärte er mir, die sei »zu klein«. Zehn Jahre später zeigte ich im Wohnzimmer der Eltern einen Dia-Vortrag über eine Wandertour, die ich mit meiner deutschen Freundin in Jugoslawien gemacht hatte. Als ich ein Bild zeigte, auf dem sie im Profil vor einem Sonnenuntergang zu sehen war, trafen mich seine Worte vom Sofa wie ein Schlag. »Schönes Bild, aber bisschen kleine Brust.« Ich war so verdattert, dass ich nichts erwiderte, was ich noch heute bereue.

Vier Jahre vor seinem Tod – 2008 – wurde Wilhelm dement. Er tat mir leid. Einmal saßen wir mit Verwandten zusammen und er brabbelte irgendein zusammenhangloses Zeug. Sie fuhren ihm harsch über den Mund. Das fand ich gemein und herzlos. Hatten sie nicht jahrzehntelang seine Witze geliebt? Warum behandelten sie ihn jetzt ohne Respekt? Er starb in einem geschlossenen Heim für Demenzkranke. Dort musste Wilhelm Massen an Tabletten schlucken. Aus dem Mann, der militärische Haltung liebte, wurde ein schlaffer Sack. Er saß in einem Plastikstuhl. Der Unterkiefer war nach unten gefallen, weil die Muskeln nicht mehr arbeiteten. Er stierte vor sich hin.

Bei einem Besuch gingen wir auf dem Rasen des Anstaltsparks spazieren. Da passierte etwas Tragikomisches. Wilhelm rutschte aus und fiel auf den Boden. Da lag er nun mit angezogenen Beinen wie ein Käfer, der ohne Hilfe nicht mehr weiterkommt. Er sagte: »Lass uns abhauen«. Dabei rollte er bedeutungsvoll mit den Augen, so als plane er einen Bankeinbruch.

Trotz seiner Krankheit verstand er offenbar sehr gut, dass er komplett eingesperrt war. Das tat mir leid, war er doch ein Mensch, der Bewegungsfreiheit und spontane Entscheidungen über alles liebte. Ihn aus diesem Heim rauszuholen und zu betreuen, konnte ich mir aber nicht vorstellen.

Wir hatten keine vertrauensvolle Beziehung. Schon in meiner Jugend begann ich, mich von ihm zurückzuziehen und er spürte das. Um mich aus der Reserve zu locken, sagte er manchmal: »Ich habe jetzt noch zwanzig Minuten Zeit. Wenn du etwas Wichtiges mit mir besprechen willst, dann tu es jetzt.« Auf Kommando konnte ich aber nicht über »wichtige Sachen« reden und vieles wollte ich auch nicht mehr mit ihm teilen.

Während der Pubertät zog ich mich in mein Inneres zurück. Ich wagte nicht, meine Eltern zu kritisieren, hatte Angst vor Schlägen. Nur einmal zerschlug ich in der Küche mit aller Kraft einen blau-weißen Frühstücksteller mit Pferden- und Jagdmotiven auf dem Steinfußboden und guckte meine zweite Mutter dabei so grimmig an, dass sie erstaunt zurückwich.

Wilhelms aristokratischer Freund, A. B., schrieb ihm Ende der 1960er Jahre einen Brief – ich fand ihn im Nachlass – indem er ihn bat, mich in der Pubertät so zu nehmen und zu lieben, wie ich sei, sonst würde ich mich komplett zurückziehen. Doch Wilhelm hörte nicht auf diesen Freund. Für Wilhelm war ich »sein Blut«, dass sich nicht die Freiheiten nehmen durfte, die er sich selbst verbot.

Als Heranwachsender war ich zart besaitet und weinte bei jeder Gelegenheit. Meinen Eltern fehlte bei mir die Männlichkeit. Sie schickten mich zum Reiten, Hockeyspielen und Segeln. Reiten machte mir Spaß, aber Mannschaftssport war nichts für mich. Beim Hockey stand ich antriebslos auf dem Feld. Selbst im Tor versagte ich. Meine Reaktionen waren zu langsam. Das Gleiche beim Segeln. Das mechanische Üben von Wendemanövern fand ich langweilig. Aber übers Wasser schauen, das mochte ich.

5. Belka, Strelka und John F. Kennedy

Mein Vater verehrte die Zaren

Die ersten zwölf Jahre meines Lebens wuchs ich an der Elbchaussee auf. Wenn ich im Bett lag und draußen Nebel waberte, hörte ich das dumpfe Tuten der Schiffe, die im Verkehr auf dem Fluss auf sich aufmerksam machten. Dieses Tuten in unterschiedlichen Tonlagen war für mich wie ein friedliches Gespräch und es machte mich neugierig auf die unsichtbare Ferne.

Mit Russland hatte ich schon als kleiner Junge Kontakt, zumindest musikalisch. Ich erinnere mich, dass mein Vater im Wohnzimmer eine Platte mit dem Musikmärchen von Sergei Prokofjew, »Peter und der Wolf«, auflegte. 1950 hatten die Berliner Philharmoniker die erste deutschsprachige Fassung für eine Schellack-Platte aufgenommen.

Das 1936 geschriebene Stück erzählt die Geschichte eines kleinen Jungen, der aus Versehen das Gartentor offen lässt, worauf eine Ente das Grundstück verlässt und sich auf einem Teich vergnügt. Als die Ente aus dem Teich steigt, wird sie von einem Wolf verschluckt und quakt dann in seinem Bauch. Die Geräusche der Tiere werden in dem Stück von Instrumenten imitiert.

Wilhelms Zeit in Russland hatte ihm das Land nähergebracht. Er schwelgte in Träumereien vom naturverbundenen, bäuerlichen Leben in dem großen Land. Die Träumereien über Russland sprangen auf mich über. Als Zwölfjähriger las ich »Krieg und Frieden« von Lew Tolstoi. Und ich fand es aufregend, dass es in meiner Klasse eine Russin gab. Sie hieß Irina und hatte einen langen blonden Zopf. Da ich in einer hinteren Reihe saß, sah ich immer diesen Zopf. Ich verguckte mich in sie. Einmal gab es eine Schlägerei. Ein Junge hatte mich angegriffen. Ich wehrte mich und hoffte, Irina würde sehen, wie gut ich kämpfte.

Dass das Ziel der Nazis, »Siedlungsraum« für Deutsche in Russland zu schaffen, verbrecherisch war, hat Wilhelm nie verstanden. Dass er gegen Menschen kämpfte, die einfach nur ihre Erde und ihre Familien verteidigten, lag außerhalb seiner Vorstellungswelt. Er glaubte wohl an die Hitler-Propaganda, nach der die Menschen in Russland »befreit« werden wollten und die russischen Soldaten nur kämpften, weil rote Politkommissare sie aufgestachelt hatten.

Typische Sowjetmenschen, die zum Beispiel aus bäuerlichen Verhältnissen kamen und nach der Oktoberrevolution sozial aufstiegen, Facharbeiter und Ingenieure wurden, kamen in seinem Russland-Bild nicht vor.

Wilhelm bewunderte die Macht der Zaren. In unserem Wohnzimmer hing ein großer Kupferstich aus dem 19. Jahrhundert, auf dem der Kreml und der Rote Platz zu sehen waren. Diesen Platz wollte er als Soldat im Dezember 1941 betreten.

Gerne sang er bei Tisch mit lauter Stimme ein Lied aus dem Jahre 1928.

»In Nischni-Nowgorod,
da gibt es Salz und Brot,
das macht die Wangen rot
und einen Rostow-Gin,
stellt man vor jeden hin.
Man trinkt,
man singt.«

1970, als die Entspannungspolitik zwischen Westdeutschland und der Sowjetunion begann, kam das Lied in Deutschland durch den Sänger Peter Alexander zu neuen Ehren.

Einen Fuß auf den Roten Platz zu setzen, blieb Wilhelms Ziel. Anfang der 1970er Jahre gelang es ihm – wohl durch einen Zufall – diesen Traum zu verwirklichen. Er kam nach einem Geschäftsbesuch in China mit dem Flugzeug auf dem Moskauer Flughafen Scheremetjewo an. Den Zwischenstopp in Moskau nutzte er – unverfroren wie er war – für einen Besuch in der Moskauer Innenstadt. Wie er vom Flughafen-Hotel ohne Visum in die Innenstadt kam, hat er nie erzählt. Aber er war mächtig stolz auf seine Abenteuertour, von der er eine alte Matroschka-Holzpuppe mitbrachte.

Auf dem Weg durch Moskau begleitete ihn damals ein Russe, den er zufällig kennengelernt hatte. Dieser rätselhafte Mann, wer war er? Vielleicht ein Mitarbeiter des Geheimdienstes, der meinen Vater unter Kontrolle hielt? Möglich ist es.

Russland zu überlisten, dieser Traum steckte wohl manchem Deutschen, der die Niederlage von 1945 nicht verkraftet hatte, noch immer im Blut. 1987 landete ein gewisser Mathias Rust mit einem Sportflugzeug auf dem Roten Platz. Die großen deutschen Medien waren begeistert über diese Aktion, zeigte sie doch die Schwäche des alten Gegners, der es trotz eines riesigen Sicherheitsapparates nicht verstand, seine Grenzen zu schützen.

Kommunisten traute Wilhelm nicht. Als Gorbatschow 1985 die Perestroika einleitete, mäkelte er, Gorbatschow sei »immer noch Kommunist«. Solange die Sowjetunion kommunistische Führer habe, werde sich dort nichts zum Guten ändern. Seine größte Angst war, dass ich Kommunist werde. Um das zu verhindern, verbot er mir, zu den Pfadfindern zu gehen. Selbst die christlichen Pfadfinder waren ihm nicht geheuer. Er befürchtete offenbar, sie seien von Linken unterwandert.

»Sowjetische Tierquäler«

Die ersten politischen Ereignisse, an die ich mich erinnere, hatten mit Russland zu tun. Am 19. August 1960 umkreisten die beiden Hunde Belka und Strelka im Weltraumschiff »Sputnik 5« für einen Tag die Erde. Sie kehrten wohlbehalten zurück.

Die *Bild*-Zeitung schrieb damals, es sei ein Verbrechen, dass man kleine Hunde in den Weltraum schickt. Auch Wilhelm, der immer einen Hund hatte, war dieser Meinung.

Im August 1961 begann auf Anordnung der DDR-Regierung der Bau der Mauer in Berlin. Ich erinnere mich, dass wir damals abends Kerzen ins Fenster stellten, als symbolischen Gruß für die »Brüder und Schwestern in der DDR«, die angeblich »unter der Knute« der Sowjets lebten. Meine Eltern schickten auch Pakete mit Lebensmitteln an Verwandte in der DDR. Wilhelm bläute mir immer wieder ein, ohne »freie Konkurrenz« könne keine Wirtschaft funktionieren.

Dann gab es ein Ereignis, bei dem ich zum ersten Mal das Gefühl hatte, die Demokratie sei bedroht und man müsse sie verteidigen. Am 22. November 1963 wurde der Präsident der USA, John F. Kennedy, in Dallas in seinem Auto erschossen. Ich saß damals weinend vor dem Schwarz-Weiß-Fernseher bei einem Nachbarn. Wir durften zuhause kein Fernsehen gucken.

Die Gesichter von John F. Kennedy, seiner Frau Jackie, die während des Mordes an seiner Seite war, und das Gesicht des angeblichen Mörders Lee Harvey Oswald haben sich mir tief eingeprägt. Kennedy war ein Opfer »des Bösen« geworden, dachte ich mir damals.

Abenteuer an der Elbchaussee

In der ersten Hälfte der 1960er Jahre lebte ich recht gewöhnlich für einen kleinen Jungen. Ich streunte mit Schulfreunden über ein verwildertes Nachbargrundstück des stillgelegten Hotels »Ritscher« an der Elbchaussee. Es war ein herrliches Freiheitsgefühl auf diesem Grundstück mit seinen mächtigen Bäumen, das sich über den ganzen Elbhang zog, zu spielen.

Wir bauten eine Erdhöhle mit Laubdach. Im Keller des Hotels fanden wir großformatige Foto-Negative und stellten uns vor, wir seien auf der Spur einer abenteuerlichen Geschichte.

Ich war sowas wie der Anführer. Meinen Freunden hielt ich Vorträge über »die Demokratie«, für die man kämpfen müsse. Die Demokratie war das Gute. Gegen wen sie verteidigt werden musste, wusste ich nicht genau. Es war irgendein unbeschreibliches »Böses«.

1966 wechselte ich von der Grundschule auf das altsprachliche Gymnasium Christianeum, dass noch heute den Ruf einer Elite-Schule hat. Das Gymnasium ist in dem wohlhabenden Stadtteil Othmarschen angesiedelt. Ich musste Latein büffeln. Doch diese Sprache, die schon lange nicht mehr gesprochen wird, interessierte mich kein bisschen. Der noch relativ junge Lehrer hatte eine schnarrende, strenge Stimme. Die fremde Sprache vermittelte er im Kommandoton. Mich hätte er mit einer spannenden Geschichte aus dem alten Rom vielleicht »abgeholt«, aber so schaute ich im Unterricht aus dem Fenster und träumte still vor mich hin.

Als ich im Schulchor die Oper Camina Burana auf Latein mitsang, wurde mir die Sprache nicht sympathischer. Diese Oper hatte für mich etwas Gewaltiges, Mächtiges, was mir nicht sympathisch war.

An dem altehrwürdigen Gymnasium wurde ich das erste Mal Zeuge von Befehlsverweigerung und Sabotage. Ich staunte. Schüler steckten eine brennende Zigarette in ein abstraktes Kunstwerk. Niemals zuvor hatte ich erlebt, dass in aller Öffentlichkeit Regeln gebrochen wurden, schon gar nicht auf so krasse Weise. Doch das war noch nicht alles an Schüler-Provokation. Eines Tages mussten sich alle Schüler in der Aula versammeln. Der Raum war brechend voll. Der Schulleiter forderte uns auf, die Namen derjenigen zu nennen, die das große Wandgemälde in der Aula verschandelt hatten. Unbekannte hatten in der Nacht den unbekleideten Sportlern aus dem alten Griechenland lila Shorts gemalt. Im Saal herrschte Spannung. Man hörte Tuscheln und Glucksen. Doch Namen wurden nicht verraten. Ein Schüler, der neben mir saß, sagte mir, es seien Schüler aus den Abgangsklassen gewesen. Die standen in den letzten Reihen, aber keiner von ihnen machte Anstalten, sich zu bekennen. Der Schulleiter löste die Versammlung auf. Aber die Suche nach den Tätern sollte weiter gehen.

Die Jugoslawin

Auf dem Christianeum verbrachte ich nur ein Jahr. Dann zog unsere Familie von der Elbchaussee, die meiner zweiten Mutter zu laut war, nach Duvenstedt am nördlichen Stadtrand von Hamburg. Dort wohnten wir in einer großen, im englischen Stil gebauten Villa mit zwölf Zimmern, drei Bädern, zwei Küchen sowie einem großen Garten mit Teich, Sauna und Teehäuschen.

Ich bekam ein Zimmer in dem Gebäudeflügel, wo auch die Hausangestellte, eine Arbeitsmigrantin aus Jugoslawien, ein Schlafzimmer und eine Küche hatte. Aus ihrer Küche strömte ein ganz anderer Duft als aus unserer. Das machte mich neugierig. Manchmal schwatzte ich in dieser Küche mit der Hausangestellten. Sie war klein gebaut, kräftig, herzlich und offen. Und sie redete geradeheraus. Gestelzte Höflichkeit, wie sie in meiner Familie üblich war, gab es bei ihr nicht.

Mit den ausländischen Arbeitern, die im Haushalt und im Garten meiner Eltern bezahlte Arbeiten verrichteten, fühlte ich mich wohl. Ich hatte das Gefühl, dass mich diese Menschen so annahmen, wie ich war und nicht – so wie meine Eltern – ständig daran dachten, wie ich sein sollte. Sie betrachteten mich mit warmherzigen Blicken und wohl manchmal auch mit ein bisschen Mitleid, denn ich machte selten ein fröhliches Gesicht.

Dass in den Augen meiner Eltern nicht alle Menschen gleich waren, lernte ich auch durch einen Spruch, den meine zweite Mutter brachte, wenn wir Kinder lärmten. Dann sagte sie, »es ist hier laut wie in einer Judenschule.« Außer diesem Ausspruch wurde über Juden bei uns nicht geredet. Was meine zweite Mutter sonst noch über Juden dachte, weiß ich nicht. Ich habe sie nie danach gefragt. Zu diesem Thema herrschte bei uns eine merkwürdige Stille. Über die planmäßige Judenvernichtung der Nazis erfuhr ich nichts von meinen Eltern, sondern bruchstückhaft in der Schule und aus linken Zeitungen, die ich ab 1968 las.

Wein holen und Schuhe putzen

Die Rollen in unserem Haus waren streng nach der Geschlechterordnung verteilt. Während meine drei Schwestern der Mutter beim Haushalt helfen mussten, bekam ich »männliche« Aufgaben. Ich musste den Müll aus der Küche zum Mülleimer bringen und die Schuhe der Familie putzen. Wenn Gäste erwartet wurden, musste ich den Kamin anfachen und auf Bestellung von Wilhelm bestimmte Weinflaschen aus dem Keller holen.

Die Versuche meiner Eltern, mich an Musikinstrumenten auszubilden, die in ihren Kreisen angesagt waren, scheiterten. Ich bekam lange Klavierunterricht und Unterricht im Waldhorn-Blasen. Außerdem sang ich noch im Kirchenchor. Als ich einmal bei einem Schülerkonzert in einem Saal in der Hamburger Innenstadt vorspielen sollte, war ich so aufgeregt, dass ich mich mehrmals verspielte. Seitdem wurde ich nicht weiter mit Klavierunterricht behelligt.

Wilhelm arbeitete viel. Fast jedes Wochenende brachte er eine ganze Kiste mit Akten aus der Firma mit nach Hause. Nur Sonntagnachmittags wurden wir Kinder von ihm für Gesellschaftsspiele ins Esszimmer gerufen. Ich hatte an diesen Spielen kein Interesse, denn sie waren verordnet und das brachte keinen Spaß.

Doch es gab Dinge, die mir Spaß machten. Ich las gerne Bücher, über Indianer zum Beispiel. Und mit Hilfe eines Baukastens baute ich ein Radio und verlegte eine Antenne aus meinem Fenster bis zum Dach der Garage gegenüber. Nachts lag ich im Bett und hörte Kurzwellensender aus der ganzen Welt. Ich nahm an einem Modellauto-Wettbewerb der Opel AG teil und fertigte einen schwarz-gelben Sportwagen aus Balsaholz nach eigenem Design. Die Ausführung war etwas nachlässig. Einen Preis bekam ich nicht.

Pickelhauben und Holzgewehre

Der Sieg der Roten Armee 1945 hatte meinem Vater Angst gemacht. Er hielt es für möglich, dass »die Russen« irgendwann bis zur Hamburger Elbe vorstoßen, weshalb er sich nach Kriegsende als erstes Auto einen VW-Schwimmwagen kaufte. Damit wollte er im Fall der Fälle über die Elbe flüchten.

Die Angst vor Russland war in Westdeutschland in den Nachkriegsjahren allgegenwärtig. CDU und FDP machten mit Russenangst Wahlkampf. Auf ihren Plakaten sah man Fell-bemützte Russen mit Schlitzaugen. CDU und FDP protestierten gegen die angebliche »Hexenjagd« gegen »vermeintliche Nazis und Kriegsverbrecher«. Viele Deutsche waren der festen Überzeugung, sie hätten den Krieg zu Unrecht verloren und man könne sie jetzt nicht auch noch dafür bestrafen.

Dass viele Kriegsteilnehmer die Niederlage im Zweiten Weltkrieg nie verwunden haben, merkte ich noch 2003, als mich ein Onkel, der Bruder meiner zweiten Mutter, in seiner Villa am Hamburger Jenisch-Park in sein Arbeitszimmer führte. Er wollte mich »Linken« wohl aus der Fassung bringen. Was sah ich in dem Arbeitszimmer? Ein großes Porträt von Großadmiral Karl Dönitz, den Hitler in seinem Testament zum Nachfolger bestimmt hatte und der noch einige Tage als Oberkommandierender von Nazi-Deutschland amtiert hatte. Dönitz war einer der 24 Angeklagten im Nürnberger Prozess gegen die Hauptkriegsverbrecher. Er wurde wegen des Führens von Angriffskriegen und Kriegsverbrechen schuldig gesprochen und zu zehn Jahren Haft verurteilt, die er auch verbüßte. Mitgliedern der SS ließ er Marine-Ausweise ausstellen, um sie vor der Verfolgung durch die Alliierten zu schützen.

In der Villa meines Onkels wohnte auch der Vater meiner zweiten Mutter. Ihm zu Ehren marschierten wir Kinder an einem seiner Geburtstage Mitte der 1960er mit Pickelhauben aus der Kaiserzeit und Gewehren aus Holz. Der Geist des deutschen Militarismus war wie ein Amalgam, das unseren Eltern Halt gab.

Was strenge Erziehung betrifft, stand meine zweite Mutter meinem Vater in nichts nach. Sie hatte sich in den Kopf gesetzt, mich sportlich zu machen. Einmal zwang sie mich am Swimmingpool ihres reichen Bruders den Kopfsprung vom Beckenrand zu trainieren. Der Beckenrand war aus scharfkantigen Ziersteinen. Ein Sprungbrett hatte der Pool nicht. Bekleidet und mit strengem Blick stand sie also am Beckenrand und gab das Kommando. Doch ich sprang ungeschickt und willenlos, so dass ich mir die Schienbeine an der scharfen Beckenkante blutig schlug. Das Training brach sie wortlos ab. Mitleid mit meinen blutenden Schienbeinen zeigte sie nicht.

Gute Erziehung hatte für meine zweite Mutter etwas mit Härte und Leiden zu tun. Einmal, als ich eine Erkältung hatte, befahl sie mir, in die Badewanne zu steigen. Das Wasser war mir viel zu heiß. Doch sie kommandierte mit scharfer Stimme, ich solle in die Wanne. Während dieser Prozedur hasste ich sie.

Zwang zur »Männlichkeit«

Den Männlichkeitsvorstellungen meiner Eltern entsprach ich nicht. Als Kind weinte ich viel und war kein ruppiger, sondern eher ein zartbesaiteter Typ. Als ich sechs Jahre alt war, wollte ich Balletttänzer werden. Und als ich sieben Jahre alt war, stand ich auf dem Schulhof immer mit den Mädchen zusammen. Bei denen fühlte ich mich wohler als bei den Jungs. Irgendwann ermahnte mich dann meine älteste Schwester, ich müsse auf dem Schulhof mit den Jungen zusammenstehen und nicht mit den Mädchen. Warum das so sein sollte, erklärte sie nicht.

Der Zwang zur »Männlichkeit« hatte in meiner Pubertät dramatische Auswirkungen. Ich hatte festgestellt, dass ich in den Brustwarzen kleine harte Geschwulste hatte und in meinem Sack nur ein Ei war. Ich bekam Panik. Hatten meine Eltern wohlmöglich Recht? War ich eigentlich ein Mädchen? Als ich meinem Vater davon erzählte, wollte er meinen Hoden untersuchen. Aber ich lehnte ab. Ein Arzt beruhigte mich schließlich, die Erscheinungen in meinem Körper seien normale Vorgänge bei einem Heranwachsenden. Ein Eingriff sei nicht nötig. Dass zweite Ei brauche einfach etwas mehr Zeit, um an die richtige Stelle zu kommen.

»In Zelten, wie damals in Russland«

Wilhelm nahm mehrmals an Reserveübungen der Bundeswehr teil, das erste Mal im Mai 1965 beim 3. Panzeraufklärer-Bataillon im Solling und in Hessen. Die Übung dauerte vier Wochen. In sein Tagebuch schrieb er, warum er an der Übung teilnahm. Ihn habe damals die Frage beschäftigt: »Wie ist die Praxis dieser neuen Wehr des Bundes, Disziplin? Kampf- oder Abwehrgeist?« Weiter schreibt er, »die Autorität des Offiziers und Unteroffiziers und seine Möglichkeiten inneren Gehorsam zu verlangen ist sehr erschwert. Ganz ›weiche Welle‹ von oben durch die ›innere Führung‹ und das fehlende Staatsoberhaupt als Symbol unserer gemeinsamen Volksmacht aus Unsicherheit gewollt! Und der Idealismus und Geist ist vor 20 Jahren mit Stumpf und Stiel verheizt.«

Im Winter 1969 nahm Wilhelm wieder an einer Reserveübung teil, diesmal beim 2. Panzeraufklärer-Bataillon im niedersächsischen Munster. Auf einem Foto, das ihn im Parka bei der Übung zusammen mit anderen Soldaten auf verschneitem Feld zeigt, kritzelte er: »Wir schliefen bei Nachtfrost in Zelten, à la Russland.« Und: »Es wurde scharf geschossen.«

Das Ergebnis der Exkursion war ernüchternd. Mein damals 48 Jahre alter Vater holte sich eine Lungenentzündung und musste ins Bundeswehrkrankenhaus in Hamburg-Barmbek. Ich besuchte ihn. Aber mein Mitleid hielt sich in Grenzen.

Zur Bundeswehr hielt er bis an sein Lebensende engsten Kontakt. Eines der Produkte, die er mit seiner Firma vertrieb, waren Kaltlicht-Leuchtstäbe. Der größte Abnehmer war die Bundeswehr und darauf war er sehr stolz, war er damit doch immer noch am Schutz des Vaterlandes beteiligt.

6. Mit Che Guevara abgehauen

Verordnete Gartenarbeit

Es war im Sommer 1969. Mein Vater hatte mir eine Liste mit Gartenarbeiten aufgeschrieben, die ich erledigen sollte, damit bis zum Besuch des Schwiegervaters, den wir in wenigen Tagen erwarteten, alles perfekt aussah. Auf der Liste stand: 1. Rasen mähen, 2. Fliesen fegen, 3. den Weg zur Sauna harken, 4. Hundezwinger säubern, 5. Kieswege harken. Und es gab noch weitere Punkte.

Ich überlegte nicht lange. Für den Besitzer einer Margarinefabrik, den Vater meiner zweiten Mutter, alles schön zu machen, das war einfach zu viel. Das sollte eindeutig eine Strafe für meine Unangepasstheit sein. Meine Familie kotzte mich an. Quer über Wilhelms Liste schrieb ich: »Macht kaputt, was euch kaputt macht!«, packte ein paar Sachen in zwei Plastiktüten, setzte mich auf mein Fahrrad und fuhr los in einen Nachbarstadtteil, wo mein bester Freund, Jörg P., wohnte.

Mein Fahrrad, mit dem ich täglich eine halbe Stunde zur Schule nach Hamburg-Volksdorf fuhr, hatte ich im Stil der revolutionären, neuen Zeit schwarz lackiert. Am Rückblech war ein Porträt von Che Guevara befestigt, den ich verehrte. Dieser Mann hatte für die Verdammten und Entrechteten gegen das US-Monster gekämpft und war dabei umgekommen. In einer dunklen Welt von Ungerechtigkeit leuchtete er wie ein glühender Stern.

Ein kleiner Stern, der mir Mut machte, war Jörg. Er lebte nach seinem eigenen Stil. Sein Vater, ein Pädagogik-Professor, ließ ihm die Freiheit. Zumindest berichtete Jörg nie von irgendwelchen Disziplinierungsversuchen. Jörg hatte im Gegensatz zu mir schon eine Freundin. Er trug lange blonde Haare und schwarze Ledersachen, lebte in einem Holzschuppen, einem Anbau an den Bungalow seiner Eltern. Dort spielte er auf seiner eigenhändig schwarz lackierten E-Gitarre. Zusammen hörten wir seine Platten aus der Sammlung »Electric Blues«. Mit seiner Band spielte Jörg Hardrock. Das Vorbild der Band war die US-Gruppe MC 5, wie viele der Bands und Musiker damals herrschaftskritisch.

Protest einfach so rauszuschreien, wie es einem auf der Leber lag, war nie meine Sache. Die harte Erziehung des ewigen Soldaten Wilhelm hatte mich stumm und ängstlich gemacht. Obwohl in mir ein Vulkan brodelte, war ich ein wohlerzogener, artiger Junge in Bundhosen, der Beatles, Julie Driscoll und »Play Bach« von Jaques Loussier hörte, aber keinen Hardrock.

Von Jörg wurde ich in die Welt der alternativen Kultur eingeführt. Wir sahen im Kino »Rosemary's Baby« von Roman Polanski und »Easy Rider« von Dennis Hopper. Ich fragte Jörg, welche Bücher man als Kommunist lesen müsse. Er empfahl mir von Friedrich Engels »Der Ursprung der Familie, des Privateigentums und des Staats« und von Frantz Fanon »Die Verdammten dieser Erde«.

Aus dem Engels-Buch erfuhr ich, dass Familie nicht nur etwas mit Liebe, sondern auch etwas mit Besitz, Macht und Kapitalismus zu tun hat. Das Buch von Fanon öffnete mir die Augen über die Funktion von Rassismus und den Widerstandskampf in den französischen Kolonien in Afrika.

Jörg war kein intellektueller Laberer, sondern ein Junge der Tat. Einmal, als er bei uns zuhause zu Besuch war und Wilhelm wieder Anweisungen gab, schloss Jörg den »Befehlshaber« kurzerhand in seinem Bürozimmer ein. Damit hatte niemand gerechnet, weder Wilhelm noch ich. Erst nach längerem Geschrei kam mein Vater wieder frei. Er sprach nicht weiter über den Vorfall. Jörgs Maßnahme beeindruckte mich. Später, als ich mich mit Mao Zedong,[14] dem Vorsitzenden der Kommunistischen Partei Chinas beschäftigte, stieß ich auf ein Mao-Zitat, das mir die kleinlaute Reaktion meines Vaters erklärte. »Alle Reaktionäre sind Papiertiger. Dem Aussehen nach sind sie furchterregend, aber in Wirklichkeit sind sie nicht gar so mächtig. Auf lange Sicht haben nicht die Reaktionäre, sondern hat das Volk eine wirklich große Macht.«[15]

Freiheit, frische Luft und eigenes Geld

Nach meiner Flucht von zuhause kam ich bei Jörg an und erzählte, was vorgefallen war. Er war sofort bereit, mir zu helfen. Erstmal holte er frische Erdbeeren aus der Küche, die wir gemeinsam aus der Schüssel verspeisten. Dann gab er mir seinen grünen Bundeswehr-Schlafsack. Damit legte ich

14 Damals noch Mao Tse-Tung geschrieben

15 »Gespräch mit der amerikanischen Korrespondentin Anna Louise Strong« (August 1956), Ausgewählte Werke Mao Tse-tungs, Bd. IV

mich abends an den Rand eines nahegelegenen Waldes. Draußen schlafen fand ich toll, auch wenn ich ein bisschen Angst hatte.

In frischer Luft und in Freiheit schlief es sich gut. Morgens wurde ich vom »Meckern« der Rehe geweckt. Sie standen in einiger Entfernung am Feldrand und reckten ihre Hälse nach mir. Ich versteckte meinen Schlafsack im Gebüsch und fuhr mit der U-Bahn in die Innenstadt zum Arbeitsamt. Vor dem Gebäude – so hatte ich gehört – sollte es Leute geben, die Tagelöhner-Jobs anboten.

Ich bekam einen Job im Hafen. Niemand fragte nach Papieren. Ich musste verschiedene Tätigkeiten ausführen. Erst half ich einen Eisenbahnwaggon zu beladen, indem ich mit einer Karre Säcke in den Waggon fuhr. Dann säuberte ich mit Schabern einen Öltank von Innen. Durch meinen Job im Hafen hatte ich das erste selbst verdiente Geld. Das investierte ich in eine Konzertkarte für den Jazz-Rocker Brian Auger, der sein Programm »Oblivion Express« in der Hamburger Musikhalle vorstellte.

Es war das erste nicht-klassische Konzert, das ich besuchte. Und der Eindruck war stark wie ein Sommergewitter. Der mächtige Wummer-Sound von Augers Hammond-Orgel klang viel aufregender als die Orgeln in der Kirche.

Von dem Konzert wollte ich jede Sekunde festhalten und hatte deshalb meinen Kassettenrekorder mitgebracht, der das ganze Konzert über auf meinen Oberschenkeln lag. Die Aufnahme höre ich heute noch gelegentlich und ich fühle beim Hören eine wunderbare Freiheit.

Nach Wochen meldeten sich bei mir zwei Schwestern. Sie baten, ich möge doch bitte zurückkommen, mein Vater sei sehr besorgt. In meiner Hoffnung, Wilhelm würde mich in Zukunft mit Zuchtmaßnahmen verschonen, ließ ich mich überreden.

Heute bereue ich es, dass ich so schnell aufgab. Denn ein Leben auf der Straße und selbst verdientes Geld hätten mir gutgetan. So geriet ich wieder in die Fänge von Wilhelm. Der hielt mich mit knappem Taschengeld finanziell kurz. Da ich die bestehende Ordnung nicht nur in der Familie, sondern auch im Staat immer mehr anzweifelte, begann ich mir mit kleinen Diebstählen ein paar Träume zu erfüllen. Ich stahl in Kaufhäusern unbespielte Audio-Kassetten, die ich für meine Musiksammlung brauchte. Einmal klaute ich auch Sandalen und schließlich sogar einen Kassettenrekorder, direkt vom Ladentisch. Doch als ich 1972 mit der organisierten politischen Arbeit begann, stellte ich das Klauen ein. Mir wurde bewusst, dass ich mit meinen Taten Menschen schädigte und mich selbst in Gefahr begab.

Die Roten kommen!

Nach dem Zweiten Weltkrieg hatte es in Westdeutschland mehrere progressive Bewegungen gegeben. Die erste war eine Bewegung für eine Sozialisierung der Schlüsselbetriebe, unmittelbar nach dem Krieg, die jedoch erfolglos blieb. In den 1950er Jahren hatte eine Bewegung versucht, die Remilitarisierung und die Spaltung Deutschlands zu verhindern.

Doch das, was 1968 mit der Studentenbewegung entstand, war von einem ganz besonderen Kaliber. Denn der Aufruhr in Westdeutschland war Teil einer internationalen Bewegung gegen Imperialismus und Reaktion. In Afrika hatten sich seit 1960 zahlreiche Staaten für unabhängig erklärt und von ihren Kolonialherren befreit. Vietnam, Angola und Mozambique kämpften Ende der 1970er Jahre mit der Waffe in der Hand gegen ihre Kolonialherren. In den Kernländern des Imperialismus, den USA, Frankreich und Westdeutschland, protestierten Jugendliche gegen den Vietnam-Krieg.

Bei dem legendären Woodstock-Festival 1969 in den USA, dass unter dem Motto »Love and Peace« stattfand, traten mehrere Musiker auf, die gegen den Krieg in Vietnam Position bezogen, am deutlichsten Jimi Hendrix mit seiner Instrumental-Version der US-Nationalhymne »The Star-Spangled Banner«. In dem Song ahmte Hendrix mit seiner Gitarre und Verzerr-Effekten eine Schlacht mit Bomben und Maschinengewehrfeuer nach.

Für mich war eines der wichtigsten Ereignisse 1969 die 1. Mai-Kundgebung auf dem Hamburger Rathausmarkt. Es war die erste politische Kundgebung unter freiem Himmel, die ich besuchte. Und ich erlebte, dass Politiker und Gewerkschaftsfunktionäre, die vom Balkon des Rathauses sprachen, mit ohrenbetäubendem Pfeifkonzert und Sprechchören am Reden gehindert wurden.

Auf dem Balkon des Rathauses sprachen der damalige Vizekanzler Willy Brandt, der IG-Metall-Vorsitzende Otto Brenner, der Hamburger Bürgermeister Kurt Weichmann und der Hamburger DGB-Vorsitzende Adalbert Höhne. Vor dem altehrwürdigen Rathaus standen 9000 Menschen. Und zum Platz vor dem Rathaus zog noch eine Demonstration von 3000 Lehrlingen und Studenten, die lautstark gegen die angepasste Politik des DGB, die schlechte Lage der Berufsausbildung und den Krieg in Vietnam protestierten.

Man muss wissen: Am 16. März 1968 hatte es das Massaker von Mỹ Lai gegeben. US-Soldaten hatten Hunderte Frauen, Kinder und Greise getötet. Bis zum Oktober 1968 bombardierten die USA Nordvietnam. Im Juli 1969 prüfte US-Sicherheitsberater Henry Kissinger die Möglichkeit des Einsatzes von Atomwaffen gegen Nordvietnam.

Als die Gegendemonstranten auf den Rathausmarkt strömten, kam es zu einem Höllenlärm und zum Gerangel mit der Polizei. Die Redner auf dem Balkon des Rathauses wurden mit Sprechchören und Pfeifen teilweise übertönt. Das *Hamburger Abendblatt* berichtete am Folgetag, die Polizei habe 38 Demonstranten vorläufig festgenommen. Auf dem Balkon des Rathauses berieten die Redner unterdessen, ob man die Kundgebung wegen der Störer nicht lieber abbrechen solle. Doch man entschied sich, die Veranstaltung weiter zu führen.

Irgendwann war die Kundgebung zu Ende, aber noch nicht der Protest. Spontan bildete sich ein Demonstrationszug der jungen Linken, der durch die Mönckebergstraße bis zum Hauptbahnhof zog. Die Demonstranten – ich unter ihnen – liefen durch die Seitenhalle des Bahnhofs, wobei wir im Rhythmus unserer Schritte »Ho, Ho, Ho Chi Minh« riefen. Passanten waren gezwungen zur Seite zu gehen, wo sie erstaunt stehen blieben und guckten.

Die spontane Demonstration zog weiter bis zum SPD-Haus in der Kurt-Schumacher-Allee. Dort griffen sich einige Demonstranten Steine aus dem Gleisbett der Straßenbahn und warfen sie auf die gläserne Fassade des SPD-Hauses. Ich hielt mich abseits. Ich war zwar kein Freund der SPD, aber im Steinewerfen sah ich keinen Sinn.

Die Proteste vor dem Hamburger Rathaus kamen für die Führungen von SPD und DGB überraschend und hatten ein Nachspiel. Für den 6. Mai 1969 lud der DGB zu einer Auswertungskonferenz ins Hamburger Gewerkschaftshaus. 1100 Betriebsrats- und Personalratsvorsitzende nahmen teil. Der Hamburger DGB-Vorsitzende Höhne wollte Strafanzeige gegen diejenigen erstatten, die zu der Gegendemonstration aufgerufen hatten.

Doch an diesem Vorschlag gab es Kritik. Man dürfe die Auseinandersetzung nicht mit Polizei und Gericht fortsetzen, »sondern durch Gespräch und stärkeres Eintreten für die berechtigten Belange der Jugendlichen«, zitierte[16] das *Hamburger Abendblatt* einen Konferenzteilnehmer. Weiter schrieb das Blatt, »Redner der verschiedensten politischen Richtungen, auch Kommunisten, fehlten nicht, warfen den Gewerkschaften vor, dass sie ›müde geworden‹ seien. Der 1. Mai dürfe nicht als Volksfest, sondern müsse als Kampftag betrachtet werden.«

Das *Hamburger Abendblatt* war damals eine konservativ-liberale Zeitung. Sympathien für Linke hatte das Blatt nicht. Doch gelegentlich wurden auch Gesellschaftskritiker zitiert. Dieser Stil, von dem man heute nur träumen kann, vermittelte den Medienkonsumenten das Gefühl, sie würden über alles informiert.

»Zeugnisterror«

Die Studenten- und Schülerbewegung, die in ganz Westdeutschland Zulauf bekam, erreichte auch das Walddörfer-Gymnasium, das ich von 1966 bis 1969 besuchte. Den Namen hatte die Schule von dem Bezirk, in dem sie lag. Der Bezirk »Walddörfer« war eine baumreiche Region im Nordosten von Hamburg. Die Gegend zog Besserverdiener an, die sich hier ihre Villen bauten.

Vor meiner Schule wurde 1969 ein Flugblatt gegen den »Zeugnisterror« und »die Ausbildung zum Fachidioten« verteilt. Das Flugblatt stellte die Frage, ob man gut lernen kann, wenn einem die Angst vor einer schlechten Note im Nacken sitzt. Und es wurde die Einführung von Leistungsfächern kritisiert. Wozu diese Gängelung?, fragte ich mich. War nicht die Freiheit der Wahl gerade das, wovon sich die Bundesrepublik von der DDR unterschied?

Ich nahm das Flugblatt mit nach Hause. Es war an einem Sonntagmorgen – mein Vater lag noch im Bett – als ich zu ihm ging. Ich setzte mich auf den Bettrand und las ihm aus dem Flugblatt vor. Wilhelm meinte, in dieser Schrift stehe Unsinn. Zeugnisse habe es immer gegeben und werde es immer geben. Doch ich spürte bei ihm eine Unsicherheit. Er war es nicht gewohnt, sich mit für ihn völlig fremden Gedanken auseinanderzusetzen.

16 https://www.abendblatt.de/archive/1969/pdf/19690507.pdf/ASV_HAB_19690507_HA_002.pdf

Ein paar Monate später hatte ich erneut eine Frage an Wilhelm. Diesmal ging es um einen Artikel aus der *Deutschen Volkszeitung*, in dem behauptet wurde, die deutsche Großindustrie habe den Aufstieg von Hitler finanziert. Die Reaktion meines Vaters war höchst merkwürdig. Er versuchte nicht dagegen zu argumentieren. Aber seinem Gesichtsausdruck nach fand er den Artikel ebenso schlimm wie das Flugblatt über den »Zeugnisterror«. Wilhelm wurde das, was an der Schule seines Sohnes passierte, zunehmend unheimlich. Immer wieder hörte er, wie sein Sohn von dem linken Deutschlehrer, Herrn Kempe, schwärmte.

Lenins »Funke« am Gymnasium

Die Schülerzeitung des Walddörfer-Gymnasiums wirkte auf mich wie ein Revolutionszaubermittel. Sie hatte sich gerade erst vom artigen »Waldi« in *Iskra* umbenannt, was auf Russisch »Funke« heißt. *Iskra* hieß auch die Zeitung der Sozialdemokratischen Arbeiterpartei Russlands, die ab 1900 eine Zeit lang unter Federführung von Lenin erschien.

Im Editorial der Schülerzeitung *Iskra* begründete die Redaktion den Namen der neuen Zeitung. Lenin und seine Genossen hätten vor 1917 versucht, »unter der russischen Bevölkerung revolutionäres Bewusstsein zu schaffen.« Damit legte die Redaktion nahe, was sie bei den Schülern beabsichtigte.

Das Blättchen im Schwarz-Weiß-Druck und Din-A5-Format mit dem bärtigen Gesicht von Che Guevara auf der Titelseite sorgte unter den Schülern für Furore. Zwar gab es auch jene, die es verachteten und verunglimpften, aber das wirkte wie ein Brandbeschleuniger. Die *Iskra* war in aller Munde. »Links«, »Revolution« und »Bewusstsein«, das war damals neu, geheimnisvoll und unerhört.

Im Innenteil der *Iskra* setzte sich ein Autor mit den deutschen Chefredaktionen auseinander, die Che Guevara als »politischen Abenteurer« und »romantischen Weltverbesserer« abqualifizierten. »Dass gerade in den südamerikanischen Staaten die Revolution vor der Tür steht, haben die Herren Augstein und Nannen nicht kapiert«, hieß es in dem Artikel. Che Guevara sei »kein romantischer, politischer Abenteurer, sondern ein logisch denkender Mensch«, der einen »Hass gegen jegliche Unterdrückung und Ausbeutung« habe.

Die *Iskra*-Redakteure ließen keinen Zweifel, dass sie sich als Avantgarde einer revolutionären Schülerbewegung sahen. In einem von der Zeitung veröffentlichten Aufruf hieß es: »Gründet an allen Schulen unabhängige Schülergruppen, die die Aufgabe haben, die Schülerschaft auf ihre tatsächliche Lage hinzuweisen und sie zu einer aktiven Mitarbeit zu mobilisieren (...). Nehmt Verbindung zu allen progressiven Kräften innerhalb der Lehrer- und Elternschaft auf (...). Übt permanente Kritik an der bestehenden pseudodemokratischen Schülermitverwaltung.«

Die durch ein neues Schulverwaltungsgesetz eingeführte »Schülermitverwaltung« wurde kritisiert, weil die Schüler vor einer Beschlussfassung durch Lehrer und Eltern nur angehört werden, an der Beschlussfassung aber nicht teilnehmen sollten.

In der *Iskra* gab es eine Anzeige für »Zeitschriften aus China in deutscher Sprache«, die *Peking Rundschau* und die »Werke Mao Tse-tungs«. Das war nicht verwunderlich. Aber ein Rätsel blieb, wie es der Schülerzeitung gleichzeitig gelungen war, Inserate von örtlichen Einzelhandelsgeschäften einzuwerben. Vermutlich hatten die Inserenten noch nichts vom linksradikalen Kurswechsel der Zeitung mitbekommen.

Die »Gefahr«: Der Deutschlehrer

Wie bereits erwähnt, spielte mein Deutschlehrer, Herr Kempe, am Walddörfer-Gymnasium eine große Rolle bei meiner Politisierung. Bei ihm gab es keinen sturen Grammatik-Unterricht, sondern wir lernten etwas über Literatur und er war ein mitreißender Erzähler. Zunächst erzählte er von seinen Reisen nach Griechenland, die er mit seiner Frau im Wohnmobil machte. Das war für uns Zwölfjährige schon ein Abenteuer, das wir gerne miterlebten.

Im Jahr 1968 wechselte Herr Kempe dann für uns überraschend das Reiseziel. Er fuhr mit seiner Frau nach Paris und wurde Zeuge der Studenten- und Arbeiterproteste, die als »Pariser Mai« in die Geschichte eingingen. Seine Erlebnisse in Paris teilte er uns brandheiß mit. Aus seiner Begeisterung für den Aufstand machte er keinen Hehl.

Soviel ist mir heute klar: Der Mai 1968 war für die westdeutsche Bourgeoise ein Alptraum. Sie war darauf politisch-ideologisch nicht vorbereitet.

Unser Deutschlehrer traute sich sogar in der Schülerzeitung *Iskra* einen Essay zu schreiben. In dem Text mit dem Titel »Hat die Revolution schon begonnen?« führte Herr Kempe aus, dass man die protestierenden Studenten und Arbeiter in Deutschland und Frankreich ernst nehmen müsse. Zitat: »Als Prof. Weizsäcker[17] sagte, die Unruhe der Jugend sei vorhersehbar gewesen, nickte der Kanzler (Kiesinger, UH), und dabei wurde einem deutlich bewußt, daß er es eben nicht vorhergesehen hatte. Da, genau da, liegt die Revolution heute: Wissenschaftler, Fachkenner, Fachstudenten, sie wissen bereits, wie gebessert werden kann und muß, aber bisher hörte keiner auf sie, vor allem kein Politiker. Da griffen sie zu den berühmten Posaunen von Jericho, und die Mauern beginnen nun zu fallen. Das gibt Staub, aber der verzieht sich wieder. Nun muss jeder hingehen zu den Bläsern und sich erklären lassen, was sie meinen.«

Herr Kempe verstand es, Gesellschaftskritik anschaulich zu vermitteln. Er besprach mit uns eine Erzählung von Friedrich Dürrenmatt, »Der Tunnel«. Die Erzählung handelt von einem Zug, der durch einen Tunnel rast, für die Strecke aber ungewöhnlich lange braucht. Ein mitreisender Student ist beunruhigt, die Mitreisenden aber nicht. Der Student klettert zusammen mit einem Zugbegleiter in den Führerstand der Lokomotive. Doch der ist leer. Der Lokführer war abgesprungen. Die Notbremse funktioniert nicht und der Zug rast immer schneller und schneller in einen dunklen Abgrund. Unser Deutschlehrer erklärte, die Erzählung sei ein Gleichnis zum deutschen Faschismus, den die Bürger erst bemerkt hätten, als es schon zu spät war.

Mein Vater begriff, dass von Herrn Kempe eine Gefahr ausging. Auch mein Vater war ein guter Erzähler. Aber sein Sohn hatte ein neues Vorbild mit anderen Werten gefunden, dem er hingebungsvoll lauschte, hingebungsvoller als dem eigenen Vater. Wilhelm sah die Familie in Gefahr.

Die Fragen nach dem Warum, Weshalb, Woher und Wieso, die ich ständig stellte, waren für Wilhelm unbequem und störend. Ein intellektueller Disput war ihm fremd, ungeachtet dessen, dass er griechische Philosophen kannte und achtete.

Wilhelm hasste die Intellektuellen, die im Zuge der 1968er-Bewegung in Westdeutschland an Einfluss gewannen, aus ganzem Herzen. Er hasste

17 Carl Friedrich Weizsäcker (1912–2007), Physiker und Friedensforscher

das Wort »inhaltlich«, welches für ihn die Ausgeburt der Revolte war. Und er hasste Soziologen, weil er sie für »links« hielt. Die Soziologie als Wissenschaft erlebte Ende der 1960er Jahre in Deutschland einen Aufschwung. Für meinen Vater war Soziologie eine Verirrung.

Wilhelm hasste Cordhosen und Wildlederschuhe, die damals bei Jugendlichen beliebt waren. Sie waren nach Meinung meines Vaters Markenzeichen von »Schwächlingen«. Mit Stolz trug er seine grauen Flanellhosen, seine eng geschnürten Krawatten mit kleinem Knoten und seine schwarzen Schnürschuhe englischen Stils. Die Kleidung sollte die Haltung eines Mannes, seine Disziplin und seinen Willen unterstreichen, so wie beim Militär.

»Das Teichhuhn ist wieder da!«

Wenn wir zuhause bei Tisch saßen und es hupte vor dem Gartentor, war das meist der Freund einer Schwester, der mit seinem fensterlosen Ford Transit vorgefahren war. Wilhelm sagte dann immer in verächtlichem Ton, »das Teichhuhn ist da«.

Die Beschreibung »Teichhuhn« bezog sich auf die grün-roten Lederstiefel mit erhöhtem Absatz, die der Verehrer meiner Schwester trug. Sie waren damals in der Hippie-Jugend der letzte Schrei. Dass der Freund meiner Schwester auch noch lockige, schwarze, lange Haare trug, war für Wilhelm ein Zeichen für die »Entartung« des männlichen Wesens.

Neben meinem Freund Jörg, der *Iskra* und meinem Deutschlehrer hatte ich noch ein weiteres Revolutionszaubermittel: Die Musik. In einem Plattenladen in Hamburg-Volksdorf kaufte ich die Langspielplatte »Spiel nicht mit den Schmuddelkindern« von Franz-Josef Degenhardt. Was der rote Barde da sang, passte zu meiner Situation.

»Spiel nicht mit den Schmuddelkindern. Sing nicht ihre Lieder. Geh doch in die Oberstadt. Mach's wie deine Brüder. So sprach die Mutter, sprach der Vater, lehrte der Pastor. Er schlich aber immer wieder durch das Gartentor. Und in die Kaninchenställe, wo sie Sechsundsechzig spielten, um Tabak und Rattenfelle, Mädchen unter Röcke schielten.«

Meine nächste Erwerbung war die Langspielplatte »Macht kaputt, was euch kaputt macht« von der Anarcho-Band »Ton Steine Scherben«. Das Cover schien wie selbstgemacht. Auf rohem, braunem Karton war eine

Zwille aufgedruckt. Der Sound war scheppernd. Bässe fehlten. Offenbar hatte die Band ihre Stücke in einer Garage aufgenommen. Aber das spielte keine Rolle. Rio Reiser schrie aus voller Seele das, was wir rebellischen Jugendlichen fühlten.

»Bomber fliegen, Panzer rollen, Polizisten schlagen, Soldaten fallen, die Chefs schützen, die Aktien schützen, das Recht schützen, den Staat schützen. Vor uns! Macht kaputt, was euch kaputt macht! Macht kaputt, was euch kaputt macht!«

Angenehm beeindruckt war ich damals von meiner Musiklehrerin am Walddörfer-Gymnasium. Sie übte mit uns das russische Wiegenlied »Bajuschki baju« ein. Es war das erste russische Lied, das ich kennenlernte. Die weiche Melodie prägte sich mir ein. In meiner Fantasie stellte ich mir eine Großmutter vor, die ihr Enkelkind in den Schlaf wiegt.

1968: Russen-Panzer gucken

In der zweiten Hälfte der 1960er Jahre gab es in einem Teil der westdeutschen Jugend freundliches Interesse am Sozialismus, bei einigen – wie mir – auch Sympathie. Die Anziehungskraft, die von linken Ideen und revolutionären Bewegungen damals ausging, bekam einen Dämpfer, als in der Nacht zum 21. August 1968 eine halbe Million Soldaten der Sowjetunion, Polens, Ungarns und Bulgariens, die zum damaligen Militärbündnis »Warschauer Pakt« gehörten, in die Tschechoslowakei einmarschierten und innerhalb von wenigen Stunden alle strategisch wichtigen Positionen des Landes besetzten.

Die Schülerzeitung *Iskra* kritisierte diesen Einmarsch: »Der Einmarsch der Pakttruppen in die CSSR hat nicht nur ein neues sozialistisches Modell mit Gewalt verhindert, diese Intervention hat der sozialistischen Weltbewegung einen Schlag versetzt, von der sie sich nur schwer erholen wird (...). Die Intervention hat in der bundesrepublikanischen Linken einen Bruch bewirkt: Hier KPD und der größte Teil der SDAJ, dort fast alle anderen sozialistischen Organisationen rechts und links der KPD, die teils scharf, teils vorsichtig ihren Protest formulierten.«

Auch ich sah den Einmarsch kritisch. Aber es war für mich kein Grund – wie von der bürgerlichen Presse gefordert – von linken Ideen abzuschwören. Denn es gab für die Linken in Westdeutschland damals noch zahlreiche andere »unbefleckte« Bezugspunkte, das Volk von Vietnam, welches gegen die Supermacht USA kämpfte und Che Guevara, der als gefürchteter Partisanenkämpfer von der CIA gesucht und 1967 im Urwald von Bolivien nach einem Gefecht in Gefangenschaft geriet und ermordet wurde.

Der Einmarsch der Warschauer-Pakt-Truppen in die Tschechoslowakei brachte meinen Vater auf eine Idee. Er schlug mir vor, an die Grenze der Tschechoslowakei zu fahren. So nah am russischen Einmarsch hoffte er, mich von der Gefährlichkeit der Sowjetunion überzeugen zu können.

Und so stapften wir einige Tage später im Oberpfälzer Wald in Bayern über hügelige Wiesen. Hier grenzte Westdeutschland an die Tschechoslowakei. Doch im Grenzgebiet war es völlig ruhig. Man hörte keine rasselnden Panzer und keine Schüsse. Das Einzige, was an Militär erinnerte, waren ein paar rostige Soldatenhelme, die findige Bauern an einen langen Holzstiel geschweißt hatten, um sie als Schöpfkellen zu nutzen. Die Helme stammten – ihrer Form nach – offenbar von US-Soldaten, welche die Gegend 1945 besetzt hatten.

Nur an einem Grenzübergang, den wir besuchten, gab es das Gefühl einer außerordentlichen Situation. Ich fotografierte einen Hubschrauber des Bundesgrenzschutzes, der auf einer Wiese gelandet war. Ich klebte das Foto in mein Album und schrieb darunter: »Ein Major prüfte das Abfertigen der ausreisenden Touristen.«

Auf der Suche nach dem »wahren Sozialismus«

Ich war auf der Suche nach politischer Orientierung abseits der herrschenden Parteien, zu der ab 1966 auch die SPD gehörte, die mit der CDU/CSU bis 1969 in einer Großen Koalition regierte. Die SPD hatte sich durch ihre Zustimmung zu den 1968 verabschiedeten Notstandsgesetzen bei linken Jugendlichen unglaubwürdig gemacht.

Irgendwann im Sommer 1969 hatte ich den *Roten Morgen*, die Parteizeitung der im Dezember 1968 von Ernst Aust gegründeten KPD/ML, in die Hand bekommen. Aust war zuvor in der verbotenen KPD aktiv gewesen und hatte die kommunistische Küstenzeitschrift *Blinkfüer* geleitet.

Die Symbolik der KPD/ML fand ich zwar brachial, der *Rote Morgen* führte außer Marx, Engels, Lenin und Mao auch Stalin im Zeitungskopf.

Und zur Symbolik der Partei gehörte nicht nur Hammer und Sichel, sondern auch ein Gewehr. Aber meine Neugierde war größer als meine Skepsis. Und so rief ich irgendwann im Sommer 1969 den Vorsitzenden der KPD/ML, Ernst Aust, an.

Ich war damals 15 Jahre alt und überlegte keinen Augenblick, ob man einen Parteiführer einfach anrufen könne. Dieses Draufgängertum hatte ich wohl von meinem Vater – dem Geschäftsmann – gelernt, der bei jeder Gelegenheit wildfremde Menschen ansprach, um für seine Produkte zu werben.

Eines Tages stand ich dann im dritten Stock eines Mehrfamilienhauses in Hamburg-Farmsen. Die Tür öffnete sich und vor mir stand eine Frau, auf deren Kopf sich ein blonder Dutt in die Höhe schraubte. Ich war erstaunt und dachte, so ungewöhnliche Frauen hat also die KPD/ML. In den Kreisen meiner Eltern waren solche Frisuren nicht üblich. Dauerwelle war das höchste der Gefühle. Als Orientierung dienten den Frauen in den Kreisen meiner Familie nicht amerikanische Filmstars, sondern die Königinnen von England, den Niederlanden und Dänemark, über deren Frisuren und Kleidung sich meine zweite Mutter wöchentlich in der Illustrierten *Frau im Spiegel* informierte.

Die Frau des KPD/ML-Vorsitzenden führte mich ins Wohnzimmer, wo mich Aust begrüßte, ein kleiner Mann mit lockigen, dunklen Haaren. Für einen Parteieintritt bewarb ich mich nicht. Ich wollte nur mal schnuppern und mir einen echten Kommunisten aus der Nähe angucken.

Rote Garde Hamburg

Dass ich ausgerechnet zur KPD/ML Kontakt suchte, hatte wohl auch mit unserer Schülerzeitung *Iskra* zu tun. Einer der Redakteure der Schülerzeitung war Volker Hermsdorf. Ich begegnete ihm das erste Mal in der Hamburger U-Bahn, als wir Schüler vom Walddörfer-Gymnasium auf dem Rückweg von einer Schülerkonferenz im Audimax der Hamburger Uni waren.

Hermsdorf saß auf einer der hellblau gepolsterten U-Bahn-Bänke. Wegen seiner roten Haare war er schon von weitem zu erkennen. Er war umringt von wissbegierigen Schülern. Ich fragte Hermsdorf, ob er Mitglied einer Organisation sei. Er sagte, er sei Leiter der »Roten Garde Hamburg«. Das saß. Eine »Rote Garde« in Hamburg, das klang für mich so, als ob die Revolution nicht mehr weit sei.

Als ich später in Hamburger Metallbetrieben arbeitete, stieß ich wieder auf den Namen »Hermsdorf«. Ich traute meinen Augen nicht. Der Rotgardist von der *Iskra* arbeitete jetzt für die IG Metall, die wir linke Betriebsaktivisten für ihre Passivität in der Jugendpolitik kritisierten? Dass Hermsdorf bei deren Blatt arbeitete, hing damit zusammen, dass die Redaktion der Zeitung *metall* im Gegensatz zur IG-Metall-Führung eine linkssozialdemokratische Linie verfolgte und gelegentlich klassenkämpferische Töne anschlug. Chefredakteur der *metall* war von 1962 bis 1978 Jakob Moneta. Er war Trotzkist und SPD-Mitglied. Auch der später berühmt gewordene Enthüllungsjournalist Günter Wallraff schrieb damals für die *metall*.

Im April 2023 rief ich Hermsdorf an. Er erzählte mir, dass er sich 1967 zunächst in der Moskau-freundlichen »Sozialistischen Deutschen Arbeiterjugend« organisiert habe, wo er sogar im Landesvorstand saß. Doch nach dem Einmarsch der sowjetischen Truppen in die Tschechoslowakei und der Erklärung von KPdSU-Generalsekretär Leonid Breschnjew, die Staaten des Warschauer Paktes hätten nur »begrenzte Souveränität«, sei er in die »Rote Garde« eingetreten, der Jugendorganisation der maoistischen KPD/ML.

Weiter erzählte Hermsdorf, er habe zeitweise bei Ernst Aust gewohnt. In dessen Wohnung sei das Zentralorgan der KPD/ML, der *Rote Morgen*, gedruckt und an ein paar hundert Adressen verschickt worden. Auch habe er am Walddörfer-Gymnasium Mao-Bibeln (so hieß damals ein kleines rotes Büchlein mit Zitaten von Mao Tse-tung) vertrieben. »Wir haben sie an einem Kiosk am Hauptbahnhof für 1,50 D-Mark aufgekauft und zum gleichen Preis an die Schüler verkauft.«

Die »Mao-Bibel« hatte damals Kultstatus, weit über die linke Szene hinaus. Dabei wusste man damals noch gar nicht, was Maoismus eigentlich ist. Doch durch die Kulturrevolution hatte China das Image eines Landes, welches einen anderen Weg zum Sozialismus einschlug, anders als der sowjetische Sozialismus, der in Westdeutschland als verknöchert wahrgenommen wurde.

»Ich schicke dich nach Rumänien!«

Mein Vater machte viele Versuche, mich dem Einfluss linker Schüler und Lehrer zu entziehen. Er schenkte mir Bücher wie »Im Interesse der Sache«

vom sowjetischen Dissidenten Aleksandr Solschenizyn und »Die neue Klasse«, ein Buch des jugoslawischen Dissidenten Milovan Đilas. Der hatte sich 1954 mit Tito überworfen. 1957 erschien auf Deutsch das Đilas-Buch, in dem der Autor nachzuweisen versuchte, dass die kommunistischen Kader im sozialistischen Jugoslawien eine »neue Klasse« bildeten. Doch diese Bücher interessierten mich nicht.

Weil Bücher nicht halfen, schickte mich Wilhelm im Sommerurlaub 1969 nach Jugoslawien. Ich lebte auf der Datscha einer Kroatin, die bei uns zuhause als Haushaltshilfe arbeitete. Von den angeblichen schlimmen Zuständen im sozialistischen Jugoslawien sah ich nichts.

Dann drohte mein Vater, er wolle mich in eine deutsche Gemeinschaft nach Rumänien schicken. Dort würde ich hautnah erleben, was Sozialismus in der Praxis bedeute und wie sehr die deutsche Minderheit in Rumänien leide. Doch seine Pläne änderten sich. Nach Rumänien wurde ich nicht verschickt.

»Geht doch nach drüben«, schimpften westdeutsche Bürger, wenn die »Außerparlamentarische Opposition« (APO), die sich vom Ostblock-Sozialismus abgrenzte, eine Demonstration organisierte. In der Sowjetunion gab es weder eine freie Presse noch ein Mehrparteiensystem. Und in der einzigen Partei gab es keine offene Debatte. China mit seiner Kulturrevolution, die unter Leitung von Mao Zedong 1968 begann, hatte dagegen für nicht wenige linke Schüler, Studenten und Lehrlinge eine Anziehungskraft. »Bürgerliche« und »kapitalistische« Tendenzen in der Kommunistischen Partei Chinas versuchte Mao mit der Mobilisierung der Roten Garden zu stoppen. Rotgardisten schrieben Wandzeitungen und belagerten die Büros von Parteisekretären, die »den bürgerlichen Weg« gingen.

Dass es während der Kulturrevolution auch zu Menschenrechtsverletzungen kam – wie der deutsche Mainstream in den 1980er Jahren ausführlich berichtete – davon wussten wir nichts. Der *Arbeiterkampf* berichtete über China, gestützt auf die regierungsoffizielle *Peking Rundschau* und gestützt auf westliche Wissenschaftler wie den französischen Soziologen Charles Bettelheim, der China in den 1960er Jahren bereiste und mit dem politischen System dort sympathisierte.

Als im Juni 1989 auf dem Tian'anmen-Platz in Peking eine studentische Protestbewegung gewaltsam niedergeschlagen wurde, verurteilten wir vom Kommunistischen Bund das. Verantwortlich für das »Massaker« seien Kräfte, die China auf den »kapitalistischen Weg« führen wollen, hieß es in einer im Juni 1989 vom KB veröffentlichten Broschüre[18] mit Texten zur Kulturrevolution, die wir nach unserer damaligen Auffassung als sozialistische Errungenschaft gegen die Versuche einer kapitalistischen Restauration verteidigen wollten.

Vom Kommunistischen Bund fuhr damals niemand nach China, um sich selbst ein Bild zu machen. Auch die Sowjetunion und die mit ihr verbündeten sozialistischen Länder wurden von unseren Experten für den »realen Sozialismus« nicht besucht, sondern nur von außen wissenschaftlich analysiert und kritisiert. Deshalb waren wir 1989, als es in vielen sozialistischen Ländern zu kriseln begann, überrascht. Ja, das Tempo mit dem der reale Sozialismus in der Sowjetunion und Osteuropa zusammenbrach, schockierte uns. Den 180-Grad-Schwenk vom »realen Sozialismus« zum Kapitalismus ohne soziale Garantien kritisierten wir. Bei aller Kritik an der Sowjetunion schätzten wir das größte Land der Erde als Bollwerk gegen den US-Imperialismus.

Das Interesse an den Ländern des »realen Sozialismus« ging im Kommunistischen Bund nach der Auflösung der Sowjetunion schlagartig zurück. Eine kritische Aufarbeitung der Kulturrevolution hat es nicht mehr gegeben.

18 Vgl. Vorwort der Broschüre »Rebellion ist gerechtfertigt! Zur chinesischen Kulturrevolution«, Kommunistischer Bund, Juli 1989.

7. Verschickt in die Provinz

Zeitenwende: Bundestagswahl 1969

Meine Eltern spürten, dass sie die Kontrolle über mich verloren hatten. Im September 1969, nur wenige Wochen vor der Bundestagswahl, fuhr mich meine zweite Mutter in ihrem weißen VW-Cabrio zum Internat für Jungen in Carlsburg. Es lag in Schleswig-Holstein in hügeliger Landschaft, weitab von Städten.

Mit Wehmut erinnere ich mich an folgende Szene, ein letztes Stück lebendige Politik, das ich aus dem Fenster des Kabrios erhaschte. Als wir am U-Bahnhof Volksdorf vorbeifuhren, sah ich, wie ein mir bekannter Aktivist von der »Aktion für den demokratischen Fortschritt« (ADF) ein Plakat für den Bundestagswahlkampf aufstellte. Die ADF war ein 1968 gegründetes Aktions- und Wahlbündnis, in dem sich Vertreter der westdeutschen Friedensbewegung und Moskau-freundliche Kommunisten zusammengeschlossen hatten. Bei der Bundestagswahl 1969 bekam das Wahlbündnis 0,6 Prozent (197.331 Stimmen).

Ein Großteil der Bevölkerung verlangte Reformen und ein Ende des Kalten Krieges. Doch von diesem Stimmungsumschwung profitierte nicht die ADF, sondern die SPD. Sie wurde mit 42 Prozent zweitstärkste Partei. In Koalition mit der FDP stellte die SPD das erste Mal seit Gründung der Bundesrepublik den Kanzler, Willy Brandt.

Meine Großmutter – die »Vaterlandsverräterin«

Auch meine Großmutter väterlicherseits, Käthe, hatte Willy Brandt gewählt. Das war phänomenal. Denn ihr Mann – er hieß Wilhelm wie mein Vater – war stockkonservativ. Gespräche mit den Sowjets, das war nach Meinung meines Großvaters »Landesverrat«.

Warum wählte Käthe SPD? Hatte sie mir nicht immer von Albert Leo Schlageter vorgeschwärmt, dem deutschen »Kriegshelden«? Schlageter war im Ersten Weltkrieg Mitglied verschiedener Freikorps gewesen. Während der Besetzung des Ruhrgebiets durch Frankreich wurde er wegen

Sprengstoffanschlägen von einem französischen Militärgericht zum Tode verurteilt und hingerichtet. Schlageter wurde in der Weimarer Republik nicht nur von rechten Parteien und Organisationen als deutscher Märtyrer verehrt. Die NSDAP bezeichnete Schlageter als »ersten Soldaten des Dritten Reiches« und initiierte einen Schlageter-Kult.

Es war ganz eindeutig: Meine Großmutter wurde von der gesellschaftlichen Stimmung Ende der 1960er Jahre mitgerissen und diese Stimmung stand auf Wandel. Ein Grund dafür, dass Käthe sich mitreißen ließ, war wohl das selbstherrliche Gehabe meines Großvaters, der sie zuhause im lauten Ton herumkommandierte. Er behandelte sie wie eine Hausangestellte, der er schon lange überdrüssig war und mit der er nur noch aus Anstand zusammenlebte.

In einem Brief, den Käthe Anfang der 1950er Jahre an meine Eltern schrieb – ich fand ihn im Nachlass meines Vaters –, erklärte sie, »er vergewaltigt mich«. Deshalb wohne sie jetzt woanders. Bevor ich diesen Brief fand, wusste ich nichts von der Flucht meiner Großmutter. Später kehrte Käthe dann zu ihrem Mann zurück. Die Haltung meines Großvaters gegenüber Käthe war in höchstem Maße ausbeuterisch. Der Heirat mit Käthe hatte er seinen Reichtum zu verdanken. Mein Großvater wurde Besitzer einer Handelsfirma für Fette und Öl. Er übernahm die Firma von Käthes Vater.

Ein liebevolles Wort, eine Umarmung oder einen Kuss habe ich zwischen meinen Großeltern väterlicherseits nie erlebt. Meine Eltern mahnten meinen Großvater nur in vorsichtigen Worten, sich zu mäßigen. Eine Einmischung in die Herrschaftssphäre eines Patriarchen war nicht erlaubt. Frauen waren in der Familie praktisch rechtlos und vom Wohlwollen des Familienoberhaupts abhängig.

Käthes Bereitschaft zum Widerstand war nach ihrer Rückkehr zu ihrem Mann noch nicht erloschen. Sie ging in dem Dorf in der Lüneburger Heide herum, wo sie mit meinem Großvater wohnte, und beschwerte sich bei den Bauern über ihren Mann. Mein Großvater war in dem Dorf einer der ersten Neusiedler, der sich in den 1950er Jahren – während des Wirtschaftsaufschwungs reich geworden – ein Haus in einem Waldgrundstück bauen ließ.

Meine Großmutter und ich waren uns in Vielem ähnlich. Sie nahm mich so wie ich war. Ich liebte sie. Sie erzählte mir von ihren Reisen mit dem Auto und zu Fuß, die sie als Unverheiratete aus gutem Hause mit ihrer Gouvernante in die Sächsische Schweiz und andere schöne Gegenden unternommen hatte.

Ein Bild, das im Schlafzimmer meiner Großmutter hing, zeigte sie mit einem verliebten Lächeln im weißen Rüschenkleid mit ihrer Gitarre. Hinter Käthe beugte sich ihre Gouvernante mit Kurzhaarschnitt und Herrenanzug zu ihrer Schutzbefohlenen. Die Reisen mit ihrer Gouvernante, das sei die schönste Zeit in ihrem Leben gewesen, erzählte Käthe.

In den Ferien wohnte ich oft bei meinen Großeltern und Käthe nahm mich mit auf ihre Spaziergänge. Sie ging leicht vorgebeugt an einem Stock. Ihre grauen, langen Haare hatte sie zu einem Dutt geflochten. Der Zigarettenqualm, der sich vom vielen Rauchen auf ihr Haar und ihre Haut gelegt hatte, war mir vertraut und lieb. Wir gingen ohne Hast stundenlang durch Wiesen und Wälder. Auf den sandigen Kartoffeläckern fand ich versteinerte Tintenfisch-Arme und Seeigel, Zeugnisse der Eiszeit vor 15.000 Jahren, als Norddeutschland von Gletschern bedeckt war. Die Gletscher hatten Steine und Geröll mitgeschleppt.

Niedersächsisches Massengrab mit Sowjetsoldaten

Die ganze Gegend mit ihren Wacholderbüschen, Hünengräbern, Fachwerkhäusern, alten Speichern und den Küchen der Bauern, in denen es immer lecker roch und wo immer viel los war, habe ich bis heute in friedlicher Erinnerung. So war es ein Schock für mich, als ich erfuhr, dass auf einem Feld beim Dorf Oerbke, nicht weit vom Haus meiner Großeltern, im Dezember 1941, Sergej, der Großvater meiner russischen Frau, gestorben war. Sein Tod war fein säuberlich auf einer Karteikarte eingetragen, welche die deutsche Verwaltung des Lagers für sowjetische Kriegsgefangene beim Dorf Oerbke – genannt Stalag XI D 321 – für jeden Gefangenen angelegt hatte.

Sergej war von Beruf Gärtner gewesen. Beim Vorrücken der deutschen Armee südöstlich von Moskau geriet er Anfang Oktober 1941 in Gefangenschaft. Nach einem langen Transport im offenen Güterwaggon kam er – damals 30 Jahre alt – im niedersächsischen Bad Fallingbostel an.

Unmittelbar nach der Ankunft wurden die Kriegsgefangenen in einem speziellen Gebäude entlaust. Dann trieb man sie zu einem mit Stacheldraht umzäunten Feld. Baracken – wie für die französischen und englischen Kriegsgefangenen – gab es für sowjetische Gefangene nicht. In der Ideologie der Nazis waren die sowjetischen Gefangenen »Untermenschen«, Angehörige einer »minderwertigen Rasse«.

Die NS-Führung rechnete mit einem schnellen Fall der Sowjetunion. Kosten für die Unterbringung der sowjetischen Gefangenen scheute man. Als Arbeitskräfte wurden die sowjetischen Kriegsgefangenen erst genutzt, als klar wurde, dass man die Sowjetunion nicht im Handstreich besiegen konnte. Aber da war Sergej schon tot. Die Gefangenen im Kriegsgefangenenlager Oerbke starben an Hunger und Krankheiten.

Am Bahnhof von Bad Fallingbostel gibt es immerhin eine Tafel, auf der steht, dass in dem Lager beim Dorf Oerbke 30.000 sowjetische Kriegsgefangene umkamen. Diese Tafel war Ergebnis einer mühseligen Aufklärungsarbeit, durchgeführt von jungen Lehrern, die seit den 1980er Jahren aus Großstädten in die Heide-Region gezogen waren.

Als ich mit meiner Großmutter in dieser Gegend spazieren ging, wusste ich noch nichts über die grausamen Zustände, die sich in diesem lieblichen Erholungsgebiet abgespielt hatten. Auch Käthe erwähnte das Kriegsgefangenenlager, von dem sie gehört haben musste, mit keinem Wort.

Angst zu fragen im Land der Freiheit

Dass ich in dem Dorf, wo meine Großeltern lebten, als Jugendlicher und auch Erwachsener nie etwas über die Existenz des Kriegsgefangenenlagers in unmittelbarer Nähe gehört hatte, war für damalige Verhältnisse völlig normal. Die NS-Vergangenheit wurde von der westdeutschen Gesellschaft bis weit in die 1980er Jahre verdrängt. Erst in den 1990er Jahren wurden die Umrisse eines grausamen Bildes sichtbar. Ganz Deutschland war in der NS-Zeit mit Gefangenenlagern für sowjetische Kriegsgefangene, Außenstellen der Konzentrationslager – meist in der Nähe von Betrieben –, Euthanasie-Krankenhäusern, Gestapo-Dienststellen und Folterkellern übersät. Im »Land der Freiheit« hatten viele Angst, in der eigenen Familie nachzufragen, wer wann und wo stationiert war und wer etwas gesehen oder gehört hatte. Alle spürten, wenn wir dieses Thema anfassen, sieht es für unsere geliebten Väter und Großväter nicht gut aus.

Jeder Versuch, Licht ins Dunkel zu bringen, wurde von Reaktionären und Kriegsveteranen bekämpft. Die 1995 vom »Hamburger Institut für Sozialforschung« und dem Historiker Hannes Heer initiierte Wanderausstellung »Verbrechen der Wehrmacht«[19] wurde in Westdeutschland von Leuten, die an einflussreichen Stellen saßen, als wissenschaftlich »nicht haltbar« oder »Beschimpfung einfacher Soldaten« abqualifiziert. Auch mein Vater stimmte in diesen Chor ein.

Ende der 1990er Jahre – als eine grün-rote Regierung ins Amt kam – wurden zwar einige wissenschaftliche Arbeiten über die Verflechtung von deutschen Ministerien und Großbetrieben mit der NS-Herrschaft in Auftrag gegeben. Diese Studien erfüllten aber mehr den Zweck, das Thema »endlich abzuschließen« und nicht nach den Gründen zu fragen, warum ein ganzes Volk zwölf Jahre lang beim NS-System mitgemacht und nicht die Kraft aufgebracht hatte, sich vom Faschismus zu befreien.

Die beschriebenen Abwehrmechanismen sind einer der Gründe, warum seit 2014 – vor allem in Westdeutschland – die Russophobie eine neue Blüte erlebt.

Jimi Hendrix als Retter

Das Internat, in das mich meine zweite Mutter im September 1969 fuhr, lag inmitten von Feldern. Gelegentlich sah man Möwen, denn die Ostsee war nicht weit. Etwa 200 Internatsschüler mit hungrigen Herzen waren hier in einem »Herrenhaus« und Nebengebäuden untergebracht. Die Gebäude hatten einmal den Herzögen von Schleswig-Holstein gehört. Weibliche Personen sah man nur in der Küche und unter den Lehrern.

Es war eine harte Zeit. Vierbett-Zimmer, Gemeinschaftsdusche, Essenraum. Keine Rückzugsmöglichkeit.

Einen Hauch von Freiheit konnte nur erhaschen, wer das schlossähnliche Gefängnis verließ. Einmal im Winter ging ich mit ein paar Kumpels über einen gefrorenen Acker. Aus meinem Kassettenrekorder schepperte »All along the Watchtower«, in der Version von Jimi Hendrix.

19 Hannes Heer, Klaus Naumann (Hrsg.): Vernichtungskrieg – Verbrechen der Wehrmacht 1941 bis 1944. Hamburger Edition, Hamburg 1995. Ein Begleitband, der zur gleichnamigen ersten Wehrmachtsausstellung erschien.

»There must be some kind of way out of here«, said the Joker to the Thief. »There's too much confusion. I can't get no relief. Businessmen, they drink my wine, plowmen dig my earth, none will level on the line. Nobody offered his word, hey«.

Die Worte und das wilde Gitarrenspiel gaben mir Hoffnung, dass das Eingesperrtsein und die ständige Kontrolle bald ein Ende haben würden. Später sagte ich einer Freundin, dass »All along the Watchtower« auf jeden Fall auf meiner Beerdigung gespielt werden müsse.

Um die zermürbende Ordnung des Alltags zu durchbrechen, dachten wir Internatsschüler uns ein paar Abwechslungen aus. Abends steckten wir Tauchsieder in Konservendosen mit Raviolis und Tomatensauce. Die Sieder verklebten zwar mit dem Teig, aber für uns war es ein Festschmaus.

Ich versuchte der Ecke, in der mein Bett stand, einen persönlichen Touch zu geben und hängte eine große Reproduktion des Picasso-Gemäldes »Guernica«[20] auf. Um das Guernica-Plakat klebte ich künstlerisch anspruchsvolle Fotos aus den Zeitungen, die ich las, insbesondere Bilder aus dem Feuilleton der *FAZ*. Diese Bilderwand war wie ein Loch in der Gefängnismauer.

Irgendwann wurde ich dann in ein kleineres Zimmer mit zwei Doppelstockbetten verlegt, wo es für meine Bilderwand keinen Platz mehr gab.

Doch selbst hier in der Provinz wehte ein Hauch von 1968. In einer Theater-AG spielten wir ein Stück von Friedrich Dürrenmatt, »Die Physiker«, und brachten es zur Aufführung. In dem Stück geht es um drei Physiker, von denen einer Kenntnis über eine Technologie hat, welche die ganze Welt zerstören kann. Damals stand die Gefahr eines Atomkrieges in der öffentlichen Debatte.

Angespornt durch die Schülerzeitung *Iskra* am Walddörfer-Gymnasium gründete ich in Carlsburg die Schülerzeitung *Libra*.[21] Die Redakteure waren alle um die 15 Jahre alt. In dem Blättchen veröffentlichten wir eine Mischung aus lustiger Internatsprosa und gehaltvollen politischen Essays.

Die Grundrichtung des Blattes war pazifistisch-antiautoritär. Es gab Artikel über selbstgefällige Lehrer, aber auch über ihre toleranten Kollegen sowie Texte über den Autoritarismus und über mangelndes kritisches Denken

20 Die Stadt Guernica wurde im April 1937 im Spanischen Bürgerkrieg von der deutschen Legion Condor – deren Flugzeuge keine Hoheitsabzeichen trugen – in Schutt und Asche gelegt.

21 Libra (Lateinisch) heißt »Die Freie«

bei Schülern. Wir veröffentlichten Beiträge über die weltweiten Machenschaften der CIA, über die Black Panther in den USA, Filmbesprechungen über »Easy Rider« von Dennis Hopper oder den Film »Z« von Costa Gavras, in dem es um die Situation in Griechenland kurz vor dem Obristen-Putsch 1967 geht.

Ich schrieb eine freundliche Besprechung des Buches »Die befreite Gesellschaft« des französischen Linksliberalen Jean-Jacques Servan-Schreiber, der behauptete, wenn der Staat den Kapitalismus wie unter einer Käseglocke kontrolliere, dann könne der Kapitalismus zum Wohle der Gesellschaft wirken. Ich fand diese Idee sympathisch. Innerhalb eines Jahres erschienen immerhin drei Nummern. Erstaunlich war, dass der Vater eines Schülers, der in Hamburg eine Druckerei besaß, die Zeitung kostenlos druckte.

Widerstand gegen Gängelei

Die gefängnisartigen Lebensbedingungen machten viele Internatsschüler aggressiv. Der Junge in dem Doppelstockbett über mir wurde jeden Morgen gefoppt, wenn er mit einer Erektion aus dem Bett kletterte. Der Arme wirkte stark verunsichert und versuchte so schnell wie möglich seine Hose anzuziehen. Aber gegen die Fopper wehrte er sich nicht. Auch ich hielt den Mund.

Zum Mittagessen mussten wir geschlossen anrücken. Weil mir diese Disziplin immer mehr zuwider wurde, stellte ich mich einmal quer. Alle waren schon in den Speisesaal gegangen. Als zwei diensthabende Schüler in unsere Stube im ersten Stock kamen, um zu kontrollieren, ob auch alle beim Essen sind, sahen sie mich und forderten mich auf, in den Speisesaal zu kommen. Ich weigerte mich. Da packten sie mich und versuchten mich die Treppe runter zu schleifen. Doch irgendwie kam ich frei. Missmutig trottete ich dann in den Speisesaal.

Mein Wissensdurst und der Wille, den Anschluss an das politische Geschehen in der Welt nicht zu verlieren, waren groß. Nach dem Mittagessen wurde immer die Post ausgegeben. Ich bekam viel Post. Es waren vor allem mit Banderolen verpackte Zeitungen. Ich hatte den *Roten Morgen* und die *Peking Rundschau* abonniert, welche damals auf dünnem Papier gedruckt mit Luftpost aus der Volksrepublik China kam. Das Abo der *Peking Rundschau* war kostenlos.

Außerdem bezog ich die linke, Sowjetunion-freundliche *Deutsche Volkszeitung* und *Links*, die Zeitung des »Sozialistischen Büros«. Politisch abgerundet wurde dieser Reigen mit der *FAZ*. Das *FAZ*-Abo hatte mir mein Vater geschenkt.

Bei uns zuhause gab es ein ganz anderes Zeitschriftensortiment. Meine Mutter las in *Frau im Spiegel* mit Begeisterung Klatschgeschichten aus der Welt der Aristokraten und Wohlhabenden. Mein Vater – ein begeisterter Jäger – hatte *Wild und Hund* abonniert. Ab den 1990er Jahren las er auch Zeitschriften der Neuen Rechten wie *Mut* und *Junge Freiheit*. Zusätzlich ins Haus kam noch *Der Gelbe Kreis*, die Mitgliederzeitschrift einer gleichnamigen Vereinigung, in der sich ehemalige Soldaten des 13. Reiterregiments Hannover zusammengeschlossen hatten.

Der *Gelbe Kreis* – dem viele Aristokraten angehörten – veranstaltete auch Feste, auf denen sich die Kinder der ehemaligen Soldaten kennenlernen konnten. Diese Feste sollten nicht nur der Traditionspflege dienen. Die Veranstalter hofften offenbar auch, dass es neben der Traditionspflege zu Freundschaften in der nachwachsenden Generation und später standesgemäßen Ehen kommt. Ich habe mich vor diesen Treffen, obwohl Wilhelm immer wieder drängelte, erfolgreich gedrückt.

Als ich wehrpflichtig wurde, hatte ich panische Angst, dass mein Vater mich über seine Beziehungen in eine Bundeswehreinheit verfrachtet, in der man versuchen würde, mir meine Gesinnung auszutreiben. 1978 stellte ich einen Antrag auf Anerkennung als Kriegsdienstverweigerer. Meine Verweigerung wurde anerkannt, allerdings erst beim zweiten Antrag. Der erste scheiterte wegen schlechter Vorbereitung.

Leiden, um stark zu werden

Die Kinder ins Internat zu schicken, hatte in begüterten deutschen Familien Tradition. Da es den Kindern zuhause materiell gut ging, sollten sie das harte Leben kennenlernen, um auf die Stürme des Lebens vorbereitet zu sein.

Ich habe niemals versucht, mich im Internat durchzusetzen. Ich hielt das für sinnlos. Ich leistete nur passiven Widerstand. Typisch für mein Verhalten war ein Vorfall 1971 in meinem zweiten Internat, Louisenlund, das ebenfalls in Schleswig-Holstein lag. Dort wurde ich einmal auf dem Fußboden unseres Vier-Mann-Zimmers symbolisch vergewaltigt. Ein gutaussehender älterer Zögling mit glatten, langen Haaren kam mit einem Pulk weiterer Zöglinge, die irgendwie auf Randale aus waren, in unser Zimmer. Irgendwann lag ich auf dem Boden. Der Junge mit den langen Haaren saß auf meinem Schwanz und machte mit seinem Becken rhythmische Bewegungen. Es war eine öffentliche Demütigung. Die Jungens, die im Kreis herumstanden, fanden das Ganze komisch. Keiner schritt ein, obwohl ich mich wehrte. Was der Anlass für die Attacke war, wusste ich nicht. Vielleicht war es mein Protestverhalten gegen die Lehrer. Vielleicht war es auch meine Bilderwand, die ich wieder über meinem Bett installiert hatte. Diesmal nicht mit dem Guernica-Plakat, sondern mit zwei Postern von Friedrich Engels und Rosa Luxemburg. Zwischen beiden hatte ich eine Sprechblase mit dem Wort »Fick!« montiert. Diese Installation sollte provozieren. Die Provokation empfand ich als Schutz meiner Persönlichkeit. Sie schaffte einen Sicherheitsabstand zwischen mir und der Internatsordnung.

Meine »Mentorin« – eine Französisch-Lehrerin –, an die man sich bei Problemen wenden konnte, enttäuschte mich zutiefst. Als ich sie bat, irgendetwas zu tun, um die »Vergewaltigung« zu ahnden, sagte sie, so ein Initiationsritual sei unter jungen Männern normal. So werde man »zum Mann«.

Mein Hass auf das Internat wurde von Tag zu Tag größer. Ich lebte zwar in einer schönen Landschaft, direkt an der Schlei, einem Meeresarm der Ostsee, aber es war eben ein Gefängnis. Um weiteren Attacken zu entgehen, zog ich mich immer mehr zurück und flüchtete mich ins Musikhören und zu einem Haschisch-rauchenden Freund. Ich selbst rauchte nicht. Noch nicht mal Zigaretten. Mein Vater hatte mir 1000 D-Mark versprochen, wenn ich bis zu meinem 18. Lebensjahr nicht rauchte. Mein Protest ging nicht so weit, dass ich rundweg alles ablehnte, was der Vater anordnete. Einiges war mir schon einsichtig, aber eben nur Einiges.

Irgendwann wollte ich das grüne Zeug aber doch mal ausprobieren und löste ein Stück – so groß wie ein kleiner Fingernagel – in einem Tee auf. Um die Wirkung in angenehmer Atmosphäre zu erleben, setzte ich mich in einen Saal, wo gerade P., ein guter Bekannter, auf seiner weinroten Gibson-E-Gitarre improvisierte. P. war der Sohn des US-Botschafters in Deutschland. Er war ein netter Typ mit Jimi-Hendrix-Frisur. Konflikten ging er aus dem Weg. Über den Vietnam-Krieg haben wir nie gesprochen.

Da saß ich nun also auf dem Fußboden und sackte allmählich in mich zusammen. Irgendwann bekam ich dann Angst und begann zu wimmern. Schließlich kippte ich zur Seite und lag wie ein Wurm, der am falschen Kraut geknabbert hat, auf dem Fußboden. Mit letzter Kraft schleppte ich mich schließlich in unser Vier-Bett-Zimmer, wo ich auf meinem Bett ein paar Stunden brauchte, um wieder klar zu werden.

Mitschüler sagten mir später, ich hätte zu viel von dem Zeug genommen und einen »Horror« bekommen. Wie es so meine Art war, hatte ich die Dosierung ohne Beratung eines Kenners vorgenommen.

Das Einzige, was mir in dem Gefängnis Louisenlund Halt gab, waren meine linken Zeitungen, die ich abonniert hatte und meine Bücher. »Die Funktion des Orgasmus« von Wilhelm Reich war für mich aufschlussreich. Vor allem der Gedanke: Wenn es gelingt, Sexualtriebe zu unterdrücken, dann können faschistische Herrscher daraus Vorteile ziehen. Auch »Der Untertan« von Thomas Mann gab mir Kraft. Ich verstand, dass der vorauseilende Gehorsam als deutsche Tugend gilt. Aber dieser Gehorsam hatte die Deutschen, wie man beim Faschismus gesehen hatte, in die Katastrophe geführt.

Einmal flüchtete ich aus Louisenlund, wenn auch nur für einige Tage. Kurz vor dem 1. Mai 1971 erklärte ich bei unserer Aufsicht, ich würde übers Wochenende zu meinen Eltern fahren. Solche Reisen waren in regelmäßigen Abständen möglich. Man ließ mich fahren. Doch mein wirkliches Ziel war die 1. Mai-Demonstration von Marxisten-Leninisten durch das Hamburger Karolinenviertel.

Ich hatte alle ausgetrickst, so dachte ich mir. Aber als ich nach einigen Tagen ins Internat zurückkehrte, traf ich dort meinen Vater. Nicht nur ich war verschwunden gewesen, sondern auch meine Schwester. Er war wütend und ratlos zugleich.

1972 hatte ich mein Ziel fast erreicht. Die Internatsleitung gab mir den Laufpass. Meine Eltern schickten mich daraufhin auf das dritte Internat. Es lag in Niebüll, nahe der dänischen Grenze. Doch auch dort flog ich nach einem Jahr von der Schule. Ich kam zurück nach Hamburg, wo ich ein Jahr bei einer Tante wohnte und an der Jahnschule in Eimsbüttel die Mittlere Reife machte. Meine Eltern trauten mir nicht zu, dass ich die drei Jahre bis zum Abitur noch durchhalten würde. Und mir war schon alles egal. Ich wurde ja sowieso nie nach meiner Meinung gefragt.

Ein stiller Nachmittag in Granada

Man schrieb das Jahr 1969. Ich war 15, von zuhause abgehauen und arbeitete im Hamburger Hafen als Hilfsarbeiter bei der Innenreinigung von Öltanks. Ich werkte mit einem etwa 30 Jahre alten Arbeiter zusammen in einem Tank. Überraschend fragte der Arbeiter mich, ob ich schon mal mit einer Frau geschlafen habe. »Nein«, antwortete ich. Dann sagte der Mann, Frauen müsse man lesen wie ein Buch. Der Rat machte mich neugierig. Aber ich wusste nicht, was er meinte. Sexualität war bei uns zuhause und überhaupt in der Gesellschaft ein Tabu-Thema.

Ich wusste weder was Liebe noch was Lust ist. Alles, was sich unter der Gürtellinie befand, sei »dreckig«. Das war das Einzige, was man mir von zuhause mitgegeben hatte. Ich hatte weder leidenschaftliche Küsse geschweige denn eine nackte Frau gesehen. Fernsehen wurde bei uns zuhause nicht geguckt, weil es nach Meinung meiner Eltern »schädlich« war. Wie Kinder entstehen, hatten mir weder meine Eltern noch die Lehrer in der Schule erklärt. Nur bei meinem Onkel auf dem Bauernhof hatte ich mitbekommen, wie der Hengst zur Stute geführt wurde.

Mit 14 hatte ich eine Freundin. Wir trafen uns gelegentlich. Ich verehrte sie platonisch. Als sie mich auf ein Kornfeld lockte und sich nur mit Hotpants und BH bekleidet vor mich hinlegte, regte sich bei mir nichts. Ich verstand, dass sie geküsst werden wollte, wagte aber nur einen Kuss auf ihre Nasenspitze.

Als ich 18 war, erlaubten mir meine Eltern, dass ich mit einem Interrail-Ticket eine Rundreise durch Europa machte. Meinen Schwestern – sie waren gleichalt bzw. etwas jünger – wurde das nicht erlaubt. Sie mussten mit meinen Eltern in Schweden an der Küste Urlaub machen. Sie taten mir leid. Und ich verstand nicht, warum ich auf einmal in die Freiheit entlassen wurde. Offenbar meinten meine Eltern, dass ich Erfahrungen machen müsse. Nur so könne ich »ein Mann« werden.

In einem Zug vom portugiesischen Lagos zur spanischen Stadt Granada, 2500 Kilometer von zuhause entfernt, passierte es dann. Schräg gegenüber von mir saß eine blonde Deutsche in einer weißen Flatterbluse. Sie sah aus wie ein Hippie und hatte einen verführerischen Blick. Es stellte sich heraus, dass sie – wie ich – aus Hamburg kam. Wir lernten uns kennen und als wir in Granada ankamen, schlug sie vor, dass wir mit ihrer Freundin, die im Zug ebenfalls jemanden kennengelernt hatte, zu viert ein Doppelzimmer in einem billigen Hotel nahmen.

Es war früher Nachmittag. Die Balkontür stand offen und ich lag mit meiner neuen Bekanntschaft auf einem einfachen Bett mit Eisengestell. Ich fühlte mich frei und ungezwungen wie noch nie. Es war heiß und wir waren nackt. Etwas Licht fiel durch Holzjalousien. Von der Straße waren Stimmen zu hören. Vom Nachbarzimmer vernahm ich die Stimmen des zweiten Paares, was mich irritierte. Noch nie war ich einer Frau so nahe gewesen. Ich war froh und euphorisch wie nie zuvor. Am nächsten Tag würde ich mit meiner neuen Bekannten und ihrer Freundin weiterreisen. Sie wollten nach Marokko. Mit dem Bus fuhren wir durch die nordafrikanische Kolonie Ceuta zur marokkanischen Grenze. Meine langen Haare hatte ich mir vorsorglich mit Speiseöl eingeschmiert, weil ich gehört hatte, dass die Behörden in Marokko Männer mit langen Haaren nicht einreisen lassen.

Trotz dieser Vorbereitung wurde ich von marokkanischen Grenzbeamten aus dem Bus geholt. Doch nicht wegen der Haare, sondern weil ich als 18-Jähriger noch keinen Pass, sondern nur einen Kinderausweis besaß.

Der Bus mit meiner Flamme fuhr weiter. Die Grenzer sperrten mich in einen Käfig, in dem sich Afrikaner befanden, die Hühner mit sich führten. Zwei Stunden hockte ich in diesem Käfig auf dem Boden. Dann ließ man mich frei. Mit einem Bus fuhr ich zum Mittelmeer. Dass meine neue Bekannte ohne mich weitergereist war, gefiel mir gar nicht.

Zwei Monate später fragte ich mich durch zu einem Wohnheim in Hamburg-Bergedorf, wo sie wohnte. Aber sie war nicht da. Man gab mir aber ihre Telefonnummer. Ich rief sie an und wir verabredeten uns in einer Disco in Kiel. Als wir uns dort sahen, war sie irgendwie kühl und mir schien, sie hatte einen Freund, mit dem sie im Blickkontakt stand. Ich hatte mir das Wiedersehen anders vorgestellt. Traurig verließ ich die Disco.

»Ihr seid die Avantgarde!«

Mein selbstorganisierter Ausflug 1971 vom Internat nach Hamburg war eine runde Sache gewesen. Ich lief am Rand der maoistischen Mai-Demo mit und fotografierte. Der 1. Mai – der Feiertag der internationalen

Arbeiterklasse – wurde für mich von nun an zum »heiligen Tag«. Ich fehlte auf keiner Erste-Mai-Demo in Hamburg. Selbst nachdem ich 1992 nach Russland übergesiedelt war, versuchte ich diese Tradition beizubehalten.

Auf der Abschlusskundgebung am Pferdemarkt sprach der Vorsitzende der KPD/ML, Ernst Aust. Ich kannte ihn von dem kurzen Treffen in seiner Wohnung. Er rief: »Ihr seid die Avantgarde des Proletariats«.

Das, fand ich, war dick aufgetragen. Aber dieses Avantgarde-Denken war damals sehr verbreitet. Jede K-Gruppe fühlte sich irgendwie als Avantgarde oder zumindest als »die beste« Organisation.

Nachdem es in Deutschland 1969 und 1971 das erste Mal »wilde Streiks« gegeben hatte, das heißt Streiks, die nicht von einer Gewerkschaft organisiert wurden, keimte in der Neuen Linken die Hoffnung auf, die Arbeiterklasse würde sich allmählich aus dem Korsett der Sozialpartnerschaft, also aus der Rolle des Bittstellers gegenüber Kapital und Staat, befreien und so radikal werden wie die Kollegen in Italien und Frankreich, die damals häufig wild streikten. Die wilden Streiks in Westdeutschland waren ein Zündfunke für die Gründung zahlreicher kommunistischer Organisationen und Parteien, die radikaler auftraten, als die 1968 gegründete DKP, die ein kritikloses Verhältnis zur Sowjetunion hatte.

Nachdem ich das Interesse an der KPD/ML verloren hatte – sie war mir zu wortradikal – begann ich mich für den Kommunistischen Bund (KB) zu interessieren. In Norddeutschland hatten sich 1971 verschiedene Gruppen zum KB zusammengeschlossen. Der KB hatte in seiner Hochphase, 1977, bundesweit zusammen mit seinen »Bündnisorganisationen« im Schüler- und Studentenbereich 2500 Mitglieder.

Der Kommunistische Bund Westdeutschland (KBW), den wir wegen seiner Einschätzung, »die Massen wollen nach links«, mit Spott übergossen, hatte damals 4000 Mitglieder. Der KPD/ML, die sich – obwohl nur Sekte – zur Partei erklärte, hatten sich etwa tausend Menschen angeschlossen.

Nicht plump und nicht dumm

Ein Schlüsselereignis war für mich 1971 der Besuch des linken Buchladens »Arbeiterbuch« in Flensburg. Nach Flensburg trampte ich. Ich lebte damals in einem Internat in Niebüll. Im »Arbeiterbuch« wollte ich mich informieren, welche Zeitungen die Organisationen links von SPD und DKP herausgaben. Der Buchhändler, ein freundlicher junger Mann mit Bart und Nickelbrille, zeigte mir in der Auslage die Zeitungen der beiden KBW-Vorläufer, *Neues Rotes Forum* aus Heidelberg, *Die Wahrheit* aus Bremen und noch andere Zeitungen von linken Organisationen. Mir war klar, dass der Mann eigentlich den *Arbeiterkampf*[22] vom KB für die beste Zeitung hielt. Dass er mir die ML-Szene insgesamt vorstellte und mir nichts aufdrängte, gefiel mir. Ich wurde Sympathisant des KB und begann die zentrale Zeitung der Organisation, den *Arbeiterkampf*, vor dem Bahnhof in Niebüll zu verkaufen.

Am KB gefiel mir, dass die Bildung einer Kommunistischen Partei nicht einfach deklariert wurde, wie die Klein-Gruppen mit den Namen KPD/ML und die 1970 gegründete KPD/Aufbauorganisation es taten. Der KB meinte, dass der Gründung einer Partei ein Prozess der inhaltlichen Auseinandersetzung in der radikalen Linken vorausgehen sollte. Man berief sich dabei auf Lenin, der in der Sozialdemokratischen Arbeiterpartei Russlands für einen offenen Meinungsstreit eingetreten war.

Am 1973 gegründeten KBW kritisierte der KB, dass er die faschistische Gefahr in Westdeutschland herunterspielte, indem behauptet wurde, die Bourgeoisie würde erst zum Faschismus als Herrschaftsmittel greifen, wenn die Arbeiterparteien »zu stark« geworden seien. Der Machtantritt der Nazis 1933 hatte nach Meinung des KB etwas anderes gezeigt. Die Bourgeoisie übertrug Hitler und der NSDAP die Staatsgeschäfte, obwohl die linken Arbeiterparteien die Machtfrage noch nicht gestellt hatten.

Ein dritter Grund, warum wir den KBW kritisierten, war dessen Haltung zur Sowjetunion. Der KBW unterstützte die von der chinesischen Parteiführung ab 1976 vertretene Position, nach welcher der »sowjetische Sozialimperialismus« für die Völker der Welt »gefährlicher« sei als der US-Imperialismus.

Später gelang es ehemaligen Kadern des KBW, wie Ralf Fücks, die Position vom »Hauptfeind Sowjetunion« in der Grünen Partei zu verankern.

Eingebettet war die Einschätzung über den »Hauptfeind der Völker« in die chinesische »Theorie von der Dreiteilung der Welt«. Nach dieser Theorie

22 Originalausgaben des »Arbeiterkampf« 1971–1988, https://www.mao-projekt.de/BRD/ORG/KB/KB_Arbeiterkampf.shtml

gehörten zur »ersten Welt« die USA und die Sowjetunion, welche die Völker versklaven wollten. Zur »zweiten Welt« gehörten entwickelte kapitalistische Staaten in Westeuropa, Japan und Kanada und zur »dritten Welt« ärmere und wenig entwickelte Staaten in Asien, Afrika und Lateinamerika, zu denen sich auch die Volksrepublik China zählte.

Dass die Drei-Welten-Theorie von Mao persönlich entwickelt wurde, ist umstritten.[23] Mao Zedong – bis zur Umschriftreform 1979 als Mao Tsetung transkribiert – starb am 9. September 1976 im Alter von 82 Jahren. Der erste grundlegende Artikel zur Drei-Welten-Theorie erschien – ohne Autorenangabe – erst am 1. November 1977 in der chinesischen Parteizeitung *Renmin Ribao*.

Der KB kritisierte die gewaltsame Sicherung des sowjetischen Machtbereichs durch die Intervention in der Tschechoslowakei 1968, stellte diese Politik aber nicht auf eine Stufe mit der Politik der USA, deren Rolle bei der Organisation von Militärputschen und Massenmorden in Indonesien, Vietnam, Chile und anderen Ländern einen anderen Charakter hatte. Mit Geheimdienstoperationen und militärischer Gewalt wollten die USA die Welt beherrschen und sich Länder gefügig machen. Die Sowjetunion arbeitete damals international nur mit linken und antikolonialen Organisationen und Staaten zusammen.

23 Siehe dazu der Artikel des ehemaligen *Arbeiterkampf*-Redakteurs Knut Mellenthin in der *Jungen Welt*, https://www.jungewelt.de/artikel/431874.bellizisten-der-schlimmste-feind.html?sstr=Mellenthin%7CChina

8. Die Betriebszelle

Im Trend: Linke Betriebsarbeit

Als ich 1974 in Hamburg meine Mittlere Reife machte, stellte sich die Frage, was ich nun weiter machen soll. Eine Vorstellung, welchen Beruf ich ergreifen könnte, besaß ich nicht. Ich hatte aber gehört, dass bei Messerschmidt-Bölkow-Blohm (MBB) eine Betriebszelle des KB aufgebaut wurde. Viele linke Jugendliche gingen damals in Betriebe, in der Hoffnung, dort die Arbeiterschaft für den Sozialismus gewinnen zu können. Auch ich entschied mich für diesen Weg und entschloss mich, den Beruf des Metallflugzeugbauers zu erlernen.[24]

An einem grauen Novembermorgen im Jahre 1974 stand ich auf einem Ponton des Schiffsanlegers »Teufelsbrück« in Hamburg-Othmarschen. Um mich herum befanden sich Arbeiter und Angestellte. Sie warteten auf ein Fährschiff, das sie auf die Südseite der Elbe zur Flugzeugwerft »Messerschmidt-Bölkow-Blohm« (MBB) bringen sollte. Dort wurde damals ein Teil des Passagierflugzeuges »Airbus« gebaut.

Es war noch ziemlich dunkel und der Himmel grau. Eine feuchte Kälte kroch unter meine Jacke. Aus dem Grau näherte sich ein weißes Fährschiff. Mit einem dumpfen Rumms legte es an. Im Nu füllte sich die Fähre mit Menschen. Ich blickte über das kalte Wasser in die Ferne. Schön war es nicht, zur Arbeit zu fahren. Nur die Möwen, die das Fährschiff mit spitzen Schreien umflogen, erinnerten daran, dass das Leben eine aufregende Sache ist.

Als ich 1974 eine Lehre bei MBB als Metallflugzeugbauer begann, war ich 20 Jahre alt. Meine Eltern hatten mich begleitet, als die Ausbildungsleitung des Flugzeugwerkes zu einem Empfang nicht nur die neuen Lehrlinge, sondern auch deren Eltern eingeladen hatte. Wilhelm ahnte nichts von meinem Plan, in der Flugzeugfabrik politisch zu arbeiten. Dass ich

24 Teile dieses Kapitels über linke Betriebsarbeit erschienen am 17. Februar 2021 im Internetportal »Rubikon« und am 25. April 2021 im russischen Internetportal »Rabkor« https://www.rubikon.news/artikel/entfremdete-kampfgefahrten, https://www.manova.news/artikel/entfremdete-kampfgefahrten, https://rabkor.ru/columns/left/2021/04/25/alienated_comrades/

nicht seine Firma übernehmen wollte, hatte er aber wohl verstanden. Dass ich in einem berühmten Hamburger Unternehmen einen Beruf erlernen wollte, erfüllte ihn mit Stolz.

Viele Mitglieder des KB und seiner Schüler- und Studentenorganisationen gingen in Betriebe. Oberschüler und angehende Lehrer, die Physik studieren wollten, Realschüler, die am liebsten Kunst oder Geschichte studiert hätten, begaben sich aus freien Stücken an Fließbänder, Werkbänke und in Verpackungsabteilungen. Der Gang in die Betriebe war damals etwas ganz Normales unter linken Jugendlichen. Und es war auch leicht, einen Arbeitsplatz zu finden.

Mit seiner Politik in den Betrieben war der Kommunistische Bund zunächst erfolgreich. Bei den Betriebsratswahlen 1975 wurden 100 Mitglieder und Sympathisanten des KB gewählt, ermittelte Michael Steffen in seinem Buch »Geschichten vom Trüffelschwein«.

Mut machten uns damals die Erfolge von Linken bei Betriebsratswahlen. Die »Plakat-Gruppe« bei Daimler-Benz Untertürkheim, die von dem ehemaligen KPD-Mitglied Willi Hoss geführt wurde, erreichte bei den Betriebsratswahlen 1978 mit einer eigenen Liste 39 Prozent der Stimmen.

Bundesweit bekannt wurde die 1972 gegründete »Gruppe oppositioneller Gewerkschafter« – später umbenannt in »Gewerkschafter ohne Grenzen« – bei Opel Bochum, die mit mehreren Kollegen im Betriebsrat vertreten war und im Oktober 2004 eine Betriebsbesetzung gegen die geplante Schließung des Opel-Werkes organisierte.

Nachdem ich bei MBB die Probezeit überstanden hatte, wurde ich aktiv. Zusammen mit anderen jungen Kommunisten gründete ich eine gewerkschaftliche Jugendgruppe. So eine Gruppe gab es bei MBB nicht. Die Jugendarbeit der IG Metall in Hamburg war insgesamt schlecht organisiert. MBB hatte damals 4000 Mitarbeiter, davon 200 Lehrlinge, die sehr intensiv ausgebildet und nur phasenweise in die Produktion geschickt wurden.

Parallel zu unserer gewerkschaftlichen Jugendarbeit schrieben wir Artikel für die Publikationen des KB, den *Metallarbeiter*, eine Zeitung für die Beschäftigten in Hamburger Metallbetrieben, die kostenlos vor dem Betriebstor verteilt wurde, und für die KB-Jugendzeitung *Rebell*.

Im Betrieb luden wir Lehrlingskollegen, die an gewerkschaftlicher Jugendarbeit interessiert waren, zu Treffen in eine Kneipe ein, nicht weit von der Flugzeugwerft. Auf den Treffen wurde ein Programm für die anstehenden Jugendvertreterwahlen bei MBB ausgearbeitet. Wir forderten bessere Lichtverhältnisse an den Werkbänken, eine bessere Belüftung der Lehrwerkstatt, ein Mittagessen zu einem ermäßigten Preis und Duschgelegenheiten.

Der Betriebsrat von MBB betrachtete die Tätigkeit unserer gewerkschaftlichen Jugendgruppe mit Argwohn. Im Betriebsrat saßen vor allem Mitglieder der IG Metall und der SPD. Dass wir auf eigene Faust losgelegt und weder den Betriebsrat noch die IG Metall vorher gefragt hatten, machte den Betriebsrat misstrauisch. Aber er wusste nicht, wie er uns unter Kontrolle bringen sollte.

Die Ausbildungsleitung war schlauer und schneller. Sie organisierte kurz vor den Jugendvertreter-Wahlen eine Arbeitgeber-freundliche Liste mit dem Namen »Flekz«. Der Name wurde gebildet aus den Anfangsbuchstaben der Ausbildungsberufe Flugzeugbauer, Elektroniker, kaufmännische Auszubildende und Zeichner.

Doch wirklich überzeugend wirkte diese Initiative der Arbeitgeberseite auf die Jugendlichen nicht. Bei den Jugendvertreterwahlen im Herbst 1974 wurden drei Linke – darunter auch ich – und zwei Vertreter der »Flekz«-Gruppe in die Jugendvertretung gewählt.

Graue Militärflugzeuge aus der Nazizeit

Wie sah es auf der Flugzeugwerft aus? Das Gelände war riesig. Es gab eine Startbahn für Flugzeuge und zahlreiche Produktionshallen, in denen ein ziemlicher Lärm herrschte. Er wurde vor allem von den mit Luftdruck betriebenen Niethämmern verursacht.

In Halle Nr. 2, der sogenannten Teileschlosserei, fertigten Arbeiter im Akkord Einzelteile für den Airbus. Die Aluminiumbleche wurden in einem Lösungsbad »vorgeglüht« und dann mit Hämmern und Kantmaschinen in eine bestimmte Form gebracht. Auf dem Werftgelände gab es auch eine große Maschinenhalle, in der computergesteuerte Fräsen arbeiteten. Sie fertigten aus dicken Aluminiumblöcken tragende Teile für den Airbus.

Die Produktionshallen, in denen salatgrüne Flugzeugrümpfe gebaut wurden, waren groß und luftig, geradezu riesig. Ganz anders wirkten die schmucklosen, lang gestreckten Gebäude aus rot-braunem Klinker, in denen die Büroangestellten arbeiteten. Der Anblick dieser Gebäude – gebaut in der zweiten Hälfte der 1930er Jahre – erinnerte an die Architektur der Nazis.

Meine Ahnung, dass die Flugzeugwerft eine üble Geschichte hatte, bestätigte sich, als ich einmal durch das Foyer im Hauptgebäude ging. Dort sah ich in einem Kasten aus Plexiglas graue Flugzeugmodelle, die im Zweiten Weltkrieg auf der Werft gebaut wurden. Für diese Mordmaschinen schämte sich die Unternehmensleitung nicht. Sie stellte sie demonstrativ zur Schau.

Der Unternehmensgründer Walter Blohm hatte nur drei Monate nach dem Machtantritt von Hitler beschlossen, nicht nur Schiffe, sondern auch Flugzeuge zu bauen. Blohm wollte von den Aufrüstungsplänen der Luftwaffe profitieren, weshalb er im Juni 1933 die »Hamburger Flugzeugbau GmbH« gründete. Man baute 297 Exemplare des dreimotorigen Seeaufklärers BV 138, 855 Leitwerke für den düsengetriebenen Jagdbomber Messerschmitt 262 und lenkbare Gleitbomben vom Typ BV 246, die aus 10.000 Meter Höhe abgeworfen wurden.

Nach der Zerschlagung des Hitler-Faschismus wurde der Hamburger Flugzeugbau – später umbenannt in Messerschmitt-Bölkow-Blohm (MBB) – von der britischen Besatzungsmacht demontiert. Doch 1954 ging die Militärproduktion auf dem Gelände in Hamburg-Finkenwerder mit einer Lizenz-Fertigung des französischen Transportflugzeuges Noratlas wieder los.

Ab 1965 wurde das militärische Transportflugzeug Transall gebaut. Von den 169 Maschinen der ersten Serie gingen 90 an die deutsche Luftwaffe, 50 an Frankreich, 20 an die Türkei und – entgegen aller Dementis – neun an Südafrika, wo damals ein Apartheid-System herrschte. Wir merkten als linke Aktivisten, dass es bei MBB keinen Bruch mit der militaristischen Vergangenheit gab.

Drohungen vom Betriebsrat

Kaum waren wir linken Jugendvertreter im Herbst 1974 im Amt, kam es auf einer Lehrlingsversammlung zum Eklat. Die Ausbildungsleitung verließ die Versammlung. Sie wollte für alle Lehrlinge sichtbar demonstrieren, dass sie mit den Linken in der Jugendvertretung nicht zusammenarbeiten wird.

Einige Betriebsräte blieben und lasen aus einem Artikel im *Rebell*, der Jugendzeitung des KB, vor. In dem Artikel wurde die Arbeit der

Jugendvertretung gelobt. Die Vertreter des Betriebsrates forderten von den linken Jugendvertretern, sich von dem Artikel zu distanzieren, andernfalls müsse man annehmen, dass die Jugendvertreter mit Kommunisten unter einer Decke steckten, weshalb man sie von der Teilnahme an den Betriebsratssitzungen ausschließen müsse.

Doch das war noch nicht alles. Zwei der drei linken Jugendvertreter bekamen von der Ortsverwaltung der IG Metall einen Brief, in dem sie aufgefordert wurden, sich von einem Bericht im *Metallarbeiter*, einer Betriebszeitung des KB, zu distanzieren. Der Bericht enthalte »massive Verunglimpfungen der IG-Metall und bestimmter Funktionäre«.

Der ständige Stress im Betrieb schlug mir auf den Magen. Einmal musste ich mich direkt vor der Lehrwerkstatt übergeben. Ich tat so, als ob nichts Besonderes geschehen war. Gesehen hat es wohl niemand. Doch auch wenn mein Magen Alarm schlug, klein beigeben wollte ich nicht.

Der Betriebsrat und die Ausbildungsleitung arbeiteten Hand in Hand. Einer der drei linken Jugendvertreter hielt dem Trommelfeuer nicht stand. Er trat von seinem Amt zurück. Ein Vertreter der Unternehmer-freundlichen »Flekz«-Gruppe rückte nach. So verloren wir Linken die Mehrheit in der Jugendvertretung.

Die Ausbildungsleitung setzte alle Hebel in Bewegung, um den Einflussbereich der Linken unter den Lehrlingen zu begrenzen. Sie veranstaltete eine »Freizeit« in einem Erholungsheim nicht weit von Cuxhaven. Dort mussten die Lehrlinge an einem Rollenspiel teilnehmen. Es wurde durchgespielt, wie man Konflikte löst. Dabei wurde per Checkliste gemessen, wie oft jemand zum Betriebsrat ging.

Außerdem wurde ein neuer Ausbilder eingestellt. Seine fachliche Qualität bezweifelten wir. Offenbar bestand seine Hauptaufgabe darin, mit Auszubildenden über alles Mögliche einfach zu quatschen, auch über Persönliches. So wollte man offenbar rauskriegen, wer zum Dunstkreis der Linken gehörte.

Der zunehmende Druck auf die Linken hatte noch einen anderen Effekt. Nicht wenige Lehrlinge waren beeindruckt vom Mut ihrer Interessensvertreter. Und einige wollten sogar den *Rebell* kaufen, um sich selbst ein Bild zu machen. Ich hatte deshalb, wenn ich in der Lehrwerkstatt Dienst in der Werkzeugausgabe hatte, immer ein paar Exemplare der KB-Jugendzeitung unter dem Ausgabetisch liegen. Vertrauenswürdigen Kollegen schob ich die Zeitung zu. Der Käufer zahlte und ließ das Blatt dann schnell in seinem froschgrünen Lehrlingsanzug verschwinden.

Allerdings bedeutete das Interesse an der Zeitung *Rebell* nicht, dass die Lehrlinge sich plötzlich für den Sozialismus interessierten. Aber wir ließen nicht locker. Wir agitierten, wo auch immer es eine Möglichkeit dafür gab und wir luden Kollegen auf linke Kulturveranstaltungen in die Hamburger Uni ein.

»Pueblo unido« – Geeintes Volk

Der Kommunistische Bund war damals an der Organisation von Wohltätigkeitskonzerten zugunsten des privat organisierten Hamburger »Kinderhaus« beteiligt, in dem der Nachwuchs antiautoritär erzogen wurde. Bei den Veranstaltungen im großen Hörsaal der Hamburger Uni traten bekannte Künstler wie Konstantin Wecker, der Kabarettist Henning Venske und die linke österreichische Folk-Gruppe »Schmetterlinge« auf.

Als die chilenische Musikgruppe Karaxú nach dem Militärputsch in Chile die Hymne der Revolutionären Linken (MIR) vortrug, sangen 2000 begeisterte Zuhörer den Refrain »Trabajadores al poder« (Arbeiter an die Macht) mit. Und kaum war das Lied zu Ende, riefen die Leute: »Hoch die internationale Solidarität!« Dabei wurden die Fäuste im Takt nach oben gestreckt.

Begeisterungsstürme gab es, als die »Schmetterlinge« ihr Lied »Jalava« vortrugen. Das Lied handelte von Lenin, der im April 1917 als Heizer verkleidet auf einer Lokomotive über die finnisch-russische Grenze nach Petrograd fuhr.

»Jalava, Jalava, du Finne, was lachst du so gegen den Wind? Ich lache, weil meine Sinne alle beisammen sind und weil wir weiterkamen und weil die Welt sich dreht, und weil mein Heizer von Flammen und Dampfkesseln was versteht.«

Auf den Konzerten verflogen die Beschwernisse des Fabrikalltags und auch die Horror-Geschichten der *Bild*-Zeitung über angebliche linke Unterstützer der Rote Armee Fraktion und die »Gräuel der SED-Kommunisten« an der Berliner Mauer.

Als radikaler Linker fühlte man sich damals wie ein Mitglied einer weltweiten Familie von Revolutionären. Selbst in Europa züngelten die Flammen der Revolution. Im April 1974 stürzte eine Gruppe von 300 linken Offizieren der portugiesischen »Bewegung der Streitkräfte« den Diktator Marcelo Caetano. Die Offiziere, die ihre Panzer mit roten Nelken schmückten, machten dem portugiesischen Kolonialismus ein Ende. Im Hamburger Audimax trug der portugiesische Sänger Jose Afonso die langsam-getragene Hymne der Nelkenrevolution vor.

»Grândola, vila morena, Terra da fraternidade: O povo é quem mais ordena, Dentro de ti, ó cidade!«.

»Grândola, braungebrannte Stadt, Land der Brüderlichkeit: Das Volk ist's, das die größte Macht besitzt, In deinen Mauern, oh Stadt!«

Agitation auf der Betriebsversammlung

Auf Schulungen mit Lenin-Texten hatte ich gelernt, dass man das Bewusstsein der Arbeiter entwickeln muss. Und als auf der Sitzung der Betriebszelle des KB die Redebeiträge für die nächste Betriebsversammlung bei MBB verteilt wurden, übernahm ich ohne zu zögern den politischsten Redebeitrag. Ich sollte über Franz-Josef Strauß sprechen. Der war nicht nur Aufsichtsratsvorsitzender von »Airbus Industrie«. Er wollte seine CSU als bundesweite »vierte Partei« ausbauen, um damit dem ultra-reaktionären Flügel der deutschen Politik ein stärkeres Gewicht zu geben. Das konnte nicht unwidersprochen bleiben.

Einige Tage später war es soweit. Ich war ziemlich aufgeregt. Schließlich kam ich an die Reihe, erklomm die Stufen zum Rednerpult und sah vor mir tausende Arbeiteraugen. Nein, so entschlossen wie Lenin fühlte ich mich nicht. Die Gesichter der Arbeiter guckten neugierig zu mir hinauf. Ich musste mich konzentrieren. Einen Augenblick hatte ich das Gefühl, dass alles vor mir verschwamm. Dann sammelte ich mich und sagte, »eine ›vierte Partei‹ als Sammelbecken von Nationalisten, Revanchisten und Gewerkschaftsfeinden, ist eine bedrohliche Sache. Das können wir nicht zulassen.«

Ob es Applaus gab, erinnere ich nicht. Aber das war für mich nicht das Wichtigste. Das Wichtigste war, dass ich dem Ultrareaktionär Strauß sein Fett gegeben hatte.

Als ich von der Rednertribüne stieg und an unseren Ausbildern in ihren grauen Kitteln vorbeiging, sagte einer der Meister laut und mit grimmigem Gesichtsausdruck, »und solche Leute besetzen hier die Lehrplätze«.

Wir hatten so Einiges auszustehen. Aber wir fühlten uns in den 1970er Jahren fast wie die Bolschewiki während der Zarenzeit. Dass die gesiegt hatten, machte uns Mut.

Ein Verbot von K-Gruppen lag damals in der Luft. Offenbar damit wir uns auf noch schwierige Zeiten vorbereiten, empfahl das Leitende Gremium des KB den Genossen als Freizeitlektüre einen Roman von Iwan Fjodorowitsch Popow, »Als die Nacht verging«. Der Roman – geschrieben in den Jahren 1940 bis 1949 – schildert den Kampf der Bolschewiki im Untergrund, immer auf der Flucht vor der zaristischen Geheimpolizei. Popow (1886–1957) war selbst Teilnehmer der revolutionären Bewegung in Russland. 1905 wurde er verhaftet und in Verbannung in das nordrussische Gebiet Archangelsk geschickt.

Die Disziplin im KB war streng. Heute erinnere ich mich mit Scham daran, wie ich einen Genossen aus einer Arbeiterfamilie zur Rede stellte, weil er am Wochenende auf die Ostsee zum Segeln fahren wollte, anstatt an einer Schulung teilzunehmen. Doch das war noch nicht alles an Aufgaben. Die Zeitung *Arbeiterkampf* – sie war die zentrale Zeitung des KB und erschien alle zwei Wochen – musste korrekturgelesen werden. Und am Wochenende mussten die Genossen aus den Betrieben in norddeutsche Städte fahren, um dort den *Arbeiterkampf* zu verkaufen. Man fuhr in andere Städte, damit man nicht zufällig Arbeitskollegen traf.

Unsere Betriebszelle fuhr sonnabends mit dem Auto zum Zeitungsverkauf nach Bremen. Am Stadtrand gab es noch eine Stärkung, Kaffee und Kuchen in einem gemütlichen Café. Dann ging es ab in eine Fußgängerzone in die Innenstadt. Es fanden häufig Diskussionen mit Passanten statt. Mir machten die Gespräche Spaß, auch wenn ich nicht selten auf Widerspruch stieß. Meine Verkaufszahlen konnten sich sehen lassen. 15 verkaufte Exemplare galten als Erfolg.

Für Hobbys – womöglich noch unpolitische – wie Tanzen, Malen oder Musik oder sich einfach mal ein Wochenende ausruhen, blieb fast keine Zeit. Das war einer der Gründe, warum der KB nicht lange durchhielt. Wir waren zu kurzatmig drauf.

Die Repressionsschraube

Die anstrengende Zeit des Betriebskampfes in der ersten Hälfte der 1970er Jahre endete mit einer Niederlage. Linke Lehrlinge bei MBB wurden nach der Ausbildung nicht in ein festes Arbeitsverhältnis übernommen. Ältere Genossen und Kollegen wurden im Rahmen »betriebsbedingter« Kündigungen an die frische Luft gesetzt.

Doch das war noch nicht alles an Maßnahmen gegen uns. Zwei linke Jugendvertreter bei MBB wurden 1974 aus der IG Metall ausgeschlossen. Grundlage war ein vom DGB-Bundesvorstand am 1. Oktober 1973 gefasster »Unvereinbarkeitsbeschluss«, der sich gegen die Tätigkeit von Mitgliedern der »K-Gruppen« in den Gewerkschaften richtete. Anlass für die Ausschlüsse war meist die Kandidatur auf oppositionellen – also von den Gewerkschaftsführern nicht abgesegneten – Listen zu den Betriebsrats- oder Jugendvertreterwahlen.

Waren wir zu ungestüm, zu kompromisslos gewesen?, frage ich mich heute. Dass die Betriebsleitungen mit hartem Besen gegen die Linken vorgehen würden, war doch eigentlich abzusehen.

Wir hatten gehofft, die Arbeiter und Arbeiterinnen würden über kurz oder lang aktiv werden. Doch die Ideologie der Sozialpartnerschaft war fester in den Köpfen der Beschäftigten verankert, als wir es uns vorstellen konnten.

Nicht wenige KB-Mitglieder blieben nach der Repressionswelle in den Betrieben, als Betriebsräte und gewerkschaftliche Vertrauensleute. Einige gingen ihren Weg auch weiter als Gewerkschaftssekretäre, verließen aber den KB.

Die Genossen, welche die Betriebe verließen und ein Studium begannen, fanden neue Betätigungsfelder in der Anti-AKW-, der Frauen-, der Antifa- und der alternativ-grünen Wahlbewegung. Antifa, das hatte damals noch eine völlig andere Bedeutung als heute. Die Antifa-Kommission des KB hatte ein großes Archiv aufgebaut, in dem alles über das Treiben faschistischer und nationalistischer Organisationen gesammelt wurde. Die Antifa-Kommission schrieb für den *Arbeiterkampf* Artikel über neonazistische Aktivitäten. Außerdem organisierte die Kommission Schulungen zur Geschichte des deutschen Faschismus.

Kluger Kopf: Lenin

Während meiner sechs Jahre als Lehrling, Mechaniker und Fließbandarbeiter in Hamburger Metallbetrieben hatte ich den Kontakt zu meiner Familie komplett abgebrochen. Meine Eltern wurden mir damals mit ihrem reaktionären Gedöns zunehmend lästig.

Ich wohnte in Ottensen mit zwei Genossen in einer klitzekleinen Drei-Zimmer-Wohnung zusammen. Wir waren mit politischer Arbeit rund um die Uhr beschäftigt. Eine richtige Küche gab es nicht. In der Badewanne stapelte sich das Geschirr. Wenn es Spaghetti mit Tomatensoße gegeben hatte, war die Badewanne rot.

In unsere Schreibmaschinen hämmerten wir Artikel für KB-Betriebszeitungen und für den *Rebell*. Im KB gab es auch ein Berichtwesen. Wir schrieben Berichte von den Sitzungen unserer Grundeinheiten – genannt auch Zellen – und wir lasen den Rundbrief des Leitenden Gremiums. So hieß das oberste Organ des KB. Wir studierten Schlüsseltexte marxistischer Klassiker – vor allem Lenin, »Der Imperialismus als höchstes Stadium des Kapitalismus« und »Ein Schritt vor – zwei Schritte zurück« – sowie grundlegende Artikel im *Arbeiterkampf*, um dann in der Zellensitzung oder auf Schulungen am Wochenende gemeinsam darüber zu diskutieren.

Uns musste niemand zu dieser Tätigkeit antreiben. Wir waren davon überzeugt, dass man theoretisch gerüstet sein muss, um die Funktionsweise von Kapitalismus und Imperialismus zu verstehen.

Lenin nahm ich als Theoretiker das erste Mal 1972 wahr, als es im KB um die Bundestagswahl ging. Wegen dem Fraktionswechsel einzelner Abgeordneter, welche die Neue Ostpolitik von Willy Brandt als »Verrat an Deutschland« verurteilten, hatte die sozialliberale Regierung ihre Mehrheit im Bundestag verloren. Neuwahlen für den Bundestag waren nötig geworden.

Der KB hatte damals nach einer öffentlichen Debatte im *Arbeiterkampf* entschieden, man werde bei den Bundestagswahlen zur Wahl der SPD aufrufen. Wir beriefen uns dabei auf Lenins 1920 erschienene Schrift »Der ›Linke Radikalismus‹, die Kinderkrankheit im Kommunismus«.

Der russische Theoretiker hatte am Beispiel von England erklärt, warum die englischen Kommunisten die Labour Party bei den Wahlen gegen die Konservativen unterstützen sollten. Eine Stimmabgabe für die Labour Party stütze diese ebenso »wie der Strick den Gehängten.« Man müsse »erstens Henderson oder Snowden helfen, Lloyd George und Churchill zu schlagen (richtiger gesagt sogar: jene zwingen, diese zu schlagen, denn die ersteren fürchten ihren eigenen Sieg!); zweitens der Mehrheit der Arbeiterklasse helfen, sich durch eigene Erfahrung davon zu überzeugen, dass wir recht haben, d. h. sich von der völligen Untauglichkeit der Henderson und Snowden, von ihrer kleinbürgerlichen und verräterischen Natur, von der Unvermeidlichkeit ihres Bankrotts zu überzeugen.«

Ich fand Lenins Herangehen nachvollziehbar. Beim Lesen weiterer Lenin-Texte gefiel mir, dass sich der russische Revolutionär argumentativ mit dem politischen Gegner auseinandersetzte, Tatsachen schonungslos beschrieb und Handlungsmöglichkeiten aufzeigte.

Der Elan lässt nach

Nicht alle hielten die strenge Disziplin im KB durch. 1977 hatten der KB und seine Sympathisanten-Organisationen noch 2500 Mitglieder.[25] Zwei Jahre später waren es nur noch 1000. Die Auflage des *Arbeiterkampf* fiel von 27.000 Exemplaren (1977) auf 12.000 Exemplare (1978).

1978 begann in der Organisation eine Krisendebatte. Viele Genossen fühlten sich – nach jahrelanger Zurückstellung privater Bedürfnisse – ausgebrannt. Der Mitgliederschwund konnte in den Folgejahren nicht durch die Erschließung neuer Arbeitsfelder in den sozialen Bewegungen ausgeglichen werden.

Im Leitenden Gremium sah man die Schulungsarbeit als ein Mittel, um die Organisation zu stabilisieren. Regelmäßig erschienen Schulungshefte zu grundlegenden Themen, 1978 mit Texten zum Thema »Zur Kritik des realen Sozialismus«, 1979 mit Texten »Zur Kritik des Eurokommunismus« und zur »Frauenpolitik«.

Geschult wurde seit Anfang der 1980er Jahre auch zunehmend auf Grundlage von Büchern, welche linke und fortschrittliche Wissenschaftler verfasst hatten. Die Kommission Betrieb und Gewerkschaft des KB, der ich selbst angehörte, führte 1981 eine Schulung durch zum Thema

25 Vgl. Michael Steffen, Geschichten vom Trüffelschwein, Berlin 2022, S. 273

»Gewerkschaften nach 1945. Kontinuität oder Neubeginn?«. 1985 gab es anlässlich des 40. Jahrestages der Befreiung vom Faschismus eine Schulung zum Thema »Von der ›Anti-Hitler-Koalition‹ zum ›Kalten Krieg‹«.

Weil die Krisenerscheinungen in den sozialistischen Ländern neue Fragen aufwarfen, veranstaltete der KB zum 70. Jahrestag der Oktoberrevolution eine Schulung zum Thema »Von der Februarrevolution 1917 bis zur Neuen Ökonomischen Politik 1921«. Es folgte 1989 eine Schulung zum Thema »Sowjetunion 1921 bis 1939«. Der KB machte einen Spagat. Wir verurteilten die stalinistischen Säuberungen, erkannten aber an, dass Stalin eine entscheidende Rolle bei der Industrialisierung der Sowjetunion und dem Sieg über den Faschismus gespielt hatte.

Der KB kritisierte das Fehlen von Demokratie in den sozialistischen Staaten. Es wurde ferner kritisiert, dass es kein Streikrecht und kein Recht auf Fraktionsbildung in der Kommunistischen Partei gab. Mit linken Dissidenten in der DDR war der KB solidarisch. Im Juli 1978 brachte der *Arbeiterkampf* einen langen Artikel unter der Überschrift »Freiheit für Rudolf Bahro!«. Der Philosoph und Dissident Bahro war am 23. August 1977 verhaftet und in das Ostberliner Untersuchungsgefängnis Hohenschönhausen eingeliefert worden. Dem Ministerium für Staatssicherheit war nicht verborgen geblieben, dass Bahro an einem Buchmanuskript gearbeitet hatte, in dem die Legalität einer kommunistischen Opposition gefordert wurde. Der Philosoph kritisierte die Alleinherrschaft einer bürokratischen Funktionärspartei. Er trat ein für die Aufhebung zwischen Hand- und Kopfarbeit und plädierte für die Entwicklung alternativer Produktions- und Lebensformen statt unbegrenztem Wachstum.

»Resozialisierung«

Mein Vater hatte zu Beginn meiner Betriebsarbeit noch versucht, mit mir Kontakt zu halten. Aber ich hatte dicht gemacht. Einmal wollte er mich in unserer Wohnung in Hamburg-Ottensen besuchen, aber ich wollte ihn nicht hereinlassen. Er stellte einen Fuß in die Wohnungstür, zog ihn dann aber zurück, weil ich die Tür zudrückte. Nach diesem Ereignis schickte er zahlreiche Verwandte zu mir, welche die Aufgabe hatten, mich irgendwie aufzuweichen. Aber auch sie ließ ich nicht in die Wohnung.

So war ich unerreichbar. Nur einmal hatten meine Eltern eine kleine Genugtuung. In einer Altonaer Kneipe wurde meine Geldtasche gefunden, die bei ihnen abgegeben wurde. Meine Eltern triumphierten, nun wüssten sie ja, in welchen Kneipen ich verkehre.

Kneipen waren für uns vor allem Versammlungsorte, wenn wir keine Wohnung fanden, wo wir uns treffen konnten. Größere Mitgliederversammlungen fanden in einem Saal der Evangelischen Studentengemeinde oder in der Hamburger Kunsthochschule statt.

Nachdem der Kampf in den Betrieben gescheitert war, gingen viele ehemalige Aktivsten zurück ins »bürgerliche Leben«. Es begann eine Phase der »Resozialisierung«. Nach einer Zeit, die fast etwas von einem »Bürgerkrieg« hatte, musste man wieder lernen, mit »der anderen Seite« zu reden. Man suchte das Gespräch nicht mehr von der angreifenden, revolutionären Position aus, sondern von der Position desjenigen, der bereit ist, die Gesellschaft in Teilbereichen lebenswerter zu machen.

Grün-alternative Wahlbewegung

Als Erfolg verbuchte der KB das Abschneiden der »Bunte Liste – Wehrt euch« bei den Hamburger Bürgerschaftswahlen 1978. Die »Bunte Liste« (BuLi) war ein von Bürgerinitiativen aus der Anti-AKW- und Frauen-Bewegung, Betriebsräten und Anwohnerinitiativen gebildetes Wahlbündnis. Die Liste war unter maßgeblicher Beteiligung von KB-Genossen und -Genossinnen zustande gekommen. Die »BuLi« bekam 3,5 Prozent der Stimmen auf Landesebene und zwei Mandate auf Bezirksebene.

Der Erfolg der »Bunten Liste« war für einen Teil des KB, der sich 1979 innerhalb des KB als Fraktion mit dem Namen »Gruppe Z« organisierte, Anlass, die grün-alternative Wahlbewegung bundesweit zum Hauptarbeitsfeld zu machen und dort den ökosozialistischen Flügel zu stärken. 1980 waren Vertreter der »Gruppe Z« in Karlsruhe an der Gründung der Partei »Die Grünen« beteiligt.

Die Mehrheit des KBs wollte ein Aufgehen in der alternativen Wahlbewegung nicht mitmachen. Diese sollte stattdessen eines von mehreren Politikfeldern bleiben. Ich selbst wurde im November 1981 Mitglied der Grün Alternativen Liste Hamburg (GAL). Die GAL hatte einen starken sozialistischen

Flügel. Ich war in der Arbeitsgruppe Wirtschaftspolitik aktiv. Die Arbeit dort gefiel mir aber nicht, denn die Debatten kreisten zu sehr um abstrakte, reformistische Wirtschaftsmodelle.

Bei der Bürgerschaftswahl 1982 erreichte die GAL 7,7 Prozent und konnte den Stimmenanteil der grün-alternativen Wähler damit verdoppeln. Weil die Partei aber immer weniger eine wirklich oppositionelle Politik machte und zum Sammelbecken von Karrieristen aus allen möglichen linken Lagern geworden war, trat ich 1984 zusammen mit anderen KBlern aus der GAL aus.

»Hauptsache, keine Gewalt!«

Der Einstieg in das bürgerliche Leben war nicht einfach. Das bürgerlich-liberale Milieu, mit dem man zwangsläufig zu tun hatte, hatte eine völlig andere Agenda. Zu den abgehobenen Debatten über Kunst, Philosophie und »Wirtschaft« konnten wir Betriebsaktivisten nicht besonders viel beitragen. Wir kannten uns nur mit dem Betriebsverfassungsgesetz, Arbeitsschutzbestimmungen und Lenin-Texten aus.

Allerdings gab es unter Liberalen Anfang der 1990er Jahre auch noch vernünftige Leute, die sich während des radikaldemokratischen Aufbruchs Ende der 1960er, Anfang der 1970er politisiert hatten. Diese Liberalen hatten sich noch nicht dem Marktradikalismus verschrieben. Sie waren noch zu haben für gemeinsame Aktivitäten zum Schutz der Bürgerrechte.

Der bürgerliche Staat verhielt sich uns ehemaligen KBlern gegenüber flexibel. Wer wollte, konnte Karriere machen. Die Unternehmen zeigten sich offen für ehemalige Revolutionäre. Man musste nicht unbedingt reumütig sein. Es reichte, wenn man auf politische Betätigung verzichtete. Man durfte das an Ideen und kreativem Potenzial einbringen, worauf Konservative nicht kamen, Müllvermeidung, die Integration von »schwierigen« Jugendlichen und die Gleichstellung der Geschlechter im Arbeitsleben.

Ich nahm Ende der 1970er Jahre wieder Kontakt zu meiner Familie auf. Sie war froh. Mein Vater machte mir in seiner tollpatschigen Art das Angebot, zu den bürgerlichen Institutionen »überzulaufen«. Man brauche »gute Leute«. Meine zweite Mutter meinte: »Hauptsache, du wendest keine Gewalt an«. Möglicherweise hatten ihr die Ereignisse der letzten Jahre Angst gemacht. In der befreundeten Familie des Hamburger Seerechtsanwalts

Hans-Christian Albrecht war es zu einem außergewöhnlichen Ereignis gekommen. Wir waren bei der Familie als Kinder in den 1960er Jahren oft zu Besuch gewesen. Ich hatte mich mit dem Albrecht-Sohn angefreundet und auch die Albrecht-Tochter Susanne fand ich sehr sympathisch.

1978 war eben diese Tochter an einer Terroraktion beteiligt gewesen. Sie war mit dem Vorsitzenden der Dresdner Bank, Jürgen Ponto, bekannt und half den RAF-Mitgliedern Christian Klar und Brigitte Mohnhaupt im Juli 1977 dabei, den Bankier an die Haustür zu locken. Man wollte ihn entführen, um gefangene RAF-Mitglieder freizupressen. Doch der Bankier wehrte sich offenbar, worauf die Entführer Schüsse abgaben und flüchteten. Ponto starb ein paar Stunden später an seinen Verwundungen. Die RAF drohte nach der gescheiterten Entführung in einem Schreiben weitere Aktionen an, wenn nicht politische Gefangene freigelassen würden.

Mit meinen Eltern habe ich nie über die RAF gesprochen. Das Wort RAF wurde noch nicht mal in den Mund genommen. Offenbar fürchteten meine Eltern, dass bei diesem Thema starke Emotionen frei werden.

Was wurde nach der Betriebszeit aus mir? Soviel war klar, ich wollte nicht wieder in einer Fabrik arbeiten. Eine Idee für einen neuen Beruf hatte ich aber noch nicht. Zunächst einmal wollte ich auf dem Zweiten Bildungsweg die Hochschulreife erwerben. Ich bekam einen Studienplatz an der Hamburger Hochschule für Wirtschaft und Politik (HWP), die damals den Status einer Fachhochschule hatte. Ich wählte den Studienschwerpunkt »Volkswirtschaft«. Eigentlich wollte ich Soziologie wählen, aber mein Vater, mit dem ich wieder Kontakt aufgenommen hatte, redete mir das aus. Soziologie war für ihn »brotlos«.

Meine Lebenskrise

Mein Wechsel von der Fabrikarbeit zur Universität war begleitet von einer persönlichen Krise. Nach der Totalanspannung während der Betriebsarbeit fiel ich plötzlich in eine Leere.

Ich fuhr nach London, wo ich 1971 schon mal gewesen war, als ich südlich der Stadt in Southampton bei einer Gastfamilie wohnte. Ich hoffte, Kontakt zu meiner rebellischen Jugendzeit wiederzufinden, als ich noch ganz nach eigenem Gefühl und nicht als Kader handelte.

1971 war ich durch London gestreift, hatte Rock-Konzerte besucht, war aus Geldmangel schwarzgefahren und hatte auf dem Trafalgar Square an einer Kundgebung für in den USA eingesperrte Linke teilgenommen. Auf der Kundgebung wurde die Freilassung der Marxistin Angela Davis und des Black-Panther-Mitglieds George Jackson gefordert.

Dann besuchte ich meinen alten Freund Jörg P. Er war 1969 nach meiner Flucht aus dem Elternhaus mein erster Anlaufpunkt gewesen. Jörg wohnte inzwischen als Künstler in Schleswig-Holstein auf einem alten Bauernhof. Ich erzählte ihm alles, was mich bewegte. Irgendwann um Mitternacht, als ich schlafen gehen wollte, sagte er, »vielleicht solltest Du es machen wie Jim Morrison.« Ich war mir nicht sicher, was Jörg mit seinem Verweis auf den Frontmann der Doors meinte. Vermutlich sollte ich einfach selbstbewusst sein, mein Ding durchziehen und nicht auf angeblich Klügere hören.

Ich trennte mich von meiner Freundin und begann eine Gesprächstherapie. Ein zentrales Thema der Therapie war mein Vater und die Erkenntnis, dass ich im Widerstand gegen ihn anderen Vater-Figuren nacheiferte, anstatt auf meine innere Stimme zu hören.

Langsam begann ich mein Leben zu ändern. Ich öffnete mich unbekannten Welten. Eine Genossin fragte mich, ob ich Patenonkel von ihrem Kind werden will, das gerade auf die Welt gekommen war.

Ich hatte selbst keinen Kinderwunsch. Ich hätte mich sogar fast sterilisieren lassen. Das war Ende der 1980er Jahre so eine Idee, die in unseren Kreisen diskutiert wurde, vor der ich dann aber doch zurückschreckte.

Aber ein Kind zu betreuen schien mir eine interessante Aufgabe. Und ich erhoffte mir, dass ich mit einem Kind meinen Blick auf das Leben erweitern kann und aus der Routine der politischen Arbeit herauskomme.

Zudem faszinierte mich die Idee der Genossin, die für ihre zwei Töchter mehrere Pateneltern organisierte, die im Zwei-Wochen-Rhythmus als Kinderbetreuer bereitstanden. Ich fand die Überlegung der Genossin, ein Kind müsse die Möglichkeit haben, auch zu anderen Kindern und Erwachsenen Beziehungen zu entwickeln, richtig. Dies schien mir ein richtiger Schritt auf dem Weg zur Entwicklung eines freien Menschen, der nicht nur im engen Gitter einer Familie aufwächst.

Ich betreute von nun an alle vierzehn Tage am Wochenende ein Mädchen, mit allem was dazu gehörte, Flasche geben, Wickeln, Spielen mit anderen Kindern und Zoo-Besuchen. Das machte ich fünf Jahre lang. Aber irgendwann verlor ich die Lust. Die Kinderbetreuung wurde immer mehr zum Dienst. Als mein Patenkind einmal weinte, als ich sie abholte und sagte, sie wolle zu ihrer Mutter, entschloss ich mich, meine Patenschaft zu beenden. Ich hatte ein schlechtes Gewissen und die Mutter des Kindes versuchte mich zu überreden und meinte, es würde mir nicht guttun, nur Politik zu machen.

Nach der Kinderbetreuung stürzte ich mich mit Haut und Haaren in die Musik. Ich machte meinen Traum wahr und lernte Gitarrespielen. Mein Gitarrenlehrer meinte, am schnellsten wird man Musiker, wenn man eine Band gründet, und so studierte ich die Anzeigen im *Hamburger Abendblatt* und fand andere Anfänger, die eine Band gründen wollten.

Wir bildeten die Band »Die Untermieter«, mit der wir einmal in einer Halle im norddeutschen Buchholz und einmal auf einem Gartenfest auftraten. In unserem Funk-Rock-Programm hatten wir auch einen Rap,[26] den ich 1985 geschrieben hatte.

In den Rap-Text flossen die für mich wichtigsten politischen Entwicklungen der damaligen Zeit ein und auch die Erfahrungen von meinen ersten Reisen in die Sowjetunion. Ronald Reagan hatte die Sowjetunion 1983 als »Reich des Bösen« bezeichnet und 1985 den »Krieg der Sterne« verkündet. Die USA wollten mit einem Abwehrschirm vor Interkontinentalraketen unverwundbar werden. Und im sozialistischen Polen hatte es 1980 eine Streikbewegung gegeben, welche die Machtfrage im Land stellte.

Aufschwung, Hunger, Sternenkrieg – ich seh' vor lauter Zukunft nichts.
Wir komm' direkt von USA, denn dort ist wirklich alles klar.
Jeder kämpft für sich allein, Kollektivismus bitte nein.
Vom Tellerwäscher rauf zum Millionär – Mr. President übernimmt nicht die Gewähr.
Rambo, Zambo, Videoclip – vom Feinsten bring' wir euch was mit
Doppelwhopper in der Tüte – rote Soße erste Güte!
Flower power ist vorbei – wir stehn jetzt ganz auf Polizei.
Ein Doppelstreifen an der Hose – weißes Pulver in der Dose.

26 Hey, Mr. President! https://youtu.be/Jn7bHC5CdrM

Der liebe Gott wohnt in USA – und nicht in Nicaragua.
Dort stinkts nach Gräbern und verfaultem Fleisch – wer weiß, wer weiß, wer wa-wa-weiß
Wenn in der Welt kein Hahn mehr schreit, wird wieder mal ein Land von uns befreit.
Den Miskito-Indianern bau'n wir eine Stadt – auf US-TV kriegen sie Rabatt.
Jugend Deutschlands, hör mir zu! Der Russe, der gibt niemals Ruh!
Halb Europa hält er schon in seinen Klauen. Drum lasst uns gemeinsam eine heile Welt aufbauen.
In Breslau gibt's dann Doppelwhopper, in Danzig Video und Auto-Scooter.
In Kiew gibt's ein neues Disneyland. Und auch in Kasachstan gibt's dann Sex vom Band.

9. Leningrad im Schnee (1981)

Anfang der 1980er Jahre begann ich mich für den Osten zu interessieren, der sich zu öffnen begann. Mein Vater fuhr damals mit einer meiner Schwestern nach Gdansk, um dort Geschenke an streikende Werftarbeiter zu übergeben.

Die Streikbewegung der Gewerkschaft »Solidarność« – die von westlichen Medien in den höchsten Tönen gelobt wurde – interessierte mich nicht besonders. Ich wollte in die Sowjetunion fahren. Durch die von Bundeskanzler Willy Brandt eingeleitete neue Ostpolitik waren Anfang der 1980er Jahre Jugendreisen des »Christlichen Vereins junger Menschen« (CVJM) von Hamburg in die Partnerstadt Leningrad möglich geworden.[27] An einer dieser Reisen beteiligte ich mich um die Jahreswende 1981/82 mit meiner damaligen Freundin.

Beim Besuch des Leningrader Marinski-Theaters war ich schwer beeindruckt, als das Publikum nach der Aufführung laut »Bravo« rief. Russland, das war Emotion. Hier ließ man seine Gefühle raus. Für einen steifen Hamburger wie mich war das eine echte Überraschung. Im Hotel feierten wir mit Russen ausgelassen die Silvesternacht.

Dass ich auf russischem Boden war, auf dem mein Vater gekämpft hatte, nahm mich innerlich allerdings mehr mit, als ich erwartet hätte. In mir rumorte eine Infektion, weshalb ich das Besichtigungsprogramm nicht vollständig mitmachen konnte. Unser russischer Gruppenleiter war ein Jude. Einmal lud er uns zu sich nach Hause ein. Über ein paar Hocker wurden Holzplanken gelegt, so dass Eltern, Kinder und alle Gäste an einem Tisch Platz hatten. Später ging es in eine obere Etage des neunstöckigen Plattenbaus, wo wir das Neue Jahr feierten. Dort stand ein Klavier. Jemand begann zu spielen und es kam noch eine Geigerin dazu. Wir tanzten und versuchten uns mit einigen Brocken Englisch zu verständigen.

Aus dem Fenster des Gebäudes sah ich eine schwach beleuchtete, verschneite Plattenbausiedlung. Dazwischen standen Bäume. Die Einfachheit der Umgebung stand in einem fast explosiven Kontrast zu der

27 Chronologie der Städtepartnerschaft Hamburg–Leningrad: https://www.hamburg.de/stpetersburg/14326244/chronologie/

ausgezeichneten Hausmusik und den hochintellektuellen Gesprächen. Einer der russischen Juden versuchte mich davon zu überzeugen, dass Stalin mindestens so schlimm war wie Hitler. Ich versuchte dagegen zu argumentieren, hatte aber mit meinen Argumenten keinerlei Erfolg. Wie ich später erfuhr, reiste unser jüdischer Reisegruppenleiter Anfang der 1990er Jahre in die USA aus.

Tagsüber streiften wir an den Kanälen von Leningrad entlang und besuchten Buchläden, wo es deutschsprachige Literatur antifaschistischer Autoren – wie Lion Feuchtwanger – zu einem sehr günstigen Preis gab.

Meine zweite Sowjetunion-Reise nach Kiew und Jerewan (1983)

Nach der Leningrad-Reise wollte ich mehr erfahren von der Sowjetunion, forschte nach Reisemöglichkeiten und wurde fündig. 1983 gab es drei neue Routen im europäischen Teil der Sowjetunion, die Ausländer aus dem Westen mit dem Auto befahren durften. Man konnte auf Fernstraßen nach Leningrad, Moskau oder Jerewan reisen. Wir – meine Freundin und ich – entschieden uns für die letzte Variante, die aus unserer damaligen Sicht am meisten exotische. Die Autoroute nach Jerewan führte über Kiew und Tbilissi. So konnten wir auch nichtrussische Völker kennenlernen, hofften wir. Ende Juli 1983 starteten wir in Hamburg zu zweit mit einem roten VW-Bus zu einer sechswöchigen Tour.

Wir mussten öfters nach dem Weg fragen, konnten aber nur drei Worte, prjáma – geradeaus, na léwo – nach links, na práwo – nach rechts. Meine Freundin hatte sich die Worte auf einen Zettel geschrieben. Sie war, was die russische Sprache betraf, schneller im Lernen.

Abends mussten wir an zuvor angemeldeten Motels oder Campingplätzen übernachten. In Supermärkten kauften wir Milch. Das war noch richtig leckere, wenig bearbeitete Milch, die nach drei Stunden Autofahrt steif war.

Die Fahrt durch die Ukraine führte uns auf langen Landstraßen durch grüne, hügelige Landschaften. Das, was unsere Augen sahen, wurde aus dem Auto-Kassettenrekorder untermalt, nicht mit russischer oder ukrainischer Volksmusik, die kannten wir noch nicht, sondern mit Pat Metheny und Randy Newman.

18 Kilometer vor Kiew verbrachten wir einige Nächte auf einem Campingplatz, der ganz romantisch in einem Fichtenwald lag. Ausländer hatten auf dem Campingplatz ihr eigenes Gebiet. Aber auch für sie gab es unterschiedliche Territorien. Wir wohnten im Areal für Touristen aus kapitalistischen Staaten.

Hundert Meter weiter befand sich das Areal für Touristen aus sozialistischen Staaten. Dort machte ich Bekanntschaft mit Reisenden aus der DDR. Ein junger Mann aus dem thüringischen Nordhausen, der in einer Fabrik arbeitete, erzählte mir, dass sie Einzelteile für Volkswagen in Westdeutschland produzieren.

Ich traute meinen Ohren nicht. Die sozialistische DDR mit ihrer angeblich zurückgebliebenen Wirtschaft produzierte Teile, die auch westlichen Qualitätsansprüchen genügten? Das war eine Überraschung und Enttäuschung zugleich. Denn ich fragte mich, warum die DDR nicht erst mal für den eigenen Bedarf produzierte?

In den Städten, die wir besuchten, konnten wir über die sowjetische Reisegesellschaft »Intourist« verschiedene Unternehmungen buchen. In Kiew besuchten wir eine Kolchose am Rande der Stadt und einen Kindergarten. Im Kindergarten wurden die Kinder so lange untergebracht, wie die Eltern arbeiten mussten, manchmal bis 20 Uhr. Aber richtig spannend waren diese geführten Unternehmungen nicht.

Run auf West-Klamotten

Am interessantesten war es, wenn wir allein durch die Stadt streiften. Wir gingen in einem Selbstbedienungslokal essen und mussten eine halbe Stunde anstehen. Immer wieder wurden wir angesprochen, ob wir Jeans oder andere West-Klamotten verkaufen würden. Meine Freundin nervte das ziemlich. Ich nahm es als unabänderliche Tatsache hin.

Alles aus dem Westen war gefragt, vom Anti-AKW-Aufkleber am Auto bis zum T-Shirt. In unser Tagebuch schrieb ich: »Ihre Mode ist aus den 1950ern. Aber auf den Straßen sieht man 50 Prozent der Männer in Jeans rumlaufen. Zehn Prozent tragen Adidas-Schuhe. Es muss einen Riesen-Schwarzmarkt geben, denn in den Läden gibt es diese Waren nicht. Ein Lehrer, den wir kennenlernten, erzählte uns, dass bestimmte sowjetische

Waren in großen Mengen liegen bleiben. Die Leute wollen Sachen aus dem Westen. Mit einem Angestellten von ›Intourist‹ tauschte ich eine Jeans und zwei Musikkassetten gegen ein Leinenhemd im ukrainischen Stil. Ein gutes Geschäft für ihn.«

Später erfuhr ich, dass Jeans auf dem Schwarzmarkt für bis zu 150 Rubel – das entsprach einem sehr guten Monatslohn – gehandelt wurden.

Auf der Weiterreise in der südrussischen Stadt Rostow am Don klärte uns Juri, ein Student, der für »Intourist« arbeitete, dann auf. Beim Mittagessen erzählte er, dass die Fabriken an den Konsumbedürfnissen der Bevölkerung »vorbeiproduzierten«. Neue Technologien würden die Fabrikdirektoren nicht einführen, weil sie Angst hätten, den Plan dann nicht zu erfüllen.

Uns fiel auf, dass die Lebensmittel sehr billig waren. Wir konnten für umgerechnet fünf D-Mark Essen gehen. Ein Kilogramm Tomaten kostete 60 Pfennig. Ein Kilogramm Rindfleisch war mit 5,80 D-Mark allerdings sehr teuer. Aber ein Kassettenrekorder kostete weit über 1000 D-Mark. Der Monatslohn lag zwischen 100 und 180 Rubel (594 D-Mark), die durchschnittliche Miete betrug 67 D-Mark.

Die Läden waren nach Feierabend sehr voll. Als wir in Kiew in das große Kaufhaus »Zentralni Univermag« gingen, herrschte dort ein großes Gedränge. In der Schallplattenabteilung drängten sich vor zwei Plattenspielern etwa fünfzig Kunden. Auf einem Plattenspieler gab es Opern-, auf dem anderen Discomusik.

Was Polizisten und Militärs betraf, hatten wir einige Erlebnisse, die uns nachdenklich stimmten. In der Kirche des berühmten Lawra-Klosters befand sich damals ein Museum für Atheismus. Als wir die Kirche verließen, sahen wir, wie Polizisten ziemlich grob einen Mann verhafteten und in einen kleinen Jeep sperrten, der für diese Zwecke extra mit einem Gitter hergerichtet war. Das sah nach Willkür aus. Aber wir fragten nicht weiter nach.

Später – auf der Fahrt nach Charkow – wurde meine Freundin von einem Militär angehalten, die Blumenwiese, die sie gerade im Sucher hatte, nicht zu fotografieren. Das sei »militärisches Gebiet«. In der südrussischen Stadt Pjatigorsk sahen wir, wie die Polizei Betrunkene einsammelte und in einen Mannschaftswagen sperrte.

In Kiew besuchten wir ein Museumsdorf mit verschiedenen Holzhäusern, die in den letzten vier Jahrhunderten in verschiedenen Regionen der

Ukraine gebaut worden waren. Davor tanzten Ukrainer in traditionellen Kostümen, die Männer in traditionellen knallroten Pluderhosen. Jetzt endlich hatten wir Kontakt zur ukrainischen Volkskultur gefunden. Wir bekamen den ersten Geschmack von einem Land mit stark bäuerlicher Tradition.

Russische Malerei und das Gefühl von Scham

Der stärkste Eindruck in Kiew war für mich der Besuch des Museums für Russische Malerei in der Repin-Straße Nr. 9. Dort hingen Bilder von russischen Impressionisten. Besonders das Bild eines Eichenwaldes fesselte mich. Es war in absolut der gleichen Stilrichtung gemalt wie bei den Impressionisten in Westeuropa. Ich war sprachlos. Die Ukraine hatte ich bis dahin mit großen Kolchosen und Sonnenblumenfeldern verbunden, aber nicht mit Malerei, die unserer westeuropäischen sehr ähnlich ist. Ich empfand so etwas wie Scham. Ich spürte, dass ich ein Bild von der Ukraine und der Sowjetunion hatte, das mit der Realität nicht übereinstimmte.

Über Charkow fuhren wir weiter durch den Donbass in die südrussische Stadt Rostow am Don. In unser Tagebuch schrieben wir folgende Zeilen: »Abends kamen wir dann auf einen schrecklichen Zeltplatz in Rostow. Die Toiletten sind dreckig. Es stinkt nach Abfällen. Der Platz liegt neben einem Flugplatz und ist laut. Am nächsten Tag schrieben wir auf Vorschlag der Leiterin des Platzes eine Kritik an den Direktor.«

Ich befürchtete, dass meine Freundin den Urlaub vorzeitig abbrechen würde. Ich hatte sie zu der Tour durch die Sowjetunion überredet. Doch uns blieb noch eine Hoffnung: Im Kaukasus wollten wir eine Tour zu Fuß in die Berge machen.

In der Vorausahnung, dass die Reise anstrengend wird, hatte meine Freundin vorgeschlagen, dass wir in unseren Bus eine Matratze zum Schlafen einbauen, was ich dann auch tat. Diese Matratze war sehr nützlich, nicht nur zum Schlafen während der Fahrt, sondern auch als »Ausweichquartier« an Orten, wo die Hotelzimmer an lauten Straßen lagen.

Im südrussischen Gebiet Stawropol wurde das Wetter plötzlich so warm wie am Mittelmeer. Und die Autofahrer wurden übermütig. Es kam vor, dass ich bei einem Überholmanöver plötzlich mehr Gas geben musste als geplant. Denn derjenige, den ich überholte, wollte sich mit mir messen. Er lächelte mir zu und drückte auf die Tube. Es fand ein kleines Wettrennen mit einem West-Auto statt. Der Gesichtskontakt mit dem Herausforderer dauerte nur Sekunden. Aber diese Sekunden sagten mehr als tausend Worte. Wir verstanden uns und hatten Spaß.

Bei einem Stopp in einem Motel im Gebiet Stawropol kam es zu einer überraschenden Begegnung. In dem Restaurant des Motels spielte eine Jazz-Band. Ich war begeistert. Bevor wir weiterfuhren, ging ich noch einmal zurück zur Band und überreichte den Musikern eine meiner Pat-Metheny-Audiokassetten. Wieder waren es nicht Worte, die uns einander näherbrachten, sondern etwas Sinnliches.

Erst Jahre später, nachdem ich in Moskau und Nowosibirsk sehr gute Jazz-Konzerte gehört hatte, forschte ich nach und erfuhr, dass der Jazz in Russland eine Tradition hat. Die erste Jazz-Band der Sowjetunion, gegründet von einem gewissen Walentin Parnach, trat am 1. Oktober 1922 im großen Saal der Moskauer WGITIS-Theaterhochschule auf.[28]

Parnach hatte aus Paris Noten mitgebracht. Die erste Jazz-Platte wurde 1928 vom Ensemble Ama-Jazz in Moskau aufgenommen. Leiter des Ensembles war Aleksandr Zfasman. Er hatte am Moskauer Konservatorium studiert. Von 1939 bis 1946 leitete er das Jazz-Orchester des Allunion-Radiokomitees, eines von mehreren staatlichen Jazz-Ensembles.

Alles änderte sich mit Beginn des Kalten Krieges im Jahre 1947. Alle staatlichen Jazz-Ensembles wurden aufgelöst. Der populärste russische Sänger Leonid Utjusow nannte die Zeit von 1947 bis 1955 »die Epoche des Geradebiegens der Saxophone«. In dem Jazz-Ensemble von Utjusow wurden die Saxophone verbannt und durch Streicher ersetzt.

In der zweiten Hälfte der 1950er Jahre – in der Zeit des Tauwetters unter Chrustschow – ging es dann mit dem Jazz in der Sowjetunion wieder los. Er war besonders bei Ingenieursstudenten beliebt. Sie gründeten eigene Bands. Mitte der 1960er Jahre gab es in der Sowjetunion die ersten Jazz-Festivals. Und Mitte der 1970er Jahre wurde der Jazz in die staatliche Musikausbildung integriert.

28 »Hundert Jahre Jazz-Abenteuer in Russland«, https://www.mk.ru/culture/2022/10/01/sto-let-priklyucheniy-dzhaza-v-rossii-perezhil-gulag-i-epokhu-razgibaniya-saksofona.html

»Berge, Berge! Was für ein Magnetismus ist ihnen verborgen!
Was für ein Symbol der Ruhe befindet sich in jedem glitzernden Gipfel.
Die mutigsten Legenden werden am Fuße der Berge geboren.
Die menschlichsten Worte werden auf den schneebedeckten Höhen gesprochen.«

Nikolai Rerich, russischer Maler und Philosoph,
Karaschar – Dschungaria 1926

Ohne Begleitung durch den Kaukasus (1983)

Schließlich kamen wir mit unserem roten VW-Bus im Kaukasus an, wo wir unsere Bergtour mit Rucksack geplant hatten. Das Reisebüro in Hamburg hatte versprochen, dass eine Bergtour möglich sei. Doch angekommen in der Stadt Pjatigorsk, gelegen im Vorgebirge des Kaukasus, sagte man uns, eine Tour durch die Berge sei nur mit einem Auto der Marke »Wolga« möglich, für 260 D-Mark Mietgebühr. Wir wollten aber zu Fuß gehen.

Wir unterhielten uns mit Einheimischen. Sie zeichneten uns eine Route auf, wie wir auf dem Rückweg von Jerewan Richtung Deutschland von Suchumi am Schwarzen Meer aus eine Bergtour machen können. Diesen Vorschlag wollten wir realisieren, von Suchumi aus auf eigene Faust mit Rucksäcken in einen Bergort trampen und von dort über eine Hochebene zum Kluchorsk-Pass in 2700 Meter Höhe wandern. Von dieser Ebene sollte man Viertausender und Gletscher sehen können. Dieser Plan schien uns realistisch, denn wir hatten für den Aufenthalt in Suchumi eine Woche gebucht.

Direkt von Pjatigorsk nach Suchumi fahren konnten wir nicht. Denn wir mussten auf unserer vorgeschriebenen Touristenroute bleiben und erst noch nach Tbilissi und Jerewan fahren. Außerdem mussten wir einen vereinbarten Zeitplan einhalten.

Aber am 31. August 1983 ging es dann endlich los in die Berge. Wir ließen unseren VW-Bus auf dem Campingplatz stehen und zogen die Gardinen zu. Dann trampten wir. Erst nahmen uns drei Männer in ihrem Lada mit. Ich saß auf der Rückbank. Neben mir saß ein Mann, der plötzlich eine Pistole rausholte. Er bedrohte mich nicht. Offenbar wollte er mich bloß beeindrucken.

Durch meinen Kopf schwirrte die Frage, ob er Zivilpolizist war. Dann fragte er mich tuschelnd, ob ich Jeans oder anderes Zeug aus dem Westen hätte. Als ich verneinte, fragte er nach unserem Weg. Ich gab ihm unsere Wanderkarte. Er guckte eine Zeit lang missmutig auf die Karte und gab sie mir dann wortlos zurück. Nach einer Stunde Fahrt – es ging in Serpentinen das Kaukasus-Gebirge hinauf – luden die drei Männer mich zum Bier ein. Sie wollten gerne mal mit einem Westdeutschen quatschen. Meine Freundin trank kein Bier. Dann setzten die Männer uns in einen Linienbus. Dort tranken die männlichen Passagiere selbstgebrannten Obstschnaps, die Frauen Wasser. Ich schrieb in unser Tagebuch: »Die Männer trinken in einer Tour. Es ist wirklich schlimm.«

Im Bus gab es keine Sitzplätze mehr. Ich musste stehen, dicht gedrängt mit anderen Passagieren. Es ging zu wie auf einem Marktplatz, Geschichten wurden erzählt und Witze gerissen. Alle zwanzig Kilometer machte der Bus eine Pause. Schließlich stiegen wir in der Nähe einer Berghütte aus. Nicht weit von der Hütte stand eine Gruppe erfahrener Bergwanderer, die uns einen jungen Tscherkessen mit dem Namen Sultan vermittelten. Der wollte uns die 13 Kilometer zum Kluchorsk-Pass führen. Nicht weit von der Hütte, in der wir gemeinsam übernachteten, zeigte uns Sultan eine Quelle mit salzigem Wasser und gab uns etwas zu essen.

Um sieben Uhr morgens ging es ohne Frühstück zu Fuß hoch in die Berge. Es war eine sehr fruchtbare, fast tropische Gegend, wie ein Urwald, überall dichtes Grün und Rhododendron. Sultan trieb uns zur Eile. Er ging nicht auf der Straße, die sich in Serpentinen den Berg hochschlängelte, sondern auf Steilpfaden geradewegs nach oben. Er war trittsicher wie eine Gämse.

Weil meine Freundin das Tempo nur mit Mühe schaffte, zog er sie am Stock hinter sich her. Als ihm das immer noch nicht schnell genug ging, tauschte er mit ihr die Rucksäcke. Seiner war wesentlich leichter. Dann verloren wir ihn aus den Augen. Wir riefen ihn, bekamen zunächst noch Antwort, doch später nicht mehr.

Auf den Spuren der »Division Edelweiß«

Bei unserem Aufstieg kamen wir an mehreren Denkmälern aus dem Zweiten Weltkrieg vorbei. Erst später erfuhr ich, was sich am Südhang des Kaukasus, wo wir aufstiegen, 1942/43 genau ereignet hatte. Die »1. Gebirgsdivision« der Wehrmacht – eine »Garde-Division« von Hitler, die auch Edelweiß-Division genannt wurde – eroberte am 17. August 1942 von Norden kommend den Kluchorsk-Pass und stieß dann fünfzehn Kilometer auf dem Südhang des Bergrückens vor. Ihr Ziel war es, die Straße am Schwarzen Meer bei Suchumi zu blockieren. Doch die Rote Armee drängte die Wehrmachtsdivision Anfang September 1942 auf den Kluchorsk-Pass zurück.

Nördlich vom Pass liegt der Kurort Teberda. Von diesem Ort stieg die deutsche »Edelweiß-Division« zum Kluchorsk-Pass auf. 1995 besuchte ich den Ort und erfuhr von einem grausigen Verbrechen. In den Sanatorien von Teberda lebten 1942 1500 Kinder und 200 medizinische Betreuer, die aus der Ukraine in den Kaukasus evakuiert worden waren. Viele Kinder, die noch laufen konnten, flohen Richtung Süden. Andere starben wegen schlechter Ernährung. Am 22. Dezember 1942 lud die deutsche Gestapo 54 Kinder, die an Knochentuberkulose erkrankt waren, in einen speziell ausgerüsteten LKW, in dem die Kinder mit Gas getötet wurden.[29] 285 Juden wurden erschossen.[30]

Der Kommandeur der »Division Edelweiß«, Hubert Lanz, wurde 1948 in Nürnberg wegen schwerer Kriegsverbrechen zu zwölf Jahren Haft verurteilt. Auf der griechischen Insel Kefalonia hatte er 1943 über 5000 wehrlose italienische Soldaten erschießen lassen. Nach dem Krieg trat er in die FDP ein und wurde Berater für Militär- und Sicherheitspolitik.

Wodka und Sprengstoff

Von dem Terror der Nazis an der Kaukasus-Front wussten wir bei unserem Bergaufstieg damals nichts. Wir waren fasziniert von der wunderschönen Natur und nahmen die Kriegsdenkmäler am Wegesrand nur flüchtig wahr.

Nachdem wir den Kontakt zu unserem Bergführer verloren hatten, wurde unsere Aufmerksamkeit auf ein unerwartetes Schauspiel gelenkt. Wir sahen einen Hubschrauber, der Elektrizitätsmasten längs der Straßen-Serpentinen auf Fundamente setzte. Die Zivilisation hielt also auch in diesem Urwald Einzug.

29 Vgl. Damit man es nicht vergisst. Teberda 1942, https://poltora-bobra.livejournal.com/98828.html
30 https://collections.yadvashem.org/en/untold-stories/community/14622111

Allmählich kamen wir über die Baumgrenze. Und wir stießen auf ein Lager von Arbeitern. Sie machten Sprengungen, offenbar für die Fundamente der Masten. Die Arbeiter wirkten stark angetrunken. Um die Arbeitsdisziplin war es nicht zum Besten bestellt. Mir war vorher schon aufgefallen, dass am Rande unseres Weges sehr viel brauchbares Baumaterial lagerte, das langsam verrottete. Ihr Lagerfeuer fütterten die Arbeiter mit unbrauchbar gewordenen Stangen aus Sprengmaterial. Die Stangen nahmen sie aus einer großen Holzkiste. Die Arbeiter waren sehr nett. Sie hatten einen Kassettenrekorder, aus dem sowohl russische als auch westliche Musik erklang. Großzügig wurden wir mit Butterbroten und Rauchtee versorgt. Ich sollte auch mit ihnen Wodka trinken, nahm aber nur ein Gläschen.

Als wir oben auf dem Berg ankamen, waren wir am Ende unserer Kräfte und hätten gerne unser Zelt aufgeschlagen. Aber wir konnten uns keine Pause gönnen. Der deutsche Pass meiner Freundin befand sich im Rucksack, den Sultan trug. Von dem aber war weit und breit nichts zu sehen. Am Nachmittag erreichten wir dann den Kluchorsk-Pass und etwas später die Berghütte, wo Sultan lächelnd auf uns wartete.

Zusammen mit einer großen Gruppe von Wanderern – zwischen 15 und 50 Jahre alt – nahmen wir ein kostenloses Abendessen ein. Es gab ziemlich pappige gebratene Nudeln mit einem Stück Dosenfleisch, einem großen Teller Weißkohlsalat und außerdem Kekse und Äpfel.

Am nächsten Tag ruhten wir uns aus. Wir genossen die wunderbare Aussicht auf die schneebedeckten Viertausender, die vielen Gletscher und einen rauschenden Bach. Meine Freundin las und zeichnete, ich schrieb Tagebuch.

Am Morgen des zweiten Tages auf dem Berg wollten wir zeitig zurück. Um 5:30 Uhr standen wir auf. Es war noch dunkel. In den Berghütten war es ruhig. Wir sahen noch Sterne und eine Mondsichel. Das Tal sah unheimlich aus, eingerahmt von den hohen, noch schwarzen Bergen. Nur langsam wurde es hell.

Als wir abends unten am Berg an der Hütte ankamen, wo unsere Tour zu Fuß gestartet hatte, trafen wir zwölf Agronomie-Studenten aus Kiew, darunter drei Frauen. Die Studenten waren auf einem Gletscher gewesen. Sie trugen grüne, militär-ähnliche Klamotten und hatten Seile und Spitzhacken dabei. Da kein Bus fuhr, boten sie uns an, dass wir am nächsten Morgen auf der Ladefläche eines Lastwagens mit ihnen zurück nach Suchumi fahren.

Mit Liedern ins Tal

Mit diesen Jugendlichen auf der offenen Ladefläche eines Lastwagens durch Dörfer und Obstgärten ins Tal zu fahren, war ein brüderliches Gefühl. Sie sangen Lieder und wir versuchten uns gemeinsam mit einer Plastikplane vor Regen und Staub zu schützen. Ein Tscheche, der auch dabei war, erzählte, dass er Pink Floyd und Genesis mag. Alle waren der Meinung, die beste Rockgruppe der UdSSR sei die russische Band »Maschina Wremini« (»Zeitmaschine«).

Irgendwann hielt der Laster und Andriy, ein Kybernetik-Student aus Kiew, stieg mit einem Freund zu. Andriy konnte leidlich Englisch. Er erzählte, er sei an seiner Uni Kulturbeauftragter. Er interessiere sich für Sartre und die westliche Kulturpolitik, habe aber kaum Möglichkeiten, sich westliche Literatur zu besorgen. Wir sprachen auch über die chinesische Kulturrevolution. Unser neuer Bekannter erklärte, dass sei Stalinismus.

Andriy stellte Fragen zu Politik und Gesellschaft in Europa. Wir freundeten uns an und tauschten Adressen aus. Auf der Rückreise besuchten wir ihn in Kiew, wo er mit seinen Eltern und seiner Frau direkt neben dem Opern-Theater wohnte. 1992 wohnte ich zwei Monate bei ihm. Da sagte mir Andriy, dass er hoffe, dass sich die Ukraine so schnell wie möglich von Russland abnabelt.

Gegen Abend wurde die gute Stimmung auf unserem Laster jäh unterbrochen. Nachdem der Fahrer in einem Dorf vor seinem Haus gehalten hatte, erklärte er, er habe »ein wichtiges Telegramm bekommen«. Er setzte uns vor seinem Haus ab und erklärte, er käme in einer halben Stunde wieder. Doch er kam erst um ein Uhr nachts, leicht angetrunken.

Währenddessen tobte ein Gewitter. Die Studenten aus Kiew hatten sich murrend und zitternd auf der Veranda zusammengekauert. Um ein Uhr zogen wir alle in die etwas wärmere Küche um. Die Studenten waren so erschöpft, dass sie sich, so wie sie waren, mit ihren schmutzigen Bergstiefeln und dünnen Jacken auf die zwei Betten und den Fußboden legten. Sie waren viel schlechter ausgerüstet als wir, obwohl sie auf dem Gletscher viel mehr geleistet hatten.

Am nächsten Morgen schenkte uns die Frau des Fahrers Äpfel und der Fahrer montierte zwei Stangen unter dem Lastwagen ab, die sich während der Fahrt immer gelöst und auf dem Asphalt abenteuerliche Geräusche gemacht hatten.

Danach ging es dann endlich weiter bis kurz vor Suchumi. Dort erklärte der Fahrer, wir müssten jetzt alle absteigen, der Laster sei völlig überladen, er werde Ärger mit der Polizei bekommen. Dann kassierte er. Die Sowjetbürger zahlten pro Person fünf, wir Wessis pro Person 7,5 Rubel. Die Studenten schimpften und sagten, der Fahrer sei ein »Halsabschneider«. Dann sprangen sie wieder auf den Laster. Der Fahrer konnte nicht anders, als mit den Studenten bis zum Bahnhof weiterzufahren. Wir trampten bis zum Campingplatz.

Verwarnung mit einem Lächeln

Als wir auf den Campingplatz in Suchumi kamen, wartete vor unserem VW-Bus, den wir dort geparkt hatten, ein junger Mann mit dunkler Haut und schwarzer Lederjacke, vermutlich ein Abchasier oder Georgier. Es war der Geschäftsführer des Campingplatzes. Wegen unserer langen Abwesenheit machte er einen Riesenaufstand. Neben ihm standen fünf Zivilpolizisten, die aber ruhig blieben.

Der Geschäftsführer warf uns unter anderem vor, wir hätten auf dem Campingplatz betrunken Unruhe gestiftet. Tatsächlich hatten wir an einem Abend mit zwei Wessis Wodka getrunken und kaum noch den Weg ins Bett gefunden. Als ich sagte, in der Sowjetunion seien doch viele Menschen blau, antwortete er, wenn man blau sei, dürfe man das »nicht zeigen«.

Am nächsten Tag wurde unser Fall dann von der nächsthöheren Instanz behandelt. Wir fuhren mit dem Geschäftsführer zur »Intourist«-Zentrale im Zentrum von Suchumi. Im zweiten Stock eines schönen alten Hauses mit Blick aufs Schwarze Meer empfing uns die örtliche »Intourist«-Chefin. Sie hatte ihre blonden Haare zu einem Dutt hochgesteckt. Das sah imposant aus.

Die Chefin sagte, es sei nicht erlaubt, allein in die Berge zu fahren. Als wir ihr erklärten, dass uns die Bergtour vom Hamburger Reisebüro versprochen worden und die angebotene Tour mit dem Auto für uns zu teuer gewesen war, wurde sie gnädig. Wir mussten aber ein Protokoll unterschreiben, in dem vermerkt wurde, dass wir unangemeldet von der Fahrtroute abgewichen waren. Nachdem wir unterschrieben hatten, machte sie ein freundlich-verschmitztes Gesicht.

Auch der Geschäftsführer wurde plötzlich sehr nett. Wir unterhielten uns über italienische Musik und er zeigte Interesse für unseren Kassettenrekorder und unsere Kassetten. Aber ein Geschenk machten wir ihm nicht.

Damit war der Fall erledigt. Eine Strafe gab es nicht. Dieses Erlebnis brachte mir die Sowjetunion emotional ein Stück näher. Ich fühlte mich korrekt behandelt. Und ich war stolz und froh, dass ich die Bekanntschaft mit Andriy gemacht hatte. Auf einer organisierten Tour hätten wir ihn wohl nicht kennengelernt.

10. Eine Welt stürzt ein (1989)

Unerträgliche Siegerstimmung

Es war im Herbst 1989. Da besuchte ich in Hamburg-Eimsbüttel eine Ausstellung einer mit mir verwandten Malerin. Ich betrachtete gerade eines ihrer Bilder, da stellte sich ein hochgewachsener, hagerer Mann mit lockigem Haar neben mich. Er kam gleich zur Sache. »Na, und was sagst Du zum Zusammenbruch der DDR?«

Er hatte die Frage ganz ruhig gestellt. Aber der schadenfrohe Unterton stach mir ins Herz. Ich kannte den Typen und er wusste, dass ich ein kritisches Verhältnis zur DDR hatte. Warum also diese Frage? Offenbar wollte er an meiner Person die allgemeine Siegesstimmung auskosten.

Der Mann kam aus reichem Hause und war Leiter eines kleinen Hamburger Verlages, angesehen bei liberalen Literaturliebhabern.

Ich antwortete: »Das betrifft mich nicht. Ich war nie für einen Sozialismus wie in der DDR.« Der Verleger grinste siegessicher. Ich zappelte schon in seinem klebrigen Netz, hatte ich doch artig auf seine Frage geantwortet. Es war damals unmöglich, der Siegesstimmung, die einem aus dem westdeutschen Fernsehen und von Zeitungsseiten entgegenschlug, zu entgehen. Die Botschaft lautete: Der Sozialismus ist für alle Zeiten besiegt. Er kommt nie wieder.

Wie werde ich meine K-Gruppen-Vergangenheit los?

Nicht weniger anstrengend wie der Verleger aus reichem Hause waren einige ehemalige Genossen, mit denen ich fast zwei Jahrzehnte im Kommunistischen Bund zusammengearbeitet und gemeinsam Feten gefeiert hatte. Sie begannen nun plötzlich, die gemeinsame politische Arbeit zu verhöhnen und ins Lächerliche zu ziehen. Sie behaupteten, dass sie »im Grunde« nie Kommunisten gewesen seien, sondern nur aktive Gewerkschafter und Antifaschisten. Diese Genossen hatten sich seit Mitte der 1980er Jahre aus dem Kommunistischen Bund abgeseilt. Sie saßen inzwischen auf aussichtsreichen Posten in einer Behörde oder in einem Medienbetrieb. Die Vorwürfe dieser Leute gegen die KB-Politik hatten es in sich. Sie waren scharf wie

Rasierklingen. Der KB sei »undemokratisch« gewesen. Der *Arbeiterkampf* hätte Israel zu sehr und die DDR und die Sowjetunion zu wenig kritisiert.

Ich hatte das Gefühl, der Verriss der KB-Vergangenheit erleichterte es einigen meiner ehemaligen Mitkämpfer, »seelisch gereinigt« ein bürgerliches Leben zu beginnen. An einer differenzierten Aufarbeitung der KB-Geschichte und ihrer eigenen Aktivitäten zeigten sie keinerlei Interesse.

Die Mehrheit der KB-Mitglieder – so schien mir – beurteilte die politische Arbeit in den 1970er und 1980er Jahren differenzierter. Es gab zwar Kritik an der »Rödelei« und am Mackertum einzelner redegewandter Genossen. Positiv wurde von vielen ehemaligen Genossen im persönlichen Gespräch aber vermerkt, dass man durch die unbezahlte politische Arbeit sehr viel gelernt hatte, vom Recherchieren und Artikel-Schreiben bis zum Organisieren von Diskussionen und Veranstaltungen und der Zusammenarbeit mit Progressiven und Linken aus anderen Bewegungen und Organisationen. Dieses Handwerkzeug war zweifellos hilfreich im weiteren Leben.

Dass sich der KB 1991 auflöste, hing vor allem mit der Krise der realsozialistischen Länder zusammen. Immer mehr Genossen zweifelten, dass sich ein Sozialismus überhaupt realisieren lasse. Und dann war da noch das Problem mit der eigenen Bevölkerung. Die soziale Ungerechtigkeit in Westdeutschland wurde von der westdeutschen Bevölkerung nicht als schreiendes Unrecht empfunden. Schreiendes Unrecht waren – so hörte man es von morgens bis abends in den großen Medien – die Zustände in der DDR, welche angeblich nur durch den Unterdrückungsapparat SED und Staatssicherheit zusammengehalten wurde. Ein Großteil der westdeutschen Bevölkerung glaubte dieser Propaganda. Wir konnten dem – auch aus Unkenntnis der DDR – wenig entgegensetzen.

In der Hoffnung, zusammen mit den Mitgliedern der 1990 gegründeten Partei des demokratischen Sozialismus (PDS) könne man einen neuen linken Pol schaffen, schloss sich ein Teil der KB-Genossen der PDS an oder unterstützte sie politisch. Die PDS hatte zwar keine revolutionäre Strategie. Sie war eine im guten Sinne linkssozialdemokratische Partei. Aber sie schaffte im Bundestag und über die PDS-Publikationen Raum für linke Forderungen und Debatten.

Die Zeitung *Arbeiterkampf* ging mit der Zeit, in der Begriffe wie Revolution, Arbeiterklasse und Kommunismus nur noch wenige Menschen begeisterten und nannte sich 1991 in *Analyse und Kritik* um. In den 1990er Jahren blieb die Zeitung ihren alten Idealen noch treu. Doch es gab immer weniger Menschen, die bereit waren, für diese Zeitung unentgeltlich Artikel zu schreiben. Die KB-Kommissionen, die es zu verschiedenen Politikbereichen gab und die Artikel für den *Arbeiterkampf* schrieben, hatten sich aufgelöst. So wurde *Analyse und Kritik (ak)* immer mehr zur Tribüne für wissenschaftliche Mitarbeiter an Universitäten oder Doktoranten. Die von den USA angezettelten Kriege – von Vietnam, Afghanistan bis hin zur Ukraine – standen nicht mehr im Mittelpunkt der Berichterstattung wie noch in den 1970er Jahren.

Ab 2014 wurde der *ak* dann staatstreu. Eine linksradikale Verkleidung behielt man bei, ging aber dazu über, »Rechte« in der Friedensbewegung aufzuspüren und den russischen Videokanal *RT deutsch* zu attackieren, der im November 2014 startete. Ziel des russischen Staatssenders in Deutschland, sei – so die *ak*-Autoren Ulrich und Theo Schneider im September 2017 – »eine Aufpolierung des Ansehens Russlands im Ausland, aber auch – weniger offen geäußert – die Diskreditierung westlicher Institutionen und Staaten.«[31]

Dass sich deutsche »Linksradikale« schützend vor den westlichen Militärblock stellen, warf bei vielen Linken keine Fragen auf. Die Medienpropaganda gegen das »besonders gefährliche Russland« war einfach zu stark.

Statt über die Folgen des Staatsstreichs in Kiew und die Verfolgung von Andersdenkenden in der Ukraine zu berichten, veröffentlichte *ak* ab 2014 lieber Artikel über »soziale Bewegungen« und sexuelle Minderheiten irgendwo anders auf der Welt. 2022 schwenkte *Analyse und Kritik* dann direkt ins imperialistische Lager über. Redakteure der *ak* forderten NATO-Waffen für die Ukraine.

Für eine Reform der DDR fehlte die Kraft

Im Jahr 1989 hoffte ich noch auf eine Reform der DDR. Doch das realsozialistische System hielt der von westlichen Politikern und Medien gut organisierten Übernahme des ersten sozialistischen deutschen Staates nicht

31 Infokrieg für Russland. Das vom Kreml finanzierte Webportal RT Deutsch ist ein wichtiges Medium der rechten Gegenöffentlichkeit https://archiv.akweb.de/ak_s/ak630/09.htm

stand. Die Sowjetunion war nicht bereit, weiter Verantwortung für die DDR zu tragen.

Am 9. November 1989 wurden die Grenzübergänge von Ost- nach Westberlin von ostdeutschen Grenzpolizisten auf Anweisung der DDR-Führung geöffnet. Zuvor waren bereits Tausende Bürger der DDR in die Botschaft der Bundesrepublik Deutschland nach Prag geflüchtet. In Leipzig und anderen Städten der DDR gab es Demonstrationen unzufriedener Bürger, die Demokratie forderten. Die Führung der DDR hatte keine Kontrolle über diese Bürgerbewegung, die von den westdeutschen Medien kräftig angefeuert wurde.

Die Hoffnung, das Leben der Bürger in der DDR werde sich bei offenen Grenzen mit Westdeutschland zum Besseren entwickeln, es könne Wohlstand und Meinungsfreiheit geben, war in der DDR weit verbreitet. Wer widersprach, setzte sich dem Verdacht aus, für das alte System zu sein.

Die SED-Führung hatte die Bereitschaft der Bürger auf die Straße zu gehen und den Einfluss der westdeutschen Medien unterschätzt. Die »führende Partei« konnte den Rufen nach Demokratie und Bürgerbeteiligung nur noch hinterherlaufen.

Meine letzte Hoffnung war die Großkundgebung auf dem Alexanderplatz am 4. November 1989 gewesen, an der mehrere Hunderttausend Menschen teilnahmen. Auf der Kundgebung forderten nachdenkliche Vertreter des DDR-Staatsapparates wie Markus Wolf – bis 1986 Leiter der DDR-Auslandsspionage – sowie Vertreter der kritischen Intelligenz einen »erneuerten Sozialismus«.

Der DDR-Schriftsteller Stefan Heym kritisierte in seiner Rede[32] die Ein-Parteien-Herrschaft, fand aber auch positive Worte für den Sozialismus und bekam Applaus. Heym: »Der Sozialismus, nicht der Stalin'sche, der richtige, den wir endlich erbauen wollen, zu unserem Nutzen und zum Nutzen ganz Deutschlands, dieser Sozialismus ist nicht denkbar ohne Demokratie.«

Die Schriftstellerin Christa Wolf erklärte[33] unter Beifall, »träumen wir mit hellwacher Vernunft. Stell Dir vor, es ist Sozialismus und keiner geht weg.« Die Worte der DDR-Intellektuellen klangen gut, waren aber sehr

32 Rede von Stefan Heym, 4. November 1989 https://www.youtube.com/watch?v=tsPKRSvSWVg

33 Rede von Christa Wolf, 4. November 1989 https://www.youtube.com/watch?v=SSk-ytE9c20

unkonkret. Und sie wurden vom Blatt abgelesen. In freier Rede Emotionen rauszulassen, das wagten sie nicht. Die Redner warben für einen geordneten Übergang von der SED-Herrschaft zu einem »demokratischen Sozialismus«. Doch die Eckpunkte eines demokratischen Sozialismus wagte niemand zu umreißen.

Die mit politischer und wirtschaftlicher Theorie und Praxis vertrauten Redner ahnten wohl, dass die DDR zum Niedriglohn-Land würde und vielen ihrer Bürger unter westdeutscher Führung soziale und politische Diskriminierung drohte. Auf dieser Massenkundgebung auf Risiken einer offenen Grenze und einer Wiedervereinigung hinzuweisen, hätte wohl in einem Pfeifkonzert geendet. Wahrscheinlich wollten und konnten sich die Redner auch nicht vorstellen, wie erbarmungslos westdeutsche Medien und Politiker in den folgenden Jahren über 44 Jahre DDR-Geschichte zu Gericht sitzen würden.

Getäuscht und überrumpelt

Ich fühlte mich in diesen Tagen nicht gut. Ich hatte die Hoffnung gehabt, dass die Menschen in der DDR ihren Staat nicht aufgeben und sich nicht Hals über Kopf mit Westdeutschland vereinen würden.

Die großen westdeutschen Medien und Politiker dagegen fühlten sich bestätigt. Man hatte es doch gewusst und immer wieder verkündet: Der Sozialismus ist unmenschlich und nicht lebensfähig. Das westdeutsche System ist demokratisch, krisenerprobt, modern und hat eine Zukunft. Wer sich anstrengt, hat auch Erfolg. Und zu Weihnachten sammeln wir Geld für die Armen in Afrika. So menschlich geht es bei uns zu!

Und es war ganz klar: Die Ostdeutschen, die nicht wissen, wie man effektiv arbeitet und wie man in einer Demokratie lebt, mussten sich jetzt ändern. Die Westdeutschen dagegen konnten weiterleben wie bisher.

Dass die Jugendlichen in der DDR in antifaschistischem Geist erzogen wurden, dass es in der DDR eine gute soziale Versorgung für Kinder und viele Schriftsteller von internationalem Rang gab, dass die DDR das Gesundheitswesen auf Kuba mit aufgebaut hatte und dass es die DDR gab, weil Hitler den Zweiten Weltkrieg begonnen und krachend verloren hatte, all das zählte für die westdeutschen Medien nicht.

Für Linke wie mich wurde es in Westdeutschland immer ungemütlicher. Überall begannen gefährliche Feuer zu lodern. Deutschland erwachte! Nicht das humanistische Deutschland von Heinrich Böll, Christa Wolf, Anna Seghers und Bertolt Brecht, sondern das überhebliche, in sich selbst verliebte, reaktionäre Deutschland.

Ich hatte Angst, dass sich die Geschichte wiederholt. Ende August 1992 wurde in Rostock-Lichtenhagen ein Wohnheim für ehemalige vietnamesische Vertragsarbeiter in Brand gesetzt. Hunderte Randalierer – unter ihnen auch Rechtsradikale – behinderten den Einsatz von Polizei und Feuerwehr. Für mich war klar, dass der Hass, der sich da in Rostock zeigte, auch Ergebnis einer Medienkampagne war, die mit aller Macht versuchte, dass in Deutschland 1949 im Grundgesetz festgeschriebene politische Asylrecht auszuhebeln.

Am 23. November 1992 brannten zwei von Türken bewohnte Häuser in der Innenstadt von Mölln in Schleswig-Holstein ab. Es gab drei Todesopfer und neun Schwerverletzte. Die Täter waren zwei Rechtsradikale.

Wollte ich in einem Deutschland leben, in dem wie 1933 wieder Gebäude brannten? Nein!

Besuch bei den letzten Sozialisten in Ost-Berlin

Die Gründung der Partei des demokratischen Sozialismus (PDS) am 4. Februar 1990 verfolgte ich mit großem Interesse. Ich hoffte, dass es mit den Genossen dieser Partei zu einer Kooperation kommen würde.

Im Juli 1990 fuhr ich nach Berlin, um Günter Benser zu interviewen. Ich beschäftigte mich damals als Student für meine Magisterarbeit mit der Geschichte der KPD nach 1945 und Benser war mir als einer der führenden Historiker der DDR mit dem Spezialgebiet KPD bekannt. Er war seit 1990 neuer Leiter des in Ost-Berlin ansässigen Instituts für die Geschichte der Arbeiterbewegung (IfGA), welches bis 1989 Institut für Marxismus-Leninismus hieß. Das Institut war damals schon von der Abwicklung durch die Treuhand bedroht und wurde 1992 geschlossen.

Günter Benser, der dem Geschichtsinstitut von 1990 bis 1992 vorstand, erzählte mir von weitreichenden Plänen. Man wolle in Zukunft zu Themen wie Repressionen im Kultur- und Jugendbereich der DDR sowie zu oppositionellen Strömungen in der deutschen kommunistischen und sozialdemokratischen Bewegung forschen. Veranstaltungen zusammen mit sowjetischen und westdeutschen Historikern zu den Opfern der stalinistischen Repression und der SED-Geschichte habe man bereits durchgeführt. Doch die Pläne der neuen Institutsleitung kamen zu spät. Die Bundesrepublik Deutschland hatte keinerlei Interesse an der Erhaltung des Instituts.

In dem Interview mit mir ließ Benser durchblicken, dass sich die Reformkräfte in der SED selbst blockiert hätten. Eine »große Bremse« bei der Frage, »was man mittragen kann an Protest«, sei die Überlegung gewesen, »dass hinter kritischen Künstlern ›nichtsozialistische Kräfte‹ und hinter ›nichtsozialistischen Kräften‹ schon bundesdeutsche Politiker und hinter bundesdeutschen Politikern schon bundesdeutsche Kapitalinteressen und auch NATO-Politik steht.«

Mein Interview[34] mit dem Institutsleiter erschien auf zwei Zeitungsseiten im *Arbeiterkampf*, für den ich seit den 1980er Jahren schrieb.

Als ich nach dem Interview mit dem Historiker im Berliner Stadtzentrum auf die nächtliche Straße trat, hörte ich nicht weit entfernt »Deutschland, Deutschland«-Rufe. Es lief gerade die Fußballweltmeisterschaft. Mir lief es kalt den Rücken hinunter. Es waren zwar nur Fußballfans, die den Sieg der deutschen Mannschaft feierten. Aber für mich klangen diese Rufe bedrohlich, denn alles, was das 45 Jahre lang von den Siegermächten Sowjetunion, USA, Großbritannien und Frankreich kontrollierte Deutschland in Schach hielt, löste sich auf wie der Nebel nach einem verregneten Morgen.

Die deutsche Fahne – in Westdeutschland damals nicht besonders in Mode – war im Kommen. Sie wurde von den »Opfern« des DDR-Sozialismus geschwenkt, so dröhnte es aus dem westdeutschen Fernsehen. Wenn das nicht der Beweis für das endgültige Scheitern von Sozialismus und Kommunismus war!

Im November 1990 fuhr ich noch einmal nach Berlin und besuchte im Haus am Köllnischen Park eine Stalinismus-Konferenz der PDS. Die Partei hatte einen Beschluss gefasst, sich gründlich mit dem Stalinismus auseinanderzusetzen und das Schweigen der SED zu den Repressionen gegen deutsche Kommunisten in der Sowjetunion zu verurteilen. Ich fand ich es

34 Neue Sicht auf DDR-Geschichte? Interview mit Prof. Benser, *Arbeiterkampf*, 20. August 1990

gut, dass sich die PDS mit dem Stalinismus beschäftigte. Jede Debatte anhand von Fakten, jedes Aufspüren unangenehmer Tatsachen fand meine Zustimmung. Das konnte uns nur stärker machen, so dachte ich mir. Doch das war eine Illusion.

Ich ahnte damals noch nicht, dass die intensive Beschäftigung mit dem Stalinismus letztlich nicht zu einer Stärkung der sozialistischen Idee führte. Denn die Mainstream-Medien spielten sich als Richter auf. Sie entschieden, ob die PDS genügend »aufgearbeitet« hat oder nicht. Die PDS sollte auf die Knie fallen und sich von allem »Sozialistischen« verabschieden. So hielt man den Druck auf die Partei aufrecht, bis diese zu Kreuze kroch und im Dezember 2013 am Sitz der Partei in Berlin eine Gedenktafel für in der Sowjetunion verfolgten deutschen Kommunisten anbrachte.

Ich hatte mich Ende der 1980er wie gesagt entschieden, meine Magisterarbeit als Student der Neueren und Mittleren Geschichte zur Nachkriegs-KPD in Westdeutschland zu schreiben. Die Arbeit hatte einen Umfang von 300 Seiten, weit mehr als verlangt. Sie wurde gut benotet. Ich wollte mein Werk als Buch herausbringen. Aber als die Medien ab 1990 immer neue Enthüllungen über die »Schrecken des Kommunismus« veröffentlichten, entschied ich, das Buchprojekt auf Eis zu legen. Ich wollte mir den Weg in den Journalismus mit einem KPD-Buch als »Visitenkarte« nicht unnötig erschweren. Mein Buch über die Nachkriegs-KPD veröffentlichte[35] ich dreißig Jahre später unter dem Titel »Wie Deutschland gespalten wurde« zum 30. Jahrestag des Mauerfalls.

Beim *Spiegel* den Rücken zerbrochen

Durch Vermittlung meines Vaters bekam ich nach dem Abschluss meines Geschichtsstudiums das Angebot, eine Trainee-Ausbildung in der Dokumentation des *Spiegel* zu machen. Mein Vater kannte den *Spiegel*-Verlagsleiter, einen Adligen.

Doch ich merkte schnell, dass ich beim *Spiegel* nicht alt werde. Monatelang zeichnete ich nur Artikel von Tageszeitungen aus mit Kürzeln wie »Fi« (Finanzen), »Pol« (Politik), »Aus« (Ausland) und anderen. Vorgeschrieben

35 Wie Deutschland gespalten wurde. Die Politik der KPD von 1945 bis 1951, Tredition, Hamburg, 2020

war ein Akkordtempo, aber ich las nebenbei Artikel. Das ging gar nicht. Ich bekam eine Verwarnung.

Während meiner Zeit beim *Spiegel* brachte das Blatt gruselige Titelgeschichten, die das Wiedererwachen ultrareaktionärer Grundströmungen signalisierten, »SED-Chef Gysi. Der Drahtzieher« (1/1990), »Steueropfer für den Osten. Wieviel noch?« (6/1991), »Völkergefängnis Jugoslawien. Terror der Serben« (7/1991), »Ansturm der Armen. Flüchtlinge Aussiedler Asylanten« (9/1991).

Die letzten Wochen bei dem Hamburger Wochenmagazin war ich wegen einem Bandscheibenvorfall krankgeschrieben. Ich wusste, das war der Schrei meiner Seele. Wer sich freiwillig zum Sklaven macht, ist selber schuld.

Eine Krankengymnastin lehrte mich Übungen zur Stärkung der Rückenmuskulatur und ich kam wieder zur Besinnung, auf mich und meine Ziele. Ich überlegte, als freier Journalist nach Russland zu gehen. Zwar hatte ich noch nie für Geld Artikel geschrieben, aber ich war mir sicher, dass es in der Umbruchzeit in der Ukraine und Russland genug für mich zu berichten gab.

In Deutschland fühlte ich mich eingeengt durch festgefahrene Strukturen und Meinungen. Ich wollte einfach mal neu anfangen, alles selbst entscheiden und ohne die Kommentare meiner Genossen, Freunde und Verwandten leben, mich selbst finden. Durch die Ukraine und Russland zu reisen, schien mir die beste Art, ein neues Leben zu beginnen.

Gegenüber dem deutschen Mainstream-Journalismus empfand ich damals Verachtung. Anerkennung empfand ich nur vor der *Frankfurter Rundschau*, die damals links und regierungskritisch war und vor dem Enthüllungsjournalisten Günter Wallraff.

11. Kiew – bedrohliche Zeichen an der Wand (1992)

Der unmögliche Weg nach Kiew

Ende März 1992 – zwei Monate nach dem Ausscheiden beim *Spiegel* – stieg ich im Ostbahnhof von Berlin in einen Zug nach Kiew. Ich machte mich auf in einen Teil jenes Landes, das einmal Sowjetunion hieß, am 8. Dezember 1991 aber aufgelöst worden war.

Die Auflösung war eigenmächtig von den damaligen Präsidenten Russlands, Weißrusslands und der Ukraine, Boris Jelzin, Stanislau Schuschkewitsch und Leonid Krawtschuk beschlossen worden. Der Ort dieser Beschlussfassung war eine Regierungsdatscha im weißrussischen Nationalpark »Beloweschskaja puschtscha«.

Ich war stolz auf meinen Entschluss, in die ehemalige Sowjetunion zu fahren. Dabei war die Idee nicht originell. Massenhaft strömten Journalisten – auch viele »Freie« – und Geschäftsleute in die postsowjetischen Staaten.

Während die einfachen Menschen im postsowjetischen Raum schwerste Existenzkrisen durchmachten, kamen wir mit D-Mark, großen Plänen und hatten dann zuhause viel zu erzählen, waren also in einer wesentlich komfortableren Situation als die meisten Menschen, zu denen wir fuhren. Vor meiner Reise hatte ich zu Andriy, meinem Bekannten in Kiew, Kontakt aufgenommen. Er bot mir an, bei ihm zu wohnen.

Nachts um zwei hielt der Zug in der weißrussischen Grenzstadt Brest. Zoll- und Grenzsoldaten kontrollierten. Auch meine Dokumente – ein weinroter, deutscher Reisepass und eine Einladung aus der Ukraine – wurden geprüft. Die Einladung stammte von der ukrainischen Volksfront »Ruch«, zu Deutsch »Bewegung«. Andriy hatte sie mir besorgt.

Ein Visum für die Ukraine hatte ich nicht. Im März 1992 war es in Deutschland nicht möglich, so ein Dokument zu bekommen, denn die Ukraine hatte zu diesem Zeitpunkt noch keine Konsulate in Deutschland. Alle Konsulate der ehemaligen Sowjetunion hatte Russland übernommen. Das russische Generalkonsulat in Hamburg und ein Beamter im westdeutschen

Auswärtigen Amt in Bonn erklärten mir, das Visum werde bei Vorlage der Einladung »an der Grenze ausgestellt«. Auf diese Auskunft hatte ich mich verlassen.

Der Grenzsoldat, der in Brest meinen Pass kontrollierte, erklärte mit harter Miene, »damit können Sie nicht weiterreisen.« Eine ältere Frau aus Kiew, sie hieß Olga, versuchte dem Grenzer, der einen langen sowjetischen Wintermantel trug, die Entscheidung zu erleichtern. Die Frau sagte, »Krawtschuk (der Präsident der Ukraine) hat gesagt, jeder Deutsche ist in der Ukraine willkommen.« Doch der Beamte blieb stur.

Begleitet von drei Grenzsoldaten musste ich mit meinem schweren Gepäck – unter ständiger Ermahnung »schnell, schnell« – aus dem Zug und im Dunkeln über Gleise und durch wartende Züge zum Bahnsteig. Dort erhielt ich die offizielle Mitteilung von einem ranghöheren Soldaten: »Sie müssen umkehren. Sie befinden sich hier in Weißrussland, aber Sie haben kein Visum für Weißrussland. Wenn Sie nach Kiew wollen, müssen Sie über eine polnisch-ukrainische Grenzstation einreisen.« Ein Blick auf die Karte zeigte, dass der Mann Recht hatte. Der Zug Berlin-Kiew fuhr ab Brest 34 Kilometer durch weißrussisches Gebiet. Aber war ich nicht Transit-Reisender?

Ich fuhr dann mit einem Zug zurück nach Warschau. Frühmorgens kam ich an. Ein Flug nach Kiew ging erst am Mittag des nächsten Tages. Da ich nicht warten wollte, reiste ich mit dem Zug in die Stadt Chelm, 100 Kilometer südlich von Brest, wo sich der nächstgelegene polnisch-ukrainische Grenzübergang befand. Mit etwas Trinkgeld und der Hilfe von zwei jungen, ukrainischen Frauen gelang es mir, dort eine Fahrkarte für den Schlafwagen Chelm–Kiew zu besorgen.

Eine Stunde nach Mitternacht fuhr der Zug los. Kurze Zeit später passierte er den Grenzfluss Bug und kam im Niemandsland zum Stehen. Es war eine gespenstische Situation. Die Lampen der Grenzstation tauchten den Zug in ein orangefarbenes Licht. Keine Menschenseele war zu sehen. Unter dem Zug hört man Hammerschläge. Ich dachte, dass man dort nach Schmuggelware suchte. Erst später verstand ich, dass mit diesen Hammerschlägen auf allen postsowjetischen Bahnhöfen die Räder auf ihre Festigkeit geprüft wurden.

Im Zug schauten Zollbeamte unter die Sitzbänke. Dann wurden die Pässe kontrolliert. Der Grenzsoldat, der meine Papiere entgegennahm, war etwas freundlicher als der in Brest. Nach einiger Zeit kam er mit meinen Papieren zurück und erklärte: »Sie können nicht weiterfahren, Sie brauchen einen Visumstempel in ihrem Pass.« Dass die Ukraine in Deutschland kein Konsulat hatte, wollte er nicht glauben. Auch meinte er, die Grenzbeamten seien für die Erteilung von Visa nicht ausgerüstet. Ich spürte, dass diesem Mann die Verweigerung meiner Einreise unangenehm war.

Die ukrainischen und russischen Mitreisenden verfolgten unser Gespräch mit distanzierten, furchtsamen Gesichtern. Eine Mutter, die ihre zwei Jungs dabei hatte, warnte mich: »Seien Sie nicht zu widerspenstig. Es ist schon passiert, dass man Leute hier mit ihrem Gepäck in den Fluss geworfen hat.« Eine jüngere Frau gab mir den gegenteiligen Rat: »Wenn Sie hier weiterkommen wollen, müssen Sie ganz entschieden auftreten.« Doch auch entschlossenes Auftreten nützte nichts. Wieder musste ich den Zug verlassen.

Ich wartete auf einer Bank am Bahnsteig. Niemand bewachte mich. Die Grenzsoldaten waren in einem kleinen Kontrollhäuschen verschwunden. Der Zug Richtung Kiew war abgefahren. Es war still. Nur ab und zu hörte ich die Stimmen der Soldaten aus dem Häuschen.

Ich streckte mich und genoss die warme Nacht. Nach einiger Zeit kamen zwei Soldaten aus dem Häuschen, der eine offensichtlich ein Offizier. »Steigen Sie in den Wagen«, sagte er und wies auf einen UAS-Militärjeep.

Über Feldwege ging es zurück Richtung Grenze. Es war stockdunkel. Im Jeep begann eine lockere Unterhaltung über Deutschland und mein Reiseziel. Dann hielt der Wagen vor einer Brücke über den Bug. Der Weg hinüber auf die polnische Seite war mit Stacheldraht und einem Eisentor verschlossen. Der Offizier stieg aus, öffnete das Tor und ging zeichengebend 50 Meter zu Fuß zu seinem polnischen Kollegen auf der anderen Seite der Brücke. Nach einer kurzen Verhandlung fuhr unser Wagen auf die andere Seite und ich wurde den polnischen Grenzsoldaten übergeben. Einer von ihnen brachte mich dann mit seinem Auto zur nächsten Bahnstation.

Am nächsten Morgen fuhr ich dann mit der Bahn nach Warschau. Meine missglückten Versuche, nach Kiew zu kommen, erklärte ich mir mit der chaotischen Lage nach der Auflösung der Sowjetunion. Ich war überzeugt, dass es einen Weg nach Kiew geben muss.

In Warschau angekommen, startete ich meinen dritten Versuch. Bis zum Abflug eines Flugzeuges nach Kiew blieb mir eine knappe Stunde. Es lief alles unkompliziert. Bald saß ich in einem kleinen, alten Flugzeug und flog in die Hauptstadt der Ukraine.

Auf dem Kiewer Flughafen Borispol ging es ebenfalls erstaunlich schnell. Die ankommenden Reisenden, vor allem Geschäftsleute und Techniker aus dem Westen, bekamen innerhalb weniger Minuten ihre Visa. Sie kosteten 80 D-Mark. Auch in meinen Pass wurde anstandslos ein Visum gestempelt.

Bei Andriy, meinem Freund in Kiew, wurde ich herzlich begrüßt. Er wohnte mit seinen Eltern und seiner Frau im Zentrum von Kiew. Die Familie lebte in vier Zimmern. Das kleinste Zimmer mit Blick auf die zentrale Wolodymyrska-Straße wurde für mich freigemacht.

Die Großzügigkeit meiner Gastfamilie war beeindruckend. Sie hatten selbst wenig Platz und lebten sehr sparsam. Andriys Frau Olga und seine Mutter standen einen großen Teil des Tages in der Küche und kochten für die Familie und Gäste aus der Verwandtschaft, die zum Mittagessen kamen, wie der Großvater von Andriy, ein ehemaliger Minister der Chemieindustrie, der immer noch zur Arbeit ging.

Zur Familie gehörte auch die kleine Tochter, die die Eltern fast täglich zum Musikunterricht und anderen Weiterbildungsveranstaltungen brachten. Dass fand ich sehr beachtlich. Die Familie ließ sich durch das wirtschaftliche Chaos, das nach der Auflösung der Sowjetunion herrschte, nicht vom Wichtigsten abbringen, der Sorge um das Kind.

Die Ernährung in meiner Gastfamilie war einfach. Geld hatte die Familie wenig. Die Kartoffeln kamen aus dem Garten von Olgas Eltern, die in einer Kleinstadt nordöstlich von Kiew lebten. Meistens aßen wir Borschtsch – eine Suppe aus Roter Beete und Weißkohl. Dazu gab es Buchweizengrütze.

Ein stiller Tschernobyl-Held

In der Wohnung der Familie wohnte auch Anatoli, der Vater von Andriy. Anatoli war ein großgewachsener, leicht gebeugter Mann mit schütterem Haar und Brille. Er redete wenig. Anatoli war Epidemiologe und hatte sich seine Füße bei einem Kontrollgang in der verseuchten Zone nahe dem Atomkraftwerk verstrahlt. Er starb 1996 im Alter von 60 Jahren. Als ich ihn kurz vor seinem Tod zuletzt sah, ahnte ich nicht, dass er bald sterben würde. Wegen eines Herzleidens war er mehrmals im Krankenhaus. Das Leiden, so vermutete er, hänge mit seiner Arbeit in der verseuchten Zone zusammen.

Einmal fasste ich meinen ganzen Mut zusammen und bat Anatoli, mir über seine Erlebnisse in Tschernobyl zu erzählen. Ich hatte damals Skrupel, so einen stillen Menschen nach etwas ganz Persönlichem zu fragen. Doch er begann zu erzählen. Am 7. Juli 1986 – zwei Monate nach der Reaktorkatastrophe – wurden er und zwei weitere Wissenschaftler des Kiewer Epidemiologischen Instituts in die verseuchte Stadt Pripjat geschickt. Nachts um ein Uhr kam Anatoli von seinem Arbeitseinsatz aus Pripjat nach Kiew zurück. Da wusste er noch nicht, welchen Schaden sein Körper erlitten hatte.

Seine Füße waren verstrahlt. Spezielle Schuhe gegen die radioaktive Strahlung hatte man ihm nicht gegeben. Langes Laufen verursachte ihm seitdem Schmerzen. Jeden Abend rieb er sich seine Füße mit einer speziellen Creme ein.

In der Stadt Pripjat wohnten bis zur Katastrophe im Atomkraftwerk Tschernobyl 50.000 Menschen. Die drei Wissenschaftler aus Kiew sollten dort mehrere Fragen klären. Konnten die ehemaligen Bewohner der Stadt ihre persönlichen Dokumente aus ihren Wohnungen holen? Ging von den in den Kühlschränken zurückgelassen Lebensmitteln eine Gefahr aus? Waren die ungekühlt gelagerten Lebensmittel, wie Mais und Hafer, noch nutzbar? Die Wissenschaftler beantworteten alle drei Fragen positiv.

Den ersten Teil der Strecke nach Pripjat fuhren die drei Wissenschaftler mit einem normalen Auto. Später stiegen sie in ein gepanzertes Fahrzeug um. Der Wald bei Pripjat sei knallrot von der Strahlung gewesen, erinnerte sich Anatoli. Auf Treppenstufen fanden sie ungewöhnlich große Haufen von Rattenexkrementen. Das führte der Epidemiologe darauf zurück, dass es in Pripjat sehr große Ratten gab.

Ich fragte Anatoli, ob er den Arbeitseinsatz in Pripjat auch hätte verweigern können. Der Epidemiologe erklärte, er sei in die verseuchte Zone gefahren, weil es eine Anordnung des Vizepremiers gab und weil er den Eid der Mediziner auf Hippokrates abgelegt hatte. Am wichtigsten aber sei für ihn die moralische Entscheidung gewesen, der Gesellschaft zu helfen, die Folgen der Katastrophe zu überstehen.

Die Runen der Nationalisten

In meiner Gastfamilie lernten damals fast alle Englisch oder Deutsch, denn man bereitete sich auf einen engen Kontakt mit dem westlichen Ausland vor. Andriy plante ein Postgraduierten-Studium in England und war froh, im Gespräch mit mir sein Englisch auffrischen zu können. Andriys Mutter brachte die besten sprachlichen Voraussetzungen für die Westöffnung des Landes mit. Sie war Englischlehrerin gewesen und konnte auch Deutsch. Sie hatte neun Monate in der DDR gearbeitet.

Andriy machte mich mit vielen seiner Bekannten, meist patriotische Ukrainer und Intellektuelle, bekannt. Keiner von ihnen trauerte der Sowjetunion nach. Im Gegenteil. Andriy hoffte, dass sich die Ukraine möglichst bald von Russland abnabeln würde.

Wenn wir durch die Stadt gingen und ich meinen Freund auf die schwarz-gesprühten, Runen-ähnlichen Symbole der nationalistischen UNA-UNSO[36] ansprach, winkte er ab. Von denen gehe keine Gefahr aus. 22 Jahre später bestätigten sich meine Befürchtungen. Im Februar 2014 gehörte die UNA-UNSO zum harten Kern der Ultranationalisten, die in Kiew den Staatsstreich durchführten, die Abgeordneten der »Partei der Regionen« und den gewählten Präsidenten Viktor Janukowitsch bedrohten, weshalb dieser nach Charkow flüchtete.

Mit Andriy und seiner Familie hatte ich noch bis 2013 Kontakt. Ich stellte fest, dass das Verhältnis der Familie zu Russland immer schlechter wurde. 1992 hatte sich Andriy über einige ukrainische Nationalisten noch lustig gemacht, die der Ukraine im Überschwang der ausgerufenen staatlichen Unabhängigkeit Leistungen zuschrieben, die aus den Fingern gesogen waren. So behaupteten Nationalisten, Ukrainer hätten das Rad erfunden und ähnliches mehr.

Als Olga mich 2005 in Moskau besuchte, hatte sie für die russische Politik nur noch Verachtung übrig. Angestachelt wurde diese Verachtung unter anderem dadurch, dass Gasprom den Gaspreis für die Ukraine nach der Orangenen Revolution, die Viktor Juschtschenko den Weg zur Präsidentschaft ebnete, erhöht hatte. Schon damals hatte ich mir gewünscht, dass

36 UNA-UNSO – Ukrainische nationale Versammlung – Ukrainische Volksselbstverteidigung

Russland sich gegenüber der Ukraine geschickter verhält. Der neue Gaspreis für die Ukraine entsprach dem am Markt üblichen, aber die Gaspreiserhöhung wurde durch die Regierung in Kiew ausgenutzt, um die Bevölkerung gegen Russland aufzubringen. Ich hätte es besser gefunden, wenn Russland gegenüber »dem Brudervolk« auf harte Maßnahmen verzichtet.

Als ich Andriy und Olga im September 2013 besuchte, erregte sich Olga bei Tisch über schlechte Manieren »der Russen« an europäischen Urlaubsstränden. Andriy intervenierte. Er erklärte, »Olga, Ulrich kommt aus Russland, wie kannst du hier so über die Russen reden.« Mein Freund war immerhin noch fähig zur Unterscheidung. Als sich die russisch-ukrainischen Beziehungen 2014 massiv verschlechterten, las ich auf seiner Facebook-Seite, wie er sich mit knallharten ukrainischen Nationalisten anlegte. Er mahnte sie, es gäbe auch demokratisch gesinnte Russen wie Michail Chodorkowski (er meinte den ehemaligen russischen Öl-Magnaten), die gegen das System Putin opponieren.

Gleichzeitig nahm Andriy aber die Nationalisten aus der Westukraine in Schutz, die sich im ukrainischen Bürgerkrieg als besonders gewalttätig entpuppten. Man müsse bedenken, schrieb er zu ihrer Entschuldigung auf Facebook, dass die Westukrainer unter sowjetischer Okkupation gelebt hätten. Damit spielte Andriy auf den sogenannten Hitler-Stalin-Pakt an, der 1939 die ehemals polnischen Gebiete der heutigen Westukraine der Sowjetunion zuschlug.

Ich fand, die territorialen Folgen des sogenannten Hitler-Stalin-Paktes waren kein Grund, den Terror der ukrainischen Nationalisten gegen Andersdenkende und Russisch-stämmige Ukrainer zu rechtfertigen.

Plötzlich nur noch »sowjetische Verbrechen«

Als ich 1992 zwei Monate in Kiew lebte, fiel mir auf, dass sich das Geschichtsbild in der Stadt geändert hatte. Meine Begleiter redeten nicht von den Verbrechen der Nazis im Zweiten Weltkrieg. Hauptthema waren jetzt die »Verbrechen« der Roten Armee. Eine junge Frau, die mich durch das berühmte Lawra-Kloster in Kiew führte, behauptete, die Rote Armee hätte 1941 ohne Grund große Teile der Innenstadt von Kiew und im Lawra-Kloster die Uspenski-Kirche gesprengt.

Russische Historiker erklärten dagegen, dass die Uspenski-Kirche am 3. November 1941 von der Wehrmacht gesprengt wurde. Der deutsche Minister Albert Speer soll gesagt haben, die Sprengung sei von Erich Koch, dem Leiter des »Reichskommissariats Ukraine« angeordnet worden. Die Kirche sollte als Symbol der Ukraine vernichtet und die Kommunisten dafür verantwortlich gemacht werden.

Was die Zerstörung der Kiewer Innenstadt betrifft, so ging diese tatsächlich auf das Konto der sowjetischen Sicherheitskräfte, die vor dem Rückzug der Roten Armee in zahlreichen Gebäuden Sprengsätze deponiert hatten. Diese wurden am 24. September 1941 über Funk gezündet.[37] Noch vor dem Abzug der sowjetischen Truppen waren Wasserleitungen zerstört worden. Es brach ein großer Brand aus, der weite Teile der Innenstadt von Kiew – darunter 940 Wohnhäuser und Verwaltungsgebäude – zerstörte. In der Brandzone lag auch die deutsche Militär-Kommandantur.

Die Taktik erinnerte an den Einmarsch der Franzosen in Moskau 1812. Damals wurden in der Stadt auf Anordnung des Moskauer General-Gouverneurs Fjodor Rostoptschin Brände gelegt. Die Innenstadt von Moskau brannte zu zwei Dritteln ab. So mussten die französischen Truppen den Rückzug antreten. Sie konnten Moskau nicht – wie geplant – als Winterquartier nutzen.

»… bis alles schmutzige Geld gewaschen ist«

Um den Bahnhof von Kiew erlebte ich im Frühjahr 1992 ein turbulentes Treiben. Die Menschen reisten mit Säcken und Kofferkarren. Sie beschafften Nahrungsmittel aus ländlichen Orten oder handelten mit Westprodukten.

Beim Gang durch die Stadt sah ich Kranke, Alte und Kinder betteln. Zehnjährige Jungs putzten an Ampeln für ein paar Kupon – so hieß die ukrainische Ersatzwährung – Autoscheiben. Auf der Straße gab es Frauen, die ihren Schmuck verkauften. Und doch wirkte das Leben in der Stadt geregelt.

Valentyn, ein junger Wissenschaftler, mit dem ich mich angefreundet hatte, erklärte mir, dass der ukrainische Präsident Leonid Krawtschuk sich um einen behutsamen Kurs in der Wirtschaftspolitik bemühe. Der

37 Das Geheimnis der Explosionen auf dem Kreschatik, https://tass.ru/opinions/12478783

Volksmund sage über Krawtschuk: »Der will zwischen den Regentropfen gehen.« Ukrainische Nationalisten lobten Krawtschuk. Nur durch seine gute Kenntnis des KP-Apparates sei es gelungen, die Ukraine zu einem unabhängigen Staat zu machen.

Der 1934 geborene Krawtschuk hatte von 1970 bis 1988 im ZK der Kommunistischen Partei der Ukraine die Abteilung für Agitation und Propaganda geleitet. Die Unabhängigkeit kam für die Ukraine überstürzt. Viele Parlamentsabgeordnete mussten nach der im August 1991 vom ukrainischen Parlament beschlossenen Unabhängigkeitserklärung erstmal Ukrainisch lernen. Ich hatte damals das Gefühl, dass der Bezug zur »ukrainischen Nation« von der politischen Führung in Kiew bewusst als Droge eingesetzt wurde. Sie lenkte damit von der Verarmung und der Ausplünderung der staatlichen Betriebe durch windige Geschäftsleute ab.

In den Geschäften in Kiew gab es ein ständiges Kommen und Gehen. Die Menschen waren von morgens bis abends auf der Suche nach bestimmten Lebensmitteln. Das Durchschnittsgehalt lag bei 15.000 Kupon. Ein Kilogramm Apfelsinen kostete aber schon 900 Kupon. Die Rentner bekamen nur 400 Kupon im Monat und konnten ohne Unterstützung ihrer Familie nicht überleben. Wenn man nicht im Zentrum von Kiew lebte, musste man sich für Milch schon morgens um vier Uhr anstellen. Die Innenstadt – in der der Großteil der Spitzenbeamten lebte – wurde besser versorgt.

Michael Ratushny, Vorsitzender der neugegründeten Gewerkschaft WOST, erzählte mir von den Tricks der Betriebsdirektoren. Auf der Basis der Staatsunternehmen bauten sie kleinere Firmen auf. Die Gewinne in harter Währung wurden in der Regel nicht investiert, sondern für den privaten Verbrauch ausgegeben. Polina, eine Aktivistin der nationaldemokratischen Bewegung »Ruch«, meinte, die Regierung werde mit der Privatisierung der Staatsbetriebe solange warten, »bis alles schmutzige Geld gewaschen und alle Fabriken so ruiniert sind, dass man sie für ein paar Kopeken kaufen kann.« Mein Freund Valentyn wiederum hoffte, dass es auch in der Ukraine einmal »europäische Zustände« geben würde. Stolz zeigte er mir eine in Kiew veröffentlichte Studie der Deutschen Bank. Danach hatte die Ukraine im Vergleich zu den anderen Republiken der ehemaligen Sowjetunion angeblich die besten Voraussetzungen für die wirtschaftliche Unabhängigkeit.

Auf welchem Weg die Unabhängigkeit realisiert werden sollte, war im Obersten Sowjet der Ukraine umstritten. Während Präsident Krawtschuk meinte, die Ukraine müsse ihren Binnenmarkt und ihre Finanzen »vor den Inflationsprozessen in Russland schützen«, warnte das parlamentarische Oppositionsbündnis »Neue Ukraine« vor einer wirtschaftlichen Abschottung von Russland. Wirtschaftlicher Druck – so das Bündnis – laste nur in dem Maße auf der Ukraine, wie ökonomische Beziehungen durch »künstliche zwischenstaatliche Beziehungen« ersetzt würden.

Die Wirtschaftsproduktion war rapide eingebrochen. In einem der größten Kiewer Betriebe, der Rüstungsfabrik »Radar« (früher »Kommunist«), arbeiteten die Beschäftigten nur drei oder vier Tage in der Woche, bei entsprechenden Lohneinbußen. Andere Betriebe hatten ihre Beschäftigten für zwei Monate nach Hause geschickt.

Der *Spiegel* eröffnet Korrespondentenbüro in Kiew

Im Februar 1993 eröffnete der *Spiegel* ein Korrespondentenbüro in Kiew. Offenbar erwartete die Chefredaktion, dass sich die Ukraine sehr schnell von Russland abnabeln würde. Und dass wollte man auf keinen Fall verpassen. Doch auf Revolution oder Staatsstreich war damals kein normaler Mensch aus. Mir schien Kiew eine ausgesprochen friedliche Stadt. Jeglicher Extremismus, selbst eine Demonstration von Krim-Tataren, die aus Zentralasien auf die Krim zurückkehren wollten, stieß bei den Einwohnern auf Misstrauen.

Doch beim *Spiegel* verfügte man möglicherweise über Informationen, dass in Kiew bald etwas passieren würde. Immerhin kam *Spiegel*-Herausgeber Rudolf Augstein persönlich zur Eröffnung des Korrespondentenbüros angereist. Er lud zum Empfang[38] in ein Hotel im Stadtzentrum, einen schmucklosen Bau aus der Breschnjew-Zeit. Das Gebäude sah zwar nicht besonders schön aus, es hieß aber »National«, was zu Träumereien über eine von Russland unabhängige Ukraine verleitete und sich auch gut in einer *Spiegel*-Hausmitteilung machte.

Eine illustre Runde war zu dem Empfang erschienen, die Oberhäupter der verschiedenen ukrainischen Kirchen, deutsche Wirtschaftsleute, ein

38 https://www.spiegel.de/politik/hausmitteilung-kiew-a-d7941618-0002-0001-0000-000009275169

Pfarrer aus Deutschland und viele Ukrainer, die stolz waren, dabei sein zu dürfen. Auch ich war gekommen. Die *Spiegel*-Korrespondentin in Kiew hatte mich eingeladen. Von meinem schwierigen Verhältnis zum Blatt hatte ich ihr nichts erzählt.

Um sich Gehör zu verschaffen, musste Augstein erst mal mit der flachen Hand aufs Rednerpult hauen. Wer kannte schon in Kiew den *Spiegel*-Herausgeber? Augstein versuchte dann in großen Worten die historische Situation zu umreißen. »Der Krieg hat unsere beiden Völker getrennt. Aber es gibt viele Sympathien für ihr Volk in Deutschland. Jetzt müssen wir fest zusammenstehen«. Gegen wen und wofür man zusammenstehen muss und warum gerade Deutschland, sagte Augstein nicht. Er war übrigens im Zweiten Weltkrieg als Kanonier und Funker bis ins russische Woronesch – östlich der ukrainischen Grenze – gekommen und mit dem »Eisernen Kreuz« II. Klasse ausgezeichnet worden. Der »Drang nach Osten«, wie die Russen gerne spötteln, steckte dem *Spiegel*-Herausgeber offenbar noch in den Knochen.

In mein Tagebuch schrieb ich, »die Bundesrepublik beginnt ihre Beziehungen zur Ukraine zu verstärken, wohlwissend, dass das eine Verschlechterung der Beziehungen zu Russland zur Folge haben kann. Denn in der Ukraine sind sowohl Regierung als auch Opposition ziemlich nationalistisch und haben Schwierigkeiten, die einfachsten Abrüstungsverträge zu unterschreiben. Die ganz harten Nationalisten sprechen offen aus, was viele hier wohl insgeheim denken: Die Ukraine will ihre strategischen Atomwaffen als Druckmittel behalten, damit sie vom Westen Geld bekommen und von Russland geachtet werden. Hinter vorgehaltener Hand hört man, dass die Rüstungsindustrie munter weiter Waffen entwickelt. Wahrscheinlich, weil man die gerne für Dollar exportieren will. Das Ganze ist auch deshalb so verrückt, weil die einfachen Menschen hier nur damit beschäftigt sind, ihre physische Existenz zu sichern.«

Für einen freien Journalisten war es Anfang der 1990er Jahre nicht allzu schwer, Artikel aus der Post-Sowjetunion an deutsche Medien zu verkaufen, insbesondere dann nicht, wenn man populäre Themen anbot. Aber populäre Themen fand ich noch nie so spannend wie Themen, die noch keiner angepackt hatte. Und so handelte mein erstes Radiostück, welches ich an den *Deutschlandfunk* verkaufte, von einem Streik der Trolleybus-Fahrer in

Kiew. Der bearbeitende Redakteur erklärte, er würde gerne weitere Texte von mir bringen. Er meinte, »es muss ja nicht unbedingt ein Streik sein«. Diesen Hinweis empfand ich als Einmischungsversuch, erwiderte aber nichts, denn ich war froh, überhaupt eine Ansprechperson gefunden zu haben.

Tschernobyl – panische Angst und langsame Gewöhnung

Irgendwann kreuzte ich bei der Presseabteilung der deutschen Botschaft in Kiew auf. Die Botschaft befand sich damals noch in einem schönen alten Gebäude in der oberen Altstadt. Als ich der Beamtin stolz erzählte, ich hätte schon viele Vertreter ukrainischer Parteien interviewt, wirkte sie erstaunt. Sie sagte nicht, dass das in Deutschland niemanden interessiert, aber ihr Gesicht schien genau das auszudrücken.

Die Beamtin schlug mir vor, etwas über die Folgen der Tschernobyl-Katastrophe zu schreiben. Ich griff den Vorschlag auf. Tschernobyl und die sozialen Folgen wurden in den kommenden Jahren eines meiner Arbeitsgebiete. Einen Artikel zum Jahrestag der Tschernobyl-Katastrophe im April 1992 verkaufte ich an zehn Zeitungen, von der *taz* bis zur Ost-CDU-Zeitung *Neue Zeit*.

In Kiew merkte ich sehr schnell, dass die Menschen ein völlig anderes Verhältnis zur Tschernobyl-Katastrophe hatten, als ich es mir von Hamburg aus vorgestellt hatte. Am 26. April 1992, auf einer Gedenkkundgebung vor der Sophien-Kathedrale in Kiew zum Jahrestag des Reaktorunglücks herrschte eine traurige, aber keine Proteststimmung. Ein russisch-orthodoxer Geistlicher und Vertreter der »Tschernobyl Union«, in der sich die »Liquidatoren« (Aufräumarbeiter) zusammengeschlossen hatten, traten auf. An der Rednertribüne wehten Kirchenfahnen.

Meine Position gegen Atomkraftwerke kam bei meinen Gesprächspartnern in Kiew nicht gut an. Als ich mit einem EDV-Programmierer über Tschernobyl sprach und sagte, es wäre am besten, wenn man die noch laufenden drei Reaktorblöcke abschalten würde, schien er mich für verrückt zu halten. Er riet mir, einmal in Krankenhäuser zu gehen, wo Kinder ohne ausreichende medizinische Versorgung liegen. Ob ich denen auch noch den Strom abstellen wolle?

Ich verkehrte damals in den Kreisen meines Freundes Andriy. Auch bei diesen Leuten hatte ich den Eindruck, dass die Katastrophe vom 26. April 1986 wie ein Schicksalsschlag hingenommen und mit mythischen Erzählungen »erklärt« wurde. Dass es für die Katastrophe Verantwortliche gab, war fast nie Thema.

Meine Protesthaltung und die panische Angst vor radioaktiven Partikeln hielten sich lange. Einladungen zu Pilzsuppe lehnte ich jahrelang beharrlich ab. Pilze sind für Ukrainer wie für Russen eine Art Grundnahrungsmittel und meine Bekannten ließen sich trotz meiner Warnungen, Pilze würden radioaktives Cäsium besonders stark aufnehmen, nicht vom Sammeln und vom Verzehr abhalten. Mit dem Pastor der protestantischen Kirche in Kiew besprach ich ernsthaft, ob es nicht möglich sei, sich aus Deutschland »reine« Nahrungsmittel kommen zu lassen. Ich kannte den Pastor vom Russicum, einer Sprachschule für Diplomaten und Geschäftsleute in Bochum, die ich vor meiner Reise nach Russland besucht hatte.

Im Universitätskrankenhaus Hamburg Eppendorf hatte ich vor meiner Reise nach Kiew sogar noch einen Ganzkörpertest auf Radioaktivität gemacht, um herauszufinden, wie verstrahlt ich aus Kiew nach Hamburg zurückkehre. Einen Vergleichstest habe ich dann aber nicht mehr durchgeführt. Irgendwann hatte ich die Ängste abgeschüttelt, nach dem Motto »verstrahlt ist verstrahlt«.

Gefangen im »Hamburger Kessel«

Als in Deutschland Mitte der 1970er Jahre eine Bewegung gegen Atomkraftwerke entstand, waren ich und meine Genossen mit dabei. Wir waren gegen AKWs, weil wir es für wissenschaftlich erwiesen hielten, dass die Gegend um Atomkraftwerke radioaktiv belastet wird. Und wir waren dagegen, weil die Entsorgung des Atommülls nicht geklärt war. Der Kommunistische Bund warnte außerdem vor Plänen in der deutschen Elite, über die Wiederaufbereitung abgebrannter Brennelemente an Plutonium heranzukommen und eine deutsche Atombombe zu bauen.[39] Dass das Thema

39 Vgl. https://www.mao-projekt.de/BRD/NS/LUE/Lueneburg_KB_Griff_zur_Bombe_Plutoniumpolitik.shtml

immer noch von Bedeutung ist, zeigte der ehemalige deutsche Verteidigungsminister Rupert Scholz (CDU), als er in der *Bild*-Zeitung 2009 die Frage aufwarf, ob Deutschland zum Schutz vor einem »Terrorstaat« nicht eigene Atomwaffen brauche.[40]

In den 1970er und 1980er Jahren nahm ich an vielen Demonstrationen gegen den Bau der Atomkraftwerke in Brokdorf, Grohnde und den Schnellen Brüter in Kalkar teil. Das waren abenteuerliche Aktionen. Bei der ersten großen Demo im Oktober 1976 am Bauplatz des AKW Brokdorf waren wir Genossen – wie auch fast alle anderen Demonstranten – mit Gummizeug und Helmen angerückt. Während sich am Himmel dunkle Regenwolken zusammenballten, dröhnten Hubschrauber vom Bundesgrenzschutz, die auf den Wiesen der Marsch rund um den Bauplatz Polizisten absetzten.

Demonstranten von den »Autonomen« hatten den Zaun mit Seitenschneidern aufgeschnitten und waren auf den Bauplatz vorgedrungen. Ich fragte D., ein Mitglied des Leitenden Gremiums des KB, was wir tun sollen. D., ein ruhiger Typ, von der Ausbildung her Physiker, antwortete: »Das musst du selbst entscheiden.« Ich war sauer. Der hatte leicht reden. In unserer Kaderorganisation wurden fast alle wichtigen Entscheidungen vom Leitenden Gremium getroffen. Und nun sollte ich auf einmal selbst entscheiden?

Ich hätte gern mit den Autonomen den Bauplatz besetzt, aber nur mit meinen Genossen und nicht allein. Doch niemand von unserer Gruppe ergriff die Initiative, auch ich nicht. So stand ich weiter eingehüllt in Nieselregen und Tränengasschwaden und beobachtete die Autonomen, die wir teils bewunderten, teils verachteten, denn was sie machten, war ja »ohne Sinn und Verstand«.

Es gab später ähnliche Situationen, zum Beispiel bei den Hausbesetzungen an der Hamburger Hafenstraße. Der KB fuhr dabei immer die Linie, dass »wir uns die Aktionsformen nicht von den Autonomen aufzwingen lassen«. Wir wollten nur Aktionen mittragen, die wir auch selbst mit geplant hatten. Doch die Autonomen wollten keine langen Verhandlungen mit uns, sondern sich lieber selbst radikal in Szene setzen. Wir aber waren gegen sinnlose Schlachten mit der Polizei.

40 Vgl. https://www.zeit.de/online/2006/05/rupert_scholz/komplettansicht

Auch die Fahrt zur Demo nach Kalkar, am 24. September 1977, zufällig an meinem 23. Geburtstag, war abenteuerlich. Es ging morgens um 5 Uhr am Hamburger Heiligengeistfeld mit dem Bus los. Die Polizei hielt uns an der Autobahnzufahrt auf, ließ uns dann aber weiterfahren. Alle paar Stunden hielt der Bus zum Pinkeln. Dann blinkten die nackten Pos der Genossinnen über den Feldern.

Die Jahre vergingen. Atomkraftwerke wurden weiter gebaut. Als am 26. April 1986 ein Reaktor in Tschernobyl explodierte, erlebte die westdeutsche Anti-AKW-Bewegung einen neuen Aufschwung. Die radioaktive Wolke aus Tschernobyl war bis nach Deutschland gezogen. Viele Mütter wollten mit ihren Kindern nicht mehr auf Spielplätze. In Kinder-Sandkrippen westdeutscher Großstädte wurde erhöhte Radioaktivität gemessen.

Am 7. Juni 1986 kam es vor dem Atomkraftwerk Brokdorf, welches kurz vor der Inbetriebnahme stand, zu einer nicht genehmigten Demonstration, die von der Polizei mit Gewalt aufgelöst wurde. Einen Tag später fand auf dem Hamburger Heiligengeistfeld eine weitere spontane Demonstration statt. Ich reihte mich ein. Andere Genossen beobachteten nur.

Wie immer zu den Anti-AKW-Demos kamen wir mit Helmen. Kaum hatten wir den Luftschutzbunker auf dem Heiligengeistfeld passiert, wurden wir – 861 Protestierende – von Polizisten, die plötzlich um die Ecke kamen, eingekesselt. Offenbar fürchtete das Hamburger Innenministerium, dass es nach der Tschernobyl-Katastrophe zu Massenprotesten kommt, welche die Inbetriebnahme des AKW Brokdorf verzögern würden. Wohl deshalb wollte man ein Zeichen der Härte setzen. Der Hamburger Innensenator, Rolf Lange (SPD), behauptete später, bei den Eingekesselten habe es sich um »Gewalttäter« und »polizeibekannte Sympathisanten der RAF« gehandelt.

Zusammen mit dem Genossen B. versuchte ich, Ruhe in die eingekesselte Menge zu bringen. Über ein Megaphon, das wir dabeihatten, übermittelten wir der Polizei unsere Forderung nach freiem Abzug.

Die Situation war nicht einfach. Die Toilette musste hinter provisorischen Abschirmungen direkt im Kessel verrichtet werden. Nach 13 Stunden wurden wir schließlich zur erkennungsdienstlichen Behandlung mit Bussen in eine Sporthalle nach Hamburg-Horn gefahren. Erst am nächsten Morgen wurde wir freigelassen.

Als ich nach Hause kam, traute ich meinen Augen nicht. Meine Freundin und eine Schwester, die sich nicht besonders grün waren, saßen zusammen in der Küche. Die Sorge um mich hatte sie für ein paar Stunden vereint. Vier Tage später demonstrierten in Hamburg 50.000 Menschen gegen Polizeiwillkür.

Streit um meine Ukraine-Berichterstattung

Dass die politische Elite in Deutschland an der Ukraine ein ganz besonderes Interesse hatte, merkte ich während meiner Arbeit für große deutsche Medien. Da war zum Beispiel die Äußerung eines *Deutschlandfunk*-Redakteurs, der mir 1994 am Telefon frank und frei erklärte, wenn Hitler nicht so brutal in der Ukraine vorgegangen wäre, hätte sich das Verhältnis zwischen Deutschland und der Ukraine nach 1945 besser entwickelt. Ich fragte mich, was ihn zu solchen Spekulationen trieb. Wollte da jemand den deutschen Faschismus kleinreden?

Im Frühjahr 2000 kam es – für mich völlig unerwartet – zum ersten Eklat mit einer Redakteurin der Kölner Sendeanstalt. Ich hatte mit dem *Deutschlandfunk* als freier Journalist eine Live-Schaltung – im *BBC*-Studio in Kiew – vereinbart und wollte über die Demonstration »Weg mit Kutschma« berichten. Leonid Kutschma, von 1994 bis 2005 Präsident der Ukraine, galt in Deutschland wegen seiner ausgewogenen Politik gegenüber Russland als »Moskau-treu« und hatte deshalb keinen guten Stand in den großen deutschen Medien, die ganz offensichtlich auf die Zerrüttung der damals noch leidlichen Beziehungen zwischen Russland und der Ukraine hofften. Anlass der Demonstration gegen Kutschma war der Mord an dem Kutschma-kritischen Journalisten Georgi Gongadse. Ein paar Tausend Demonstranten[41] liefen mit Transparenten über den Kiewer Prachtboulevard Kreschtschatik. Angeführt wurde die Demo von Juri Luzenko, damals Abgeordneter der Sozialistischen Partei in der Werchowna Rada. Fünf Jahre später, 2005 – nach der »Orangenen Revolution« in Kiew – wurde Luzenko ukrainischer Innenminister und von 2016 bis 2019 war er Generalstaatsanwalt.

41 Ukrainische Staatskrise. Kutschma im Käfig. Ulrich Heyden, der Freitag, https://www.freitag.de/autoren/der-freitag/kutschma-im-kafig

Einige Demonstranten trugen einen großen Käfig, in dem sich eine Puppe befand, die Präsident Kutschma darstellen sollte. Ich hatte keine Sympathie für Kutschma. Solange aber nicht zweifelsfrei feststand, dass der ukrainische Präsident den Mord an dem Journalisten Gongadse in Auftrag gegeben hatte, fand ich diese Art der Agitation abstoßend, was ich in meiner Reportage für den *Deutschlandfunk* auch deutlich machte. Daraufhin stauchte mich die zuständige *DLF*-Redakteurin am Telefon zusammen.

Mit der gleichen Redakteurin war ich schon 1996 aneinandergeraten. Damals hatte ich für den *Deutschlandfunk* aus Moskau berichtete, dass der vom Westen bejubelte Wahlkampfchef von Boris Jelzin, Anatoli Tschubais, über Mittelsmänner eine halbe Million Dollar in einem Pappkarton aus dem Sitz der russischen Regierung schmuggeln ließ.[42] Die Dollars waren für den Jelzin-Wahlkampf bestimmt. Das Geld wurde dringend benötigt, denn es bestand die Gefahr, dass Jelzin die Präsidentschaftswahl gegen seinen kommunistischen Herausforderer Gennadi Sjuganow verlieren würde. Die *DLF*-Redakteurin weigerte sich den Satz über die geschmuggelten Dollars zu senden.

Ähnliche Einmischungsversuche erlebte ich beim Berliner *Tagesspiegel*, für den ich von 1999 bis 2000 in Moskau akkreditiert war. Beim *Tagesspiegel* musste die Ukraine als von Russland unterdrücktes Land dargestellt werden. Diesen Eindruck gewann ich zumindest, als ich für die Zeitung einen Artikel schrieb, in dem ich Russland und die Ukraine gleichgewichtig dargestellt und Russland nicht als Unterdrücker bezeichnet hatte. Als ich den *Tagesspiegel* bat, mir ein Akkreditierungsgesuch nicht nur für Russland, sondern auch für die Ukraine zu senden, stellte sich die Redaktion quer, ohne das zu begründen. Ich ahnte, dass den Redakteuren meine »unkritische Haltung zum russischen Großmachtdenken« gegen den Strich ging.

Ich wechselte dann als Moskau-Korrespondent zur *Sächsischen Zeitung*, für die ich bis 2014 in Russland akkreditiert war.

Russische Kultur – kein Thema für deutsche Medien

Mit Redakteuren des *Deutschlandfunk*, für den ich von 1994 bis 2000 als freier Mitarbeiter Reportagen aus Russland lieferte, gab es immer wieder

42 https://www.spiegel.de/politik/sie-schotten-jelzin-ab-a-2d2b47c1-0002-0001-0000-000009109527

Probleme. Anfangs war ich davon überrascht, waren doch Deutschland und Russland – zumindest offiziell – auf Verständigungskurs. Doch mit der Zeit merkte ich, dass diese Probleme fast zwangsläufig auftraten, weil wir mit unterschiedlichen Blickwinkeln arbeiteten. Für die meisten *DLF*-Redakteure stand fest, dass das politische und kulturelle System im Westen den Verhältnissen in Russland überlegen war. Und das sollte immer wieder dokumentiert werden. Ich spürte in den zahlreichen Telefongesprächen, die ich mit den Redaktionen des *Deutschlandfunk* führte, dass man von mir mehr Kritik und weniger Verständnis für Russland erwartete.

Als ich 1995 einen Beitrag über die Einweihung eines Obelisken zum Sieg über den Hitler-Faschismus auf dem Verneigungshügel im Zentrum von Moskau anbot, wies mich der Redakteur – offenbar in Erwartung einer unkritischen Sendung – darauf hin, dass mein Hörfunkbeitrag so kritisch ausfallen müsse wie der Artikel in der Wochenzeitung *Die Zeit*, in dem sich der Autor über das »Pompöse« des Denkmals erregt hatte. Ich schrieb dann einen Text, wo ich das Pompöse erwähnte, aber ohne den in den westlichen Medien üblichen bissigen Unterton.

1998 wagte ich es, dem *Deutschlandfunk* einen Beitrag über die berühmteste Schlagersängerin Russlands, Alla Pugatschowa, anzubieten. Die Antwort des Redakteurs ließ mich am Zustand des öffentlich-rechtlichen Rundfunks verzweifeln. Der Redakteur – völlig verfangen in seiner westdeutsch-zentrierten Sichtweise – meinte, Alla Pugatschowa sei beim Eurovision Contest 1997 nur auf Platz 15 gekommen und deshalb für die Hörer nicht interessant. Diese Reaktion war typisch für die Haltung der westdeutschen Redaktionen. Dass Pugatschowa, die ihre Karriere in der Sowjetunion begonnen hatte, bei den Ostdeutschen eine bekannte Sängerin war, spielte für den Redakteur des »Leitmediums« *Deutschlandfunk* keine Rolle.

Sehr auffällig war auch, welche russischen Schriftsteller in westdeutschen Medien Platz bekamen. Es waren Leute wie Viktor Jerofejew und Wladimir Sorokin, die sich über das sowjetische System lustig machten und für die eine Modernisierung Russlands nur durch die Übernahme der westlichen Sichtweisen und Lebensregeln möglich war.

Ich war der Meinung, dass öffentlich-rechtliche Sender die Aufgabe hätten, die Menschen zu informieren, auch über das, was fremd und unverständlich ist. Doch die Redakteure des *Deutschlandfunk* befanden sich noch in der Tradition des Kalten Krieges. Man musste bei jeder Gelegenheit – auch bei kulturellen Themen – die Überlegenheit der westlichen Demokratie herausstellen.

Beim Sender arbeiteten einige Journalisten, die ich als regelrechte Russland-Hasser kennenlernte. Ein *DLF*-Korrespondent in Moskau warf mir vor, ich hätte einen »Tunnelblick«. Er sorgte dafür, dass ich ab 2001 keine Beiträge mehr in der *DLF*-Sendung »Hintergrund Politik« unterbringen konnte.

Der Leiter eines *DLF*-Morgenmagazins mit Schwerpunkt Europa, dem ich ebenfalls Beiträge anbot, führte mich Mitte der 1990er Jahre aufs Glatteis. Er fragte mich freundlich, wie ich denn in Moskau mein Geld verdiene. Als ich treuherzig berichtete, dass ich News-Aufsager für das Berliner Privatradio 100,6 mache, wurde er eisig und erklärte, wenn ich »für Private« arbeite, könne ich ja wohl kaum gleichzeitig für einen öffentlich-rechtlichen Kanal tätig sein.

Eigentlich hätte er sich bei mir bedanken können, dass ich in einer der teuersten Städte Europas noch Zeit für den *Deutschlandfunk* fand. Dieser famose Staatssender nutzte meine Ortsnähe und Ortskenntnis in Russland schamlos aus, kaufte von mir Reportagen aus Tatarstan, Tschetschenien und anderen russischen Regionen ein, ohne mir auch nur ein einziges Mal die Reisekosten zu zahlen.

Auf die eingeengte Sichtweise auf Russland stieß ich auch, als ich Ende der 1980er Jahre beim Moskauer *ZDF*-Büro als Wochenend-Producer arbeitete. Meine Aufgabe war es, den Redakteuren, die sich am Wochenende zuhause bereithielten, Themenvorschläge zu machen. Einmal schlug ich zur Auswahl zwei Themen vor, ein Jolka-Weihnachtsfest in einem Konzertsaal auf dem Territorium des Kreml und als Alternative eine Jubiläumsfeier der Sondereinsatzgruppe des Innenministeriums »Witjas« (Recken), die ähnlich wie das deutsche SEK zu bewaffneten Einsätzen im Zivilsektor herangezogen wird. Der diensthabende Redakteur – übrigens ein Ossi – entschied sich für das Thema »Witjas« und machte einen Beitrag mit martialischen Szenen aus dem Training dieser Spezialeinheit.

Ich hatte eine Zeit lang überlegt, ob ich mich für eine Korrespondentenstelle beim *ZDF* bewerbe. Doch nach diesem Vorfall war für mich klar, dass das deutsche Fernsehen eine einseitige Russland-Darstellung wollte, in der die Kulturvermittlung völlig fehlte. Das Ziel des deutschen Fernsehens war es, ein negatives Russland-Bild in den Köpfen der ostdeutschen Zuschauer zu installieren und in den Köpfen der westdeutschen Zuschauer die bereits bestehenden Vorurteile und Ressentiments zu festigen.

12. »Der letzte Herbst« in Moskau (1992)

Russische Rockmusik als treuer Begleiter

Moskau war Anfang der 1990er Jahre eine chaotische, anstrengende und ärmliche Stadt. Ich wurde als Ausländer immer sehr freundlich behandelt, aber überall wo man hinschaute, sah man Bettler und Obdachlose. Gleichzeitig machte sich eine neue Schicht zu Reichtum Gekommener mit dicken Autos und extravaganten Manieren bemerkbar.

In der Twerskaja (früher Gorki-Straße) standen Menschen – vor allem Frauen – in langen Reihen und verkauften Kleidungsstücke und andere Waren, die Händler aus Dubai oder Südostasien in großen, karierten Taschen nach Moskau geschafft hatten. Tausende standen auf dem breiten Gehweg und boten Lippenstifte, Sportschuhe, Ferngläser, Kaviar und sogar fabrikneue Maschinenteile an. Ein paar Polizisten mit langen Gummiknüppeln durchschritten die Menge. Sie verscheuchten die Verkäuferinnen, aber die kamen immer wieder. Damals schrieb ich folgende Zeilen in mein Tagebuch:

Morgens hinaus
Es ist kühl
Schweigen im Bus
Der Dreck der Straße
passt nicht zum hellblauen Himmel.
Ich träume davon,
alles zu verstehen.
Schnittige Autos
überholen meine Gedanken.
Vor den Kioskbuden
harter Schlamm und Schotter.
Am Zeitungsstand
Immer die gleiche umständliche Prozedur
des Geldabzählens.
Ich buchstabiere jede Tafel,
die ich sehe,

murmle im Geiste
Wörter vor mich hin.
Dazwischen der Gedanke
an meinen letzten Kontoauszug
und dass es eigentlich reicht
für eine Existenz
in Staub und Schlamm.

In dieser aufgewühlten Stadt, wo die Menschen nicht wussten, wie sie den nächsten Tag überstehen sollten, wurde Musik für mich zum Rettungsanker. Ich besuchte häufig klassische Konzerte im Moskauer Konservatorium. Die Eintrittskarten kosteten nur ein paar D-Mark.

Aus Auto-Kassettenrekordern hörte ich damals den lyrischen Rocksong »Im letzten Herbst«.[43] Dieses melancholisch-sehnsuchtsvolle Lied hatte der dissidente Rock-Poet Juri Schewtschuk 1990 geschrieben. Es prägte sich mir tief ein. Denn es traf die Stimmung, die in Russland herrschte.

Der letzte Herbst, keine Zeile, kein Seufzer
Die letzten Lieder gab es im Sommer
Das Abschiedsfeuer beendet eine Epoche
Und wir beobachten den Schatten und das Licht

Dass die Großmacht Sowjetunion mit einem Federstrich von den Präsidenten Russlands, der Ukraine und Weißrusslands aufgelöst worden war, begannen die Russen langsam zu begreifen. Es verbitterte sie, wie nun auch Fabriken geschlossen und der Rubel und damit ihre Sparguthaben entwertet wurden. Aber die Russen hatten nicht viel Zeit, über den Zusammenbruch eines Großreiches nachzudenken. Sie mussten ihr Überleben organisieren.

Die erste Mietwohnung in Moskau

Als ich im Mai 1992 nach Moskau kam, machte ich über eine Empfehlung einer Bekannten in Hamburg die Bekanntschaft mit einem Lehrer-Ehepaar,

43 Lied »Der letzte Herbst«, Juri Schewtschuk, https://vk.com/video6694016_456239974

das an der Deutschen Schule in Moskau arbeitete. Diese Lehrer hatten wiederum eine Bekannte, eine junge Russin, die mir ein Zimmer bei einer älteren Frau nördlich des Moskauer Stadtzentrums vermittelte.

Die Frau, bei der ich Untermieter wurde, bemalte in ihrer Wohnung den ganzen Tag lang Holzeier und Holzlöffel für einen Händler, der in Prag russische Souvenirs verkaufte. Einmal lud sie mich zu einer gelben, sehr fettigen Fischsuppe ein. Das war wohl nett gemeint, aber ich musste mich danach übergeben. Ich nahm ihr diese Suppe nicht übel, wollte aber schnellstmöglich eine eigene Mietwohnung finden, auch um selbst kochen zu können.

Meine erste »eigene« Mietwohnung in Moskau fand ich durch Zufall. Ich stand am Ende einer Schlange im Zentralen Postamt an der Twerskaja-Straße und wartete drauf, dass man mir die Fax-Nachrichten gab, die für mich angekommen waren. Fax-Verbindungen in Privatwohnungen gab es damals noch nicht.

Ich stand also in dieser Schlange im Zentralen Postamt, als eine junge Frau angelaufen kam und sich hinter mich stellte. Sie war wohl gelaufen, weil sie mit mir ins Gespräch kommen wollte. Das vermutete ich zumindest. Sie sprach sehr gut Deutsch. Wir tauschten Telefonnummern aus und freundeten uns an. Später vermittelte sie mir eine Wohnung südlich des Moskauer Stadtzentrums in der Nähe der U-Bahn-Station Profsojusnaja. Ich war ihr sehr dankbar. Wir quatschten und lachten viel. Aber eine Beziehung, die sie wohl gerne mit mir eingegangen wäre, wollte ich nicht. Von nun an wohnte ich im ersten Stock eines vierstöckigen, Anfang der 1960er Jahre gebauten Plattenbaus. Die Wohnung gehörte einer sehr netten Lehrerin. Ihre Tochter, die bisher dort gelebt hatte, war mit ihrem Mann nach Frankreich ausgewandert. Das Haus machte einen schäbigen Eindruck, aber ich hatte immerhin zwei Zimmer, einen Balkon und zahlte dafür anfangs nur 100 Dollar im Monat.

Die Tapeten hatten Streifen im Farbton braun-gelb-orange. Obwohl sie etwas verblichen wirkten, tapezierte ich nicht neu. Ich wollte erst mal die russische Atmosphäre auskosten.

Die Telefonleitung war gesplittet. Das heißt, ich konnte nur telefonieren, wenn nicht gerade jemand in einer anderen Wohnung anrief. Ein Telefonanschluss war damals in Moskau noch keine Selbstverständlichkeit. Mit meinem gesplitteten Telefon hatte ich trotzdem Glück. Auslandsgespräche waren für mich billig. Eine Stunde nach Deutschland zu telefonieren, kostete nur ein paar D-Mark.

Von meiner Wohnung zum Bitzewski-Park waren es nur fünfzehn Minuten mit dem Trolleybus. Die Parknähe war mir wichtig, denn ich brauchte Natur für einen gelegentlichen Dauerlauf, der mich fit hielt und mich vom Arbeitsstress ablenkte.

Um die russische Sprache noch besser zu lernen, begann ich Privatstunden zu nehmen. Ich hatte kein Russisch in der Schule gehabt und in Deutschland nur ein paar Kurse besucht.

Wie ich Freunde fand

In Moskau hatte ich verschiedene Zufallsbekanntschaften mit Russen und mit einigen Deutschen. Die deutsche Community, die Anfang der 1990er Jahre rasant anschwoll – es kamen vor allem Journalisten und Geschäftsleute – mied ich. Ich wollte vor allem unter Russen sein. Viele Deutsche nervten mich auch. Ihre Gespräche handelten oft davon, dass der Service in russischen Restaurants nicht gut sei oder man regte sich darüber auf, dass Ausländer im Kreml-Palast mehr Eintrittsgeld zahlen müssen als Russen. Ich fand dieses Gemecker albern. Gab es nicht Tausend interessantere Themen? Warum nicht mal darüber sprechen, wie es den einfachen Russen ging? Doch die westdeutsche Befindlichkeit war den meisten wichtiger.

Die schlagartige Umstellung der Planwirtschaft auf »Marktwirtschaft« und die oft räuberische Aneignung von Staatsbetrieben durch Neureiche und Mafiosis stürzte Russland ins Chaos. Fabriken schlossen. Löhne wurden nur noch mit Verspätung gezahlt. Sparguthaben waren durch die Einführung eines freien Wechselkurses über Nacht wertlos geworden. Die Menschen verarmten.

Wenn ich in »meinem« Park joggte, fragte ich mich immer, warum so wenig Leute spazieren gingen. Die Menschen hatten anderes zu tun. Sie mussten ihre Existenz sichern. Um sich vor Mafiosi zu schützen, kauften sich manche Leute große Hunde. Restaurants gab es damals in Moskau nur eine Handvoll. Und dort tummelten sich vor allem Ausländer.

Manchmal lud ich einen Russen, den ich kennengelernt hatte, zum Essen in ein Restaurant mittlerer Preislage ein. Aber niemand willigte ein. Alle sagten, »meine Frau macht leckeres Essen zuhause.« Ich hatte das Gefühl, es verletzt die Ehre der Männer, sich von einem Ausländer zum Essen einladen zu lassen. Dass 30 Jahre später die Restaurants in Moskau von Einheimischen brechend voll sein würden, und dass trotz Sanktionen, hätte ich mir nicht vorstellen können.

In der ersten Hälfte der 1990er Jahre bis Anfang der 2000er Jahre gab es in Moskau eine wachsende Zahl von Bettlern und Drogenabhängigen. Bekannte erzählten mir, dass in den Schul-Abgangsklassen oft mehrere Jugendliche an Drogen gestorben waren. Außerdem gab es in Moskau jede Woche irgendwelche Schießereien zwischen verfeindeten Mafia-Gruppen und Auftragsmorde von Geschäftskonkurrenten.

Im Laufe der Zeit lernte ich einige Künstler kennen. Zum Beispiel Viktor, ein Barde, wie die Liedermacher in Russland genannt werden. Er hatte lange lockige Haare und nahm mich mit zum Fußball. Es spielte keine Rolle, dass ich kein Fußballer war. Viktor fand mich sympathisch und sie brauchten noch Spieler in einer Freizeitmannschaft, wo Viktor der einzige Künstler war.

Jeden Sonnabend fuhr ich nun zum Sokolniki-Park. Die Fußballer waren im Alter von 25 bis 45. Sie spielten unverbissen. Es sollte einfach nur Spaß machen. Mittags, wenn wir begannen, kamen immer einige aufs Spielfeld, die noch nicht ausgenüchtert waren. Sie hatten das Wochenende bereits mit Alkohol eingeläutet. Diese Sportsfreunde spielten zunächst etwas torkelig, hatten sich aber nach einiger Zeit, wenn der Spieltrieb sie packte, im Griff.

Nach dem Spiel ging es dann in eine Sauna am Rand des Fußballfeldes. Dort wurde nicht nur geschwitzt, sondern auch getrunken und gegessen. So ist es russische Sitte. Jeder von uns hatte ein weißes Bettlaken um den Leib. Auch das ist Sitte. Die Gelage hatten etwas Stürmisch-Verrücktes. Es wurde viel gelacht. Die Sorgen der Woche verschwanden für eine Weile.

Ich hatte mich schnell in die Gruppe integriert und freute mich jedes Mal auf das Spiel, obwohl die Trinkerei an den Rand des Erträglichen ging. Ich kam jeden Sonnabend angetrunken nach Hause und musste mich konzentrieren, um den Weg zu finden. Einmal – ich war gerade im Zentrum von Moskau – stieß mein Fuß gegen etwas. Ich guckte nach unten und sah auf dem Asphalt meine Geldtasche liegen, in der sich auch mein

Haustürschlüssel befand. Fast hätte ich sie verloren und wäre nicht in meine Wohnung gekommen.

Wenn jemand aus dem westlichen Ausland Kontakt mit Russen bekommen wollte, so war das in den 1990er Jahren sehr einfach. Viele Künstler, die ich kennenlernte, hofften, dass ich etwas über sie schrieb oder einen Kontakt zu einer Galerie oder einem Käufer nach Deutschland herstelle. Faktisch konnte ich aber niemandem helfen.

Rockmusik als Rettung

Eine Strophe aus dem Lied »Der letzte Herbst« von Juri Schewtschuk spielt darauf an, wie verwirrt die Russen in die neue Zeit schlitterten.

Ach, liebe Aleksandr Sergejewitsch
Nun, warum haben sie uns nichts gesagt
Darüber, wie sie es hielten, wie sie suchten, liebten,
Darüber, was sie vom letzten Herbst wussten

Mit »Alexander Sergejewitsch« ist der russische Poet Alexander Puschkin gemeint. Er gehörte in der sowjetischen Zeit und auch heute zu den Schriftstellern, deren Werke in den Schulen behandelt werden.

Noch ein weiteres Schewtschuk-Lied, »Rodina« (Heimat), prägte sich mir in den 1990ern ein. Der Refrain lautet:

Ich fahre in die Heimat,
Lass Sie schreien – »die Missgeburt«,
Wir mögen sie,
Obwohl sie nicht schön ist,
und leichtgläubig gegenüber den Lumpen.

Oft hatte ich damals den Eindruck, dass die Russen gutgläubig wie Kinder auf den Kapitalismus zuliefen. Niemand hatte sie vorgewarnt – oder sie wollten es nicht glauben –, dass es hinter dem bunten Schein um Gewinn und um Märkte geht.

Zu den poetisch-melancholischen Songs von Schewtschuk gab es eine Alternative, Jegor Letow (1964 bis 2008). Letow besang die Gegenwart nicht nur, er wollte sie auch verändern. Er war der Star der links-patriotisch gestimmten Jugendlichen. In seinem Lied »Heimat«[44] besingt[45] Letow die Wiederauferstehung des »sowjetischen Volkes«.[46]

Mein legendäres Volk streckt den Rücken
Unsere zornige Kraft breitet sich aus
Die Sonne ruft uns zum Marsch
gegen die tödliche Kälte, gegen die sehr dunkle Nacht

Ein enger Gefährte von Letow war der jetzige Leiter der »Linken Front«, Sergej Udalzow.

Russische Rockmusik wurde zu meinem ständigen Begleiter. Sie drückte das aus, was Millionen fühlten. Es wurde viel experimentiert, mit allen möglichen Stilarten, auch Ska und Jazz. Gesungen wurde auf Russisch. Und die Shows waren so wild und chaotisch wie das Leben.

Wer heute durch Moskau geht, hört in Restaurants, Bars, Einkaufszentren und sogar auf den Toiletten nur englischsprachige Musik, trotz Sanktionen und Ukraine-Krieg. Kulturell sind die Moskauer liberal eingestellt. Anders ist es in der Provinz. Dort hört man eher russische Musik im öffentlichen Leben.

Meinen ersten Kontakt mit russischem Rock hatte ich 1989. Da erlebte ich einen Auftritt[47] der Leningrader Experimental-Rock-Gruppe »Auktion« im Hamburger Kulturzentrum »Fabrik«. Der Sänger, Oleg Garkuscha, trat mit blondem Punk-Strubbelkopf und Orden-behängter schwarzer Jacke auf. So viel verstand ich damals auch ohne Russischkenntnisse. Die Musiker von »Auktion« machten sich über die sowjetischen Bürokraten lustig. Ein Mann mit Arbeitermütze haute dem Orden-behängten Sänger mit einem Hämmerchen im Rhythmus der Musik auf den Kopf. Garkuscha schüttelte sich vor dem Mikrofon im Rhythmus der Musik, so als sei er

44 Jegor Letow live, »Rodina« (Heimat), https://www.youtube.com/watch?v=Vd7EjvDHwQw&t=83s
45 Text von »Rodina« (Heimat), https://www.gr-oborona.ru/texts/1056917372.html
46 https://yandex.ru/video/preview/16033930162610488355
47 https://www.youtube.com/watch?v=VPuS5st_cLE

an ein Stromkabel angeschlossen. Es war mehr ein Sprechen und Schreien als ein Singen. Umtanzt wurde er von einem Mann – ganz in Weiß – der zwischendurch immer wieder versuchte, die hölzerne Bühnenkonstruktion hochzuklettern. Ich dachte damals, ein Land, welches solche Musik hervorbringt, das muss ein wunderbares, aufregendes Land sein. Freiheiten schien es in diesem Land ausreichend zu geben. Und dann war es auch noch sozialistisch!

Dass es 1989 in den Läden der Sowjetunion leere Regale gab und Schlangen vor den Geschäften, das hatte ich wohl in den deutschen Zeitungen gelesen. Aber wie dieses Chaos entstanden war, muss man sich von Zeitzeugen erzählen lassen. Erst dann erschließt sich etwas von der Lebensrealität.

Eine wesentliche Ursache des Wirtschaftschaos waren die Reformen von Gorbatschow. Die staatlichen Betriebe konnten nun plötzlich selbst entscheiden, was sie produzieren. Und sie produzierten das, was den höchsten Gewinn brachte und nicht unbedingt das, was in der Bevölkerung dringend benötigt wurde.

Trotz des Wirtschaftschaos war ich von dem Leben in Russland so begeistert, dass ich mich nur schwer im Zaum halten konnte, wenn ich nach Deutschland kam. Dass man beim gemeinsamen Trinken zuvor jedes Mal mit den Gläsern anstößt, fand ich toll. Als ich es in Hamburg bei meinen Freunden mit dieser russischen Sitte versuchte, fanden sie es erst witzig, doch dann hatten sie für diese fremde Sitte nur noch ein müdes Lächeln übrig.

Auch mit den Musikkassetten, die ich aus Russland mitbrachte, stieß ich in Hamburg meist auf Desinteresse. Meine Eltern gaben mir eine Audiokassette mit Musik der russischen Barden Okudschawa und Wisotzky wortlos zurück. Jede menschliche Emotion von Russen schien bei ihnen unerwünscht. Die Sänger weckten wohl Erinnerungen an den Krieg und das Leid der deutschen Soldaten. Diese Erinnerung wurde sorgsam konserviert. Sie schien ein wichtiger Bestandteil der Lebenskonstruktion derjenigen zu sein, die den Zweiten Weltkrieg überlebt hatten. Bloß keine Tränen für die Anderen. Das hätte jahrzehntelang gehegte Gewissheiten ins Wanken gebracht.

Nach dem Tod meines Vaters 2008 kam es zu einem Zwischenfall, der mich sehr nachdenklich machte. Meine zweite Mutter fragte mich, ob ich nicht irgendetwas von der Kleidung meines Vaters haben wolle. Sie öffnete den Kleiderschrank im elterlichen Schlafzimmer. Zuerst holte sie schwarze englische Herrenschuhe heraus. Ich schüttelte nur den Kopf. Dann bot sie mir ein paar Krawatten an. Eine nahm ich. Plötzlich warf sie mit einem Schwung eine graue Offiziersmütze der deutschen Wehrmacht aufs Ehebett. An der Vorderseite der Mütze prangte ein Hakenkreuz. Dabei machte sie ein triumphierendes Gesicht. Das konnte so viel bedeuten wie: »Tja, solche Leute waren wir« oder: »Vor uns hatte man Achtung, ja Angst!« Sie sagte aber keinen Ton. Ich war schockiert und schüttelte den Kopf.

Die Episode scheint mir nicht untypisch. Ich traf einige Deutsche aus der Generation meiner Eltern, die bis an ihr Lebensende stolz waren, dass sie in einer starken, gefürchteten Armee gedient hatten, die das »Vaterland« größer machen wollte. Ja, es war schief gegangen mit dem »Vergrößern«. Aber insgeheim schlummerte bei vielen der Wunsch, es den Russen irgendwann nochmal zu zeigen.

Dass sie an einem verbrecherischen Angriffskrieg teilgenommen hatten, war ihnen bis zum Lebensende nicht bewusst. Ihre Logik war: Wie kann es ein Verbrechen sein, wenn man für sein Vaterland kämpft?

Die Männer schnappten sich die Frauen

Als ich in Kiew und dann in Moskau war, hoffte ich, eine Frau zu finden. Aber eine Frau kennenzulernen, war gar nicht so einfach. Ich war in keine sozialen Netze eingebunden und hatte nur Zufallsbekanntschaften, etwa im Goethe-Institut, wo ich in der Bibliothek deutsche Zeitungen las oder auf Feiern und Kulturveranstaltungen, zu denen ich manchmal eingeladen wurde.

Wenn getanzt wurde, gab es bei den Russen ein völlig anderes Rollenverhalten. Die Männer schnappten sich die Frauen und zogen sie auf die Tanzfläche. Den Frauen schien das zu gefallen. Aber ich war viel zu höflich, um eine Frau ungefragt anzufassen. Woher hatte ich die Sicherheit, dass eine Frau, die ich anziehend fand, auch mit mir tanzen wollte? So schlich ich in Diskotheken um die Frauen herum, in der Hoffnung, es könne sich ein Gespräch ergeben. Aber damit hatte ich keinen Erfolg. Die Frauen in den Diskotheken wollten sich amüsieren und keine tiefgründigen Gespräche führen.

Einmal griff mir eine junge Dame – eine Logopädin – unter den Arm und zog mich auf die Tanzfläche. Ich hatte sie schon länger beobachtet und fand sie sehr sympathisch. Aber beim Tanzen stellte ich mich so steif an, dass sie keine Lust auf einen zweiten Tanz hatte.

Ein andermal sagte mir eine junge Russischlehrerin, die mit einem US-Amerikaner zusammen war, die russischen Frauen täten nur so, als ob sie nicht wollten. Hmmm. Dieses Mädchen gefiel mir und was sie sagte, empfand ich fast als Einladung. Aber nein, sie wollte mich nur etwas aufmuntern.

Erst nach vielen Jahren begriff ich, dass die Frauen beim Kennenlernen eine starke Initiative des Mannes erwarten. Sie halten sich so lange zurück, bis der Mann seine Gefühle eindeutig zeigt. Erst dann kommt die russische Frau aus ihrem Schneckenhaus und zieht den Mann mit in das Liebesabenteuer. Die Männer müssen sich also zunächst mal anstrengen und mutig sein. Erst dieser Mut gibt der Frau das Gefühl, dass es eine ernste Absicht gibt und nicht nur ein kurzes Abenteuer gewollt ist.

Eine Fahrt für die Liebe in der U-Bahn

Um in den 1990er Jahren als freier Mitarbeiter Hörfunk-Features für den *Deutschlandfunk* zu produzieren, ging ich immer zum russischen Auslandssender *Stimme Russlands*, der südlich vom Roten Platz an der Pjátnizkaja-Straße in einem hohen Stalin-Bau residierte. Der *Deutschlandfunk* hatte damals kein Studio in Moskau und es existierte auch noch keine digitale Audiotechnik. Um zu produzieren, gab es eine Vereinbarung mit der *Stimme Russlands*, dass wir deutschen »Freien« dort unsere Stücke anfertigen konnten, die dann sowohl bei der *Stimme Russlands* als auch bei deutschen Radiosendern ausgestrahlt wurden. Der *Deutschlandfunk* zahlte den deutschkundigen Sprechern von *Stimme Russlands* sogar Honorare, wenn sie an einer Sendung mitgewirkt hatten, die im *Deutschlandfunk* ausgestrahlt wurde.

Der Leiter der deutschen Abteilung bei *Stimme Russlands* war nicht immer begeistert von unseren deutschen Beiträgen, die wir inhaltlich nicht mit ihm abstimmten. Einmal verdächtigte er mich, ich hätte auf Anweisung aus Deutschland einen Beitrag zur Unterstützung des Separatismus in Tatarstan gemacht. Ich war mir keiner Schuld bewusst.

Einem jüngeren russischen Kollegen bei der »Stimme Russlands«, der damals parallel für einen deutschen privaten Fernsehkanal arbeitete, erzählte ich von meinem Problem, eine Russin kennenzulernen. Der Kollege grinste nur und sagte: »Die Zeiten haben sich geändert. Bei uns kann man Frauen jetzt auch auf der Straße kennenlernen.« »Was, ich soll sie einfach ansprechen?«, fragte ich ungläubig. »Ja, das machen jetzt viele so.«

Diese Idee war irgendwie verrückt. Aber weil ich wirklich sehr einsam war, wollte ich es mal ausprobieren. Es war ein kalter Novemberabend. Ich fuhr mit der U-Bahn nach Hause. Die Menschen in der U-Bahn hatten Mützen auf und waren in dicke Jacken oder Mäntel eingepackt. Manche starrten vor sich hin, manche lasen Bücher, inmitten des Lärms. Die U-Bahn ratterte damals noch mit viel Krach durch die Tunnel.

Ich ließ meine Blicke schweifen und sah eine interessante Frau. Sie war etwa 35 Jahre alt, trug eine schwarze Pelzjacke und sah aus wie eine gebildete Frau, die bescheiden lebte. Sie stand nur ein paar Meter von mir entfernt. Ihr Gesicht war blass. Sie machte keine Anzeichen, auf meine Blicke zu antworten, aber sie wendete ihren Kopf auch nicht ab. Ich spürte eine Nähe zu ihr und bildete mir ein, wir seien uns ähnlich, intellektuell, aber ängstlich.

Dann sah ich eine andere Frau vor der nächsten U-Bahn-Tür stehen. Sie war etwas kleiner als ich, hatte kurze, blonde Haare und eine helle Jacke. Manchmal wendete sie den Kopf leicht in meine Richtung. Ihr Gesichtsausdruck veränderte sich dabei nicht. Aber mir schien, dass diese Frau meine Blicke bemerkt hatte. Für eine Sekunde schaute sie mir in die Augen und es war passiert. In mir begann ein Feuer zu brennen.

Bei der nächsten U-Bahn-Station hätte ich aussteigen müssen, aber ich fuhr weiter. Ich wollte dort aussteigen, wo die blonde Frau ausstieg. Als sie den U-Bahn-Waggon verließ, holte ich sie schnell ein. Ich nahm meinen ganzen Mut zusammen und fragte, ob sie Lust hätte, mit mir einen Kaffee zu trinken. Dabei wusste ich gar nicht, ob es in diesem Außenbezirk überhaupt sowas wie ein Café gab.

Sie hieß Mascha. Später erzählte sie mir, dass sie gesehen habe, wie ich auch noch eine andere Frau beobachtete. Kaum zu fassen, dachte ich. Wie hat sie das nur mitbekommen in diesem Menschengewühl in der Metro. Aber russische Frauen, das lernte ich bald, bekommen sehr viel mit.

Mascha lehrte mich so Einiges. Zum Beispiel, dass man in ein russisches

Haus immer mit einer Kleinigkeit kommt, Blumen oder etwas Süßem. Wenn ich mit ihr auf der Straße ging und wir an einem Blumenstand vorbeikamen, so stellte sie sich neben mich und stieß mich leicht mit der Hüfte an. Das war das Signal, dass ich ihr unbedingt Blumen kaufen musste.

Wir liebten uns in der Küche. Die war geräumig und hatte einen schönen braun-gelb gemusterten Linoleumboden. Meine Freundin lehrte mich ein paar russische Worte des Begehrens, die ich in den entscheidenden Augenblicken sagen musste.

Aber in ihr Bett ließ Mascha mich nicht. Das war ihr zu viel Nähe. Aber sie ließ mich mitten in der Nacht – nach dem Sex – auch nicht auf die Straße. Wenn man bei Russen zu Besuch ist und es spät wird, ist es Sitte, dass man dem Gast eine Übernachtung anbietet. Die kann auch improvisiert sein. Mascha hatte für mich eine spartanische Matratze im Kinderzimmer ausgelegt. Dort schlief ihre Tochter, die jedes Mal, wenn mich ihre Mutter in das Zimmer führte, erschreckt aus dem Schlaf hochfuhr, sich dann aber wieder hinlegte. Mit Mascha war ich drei Jahre – mit Unterbrechungen – zusammen. Wir trafen uns ein-, zweimal die Woche bei ihr. Wenn ihre zehnjährige Tochter bei ihrem Ex-Mann war, kam Mascha auch mal zu mir.

Wir hatten zusammen innige Stunden. Aber sie hielt mich auf Distanz. Eine richtige Beziehung wollte sie mit mir nicht führen. »Es macht Spaß mit dir, aber ich suche eigentlich nicht so einen Mann wie dich«, sagte sie mir ganz unverblümt. Einmal traf es mich wie ein Schlag, als ihre Freundin zu Besuch war und die beiden lauthals von Männern schwärmten, die im Öl-Geschäft tätig waren. Ich verstand diese laute Unterhaltung als Wink mit dem Zaunpfahl. Ich sollte endlich mal Geld ranschaffen.

Der explodierende Reichtum der »Neuen Russen« – wie man die Privatisierungsgewinnler damals nannte – hatte vielen Moskauern den Kopf verdreht. Nicht Klassenhass war angesagt, sondern Bewunderung der Erfolgreichen.

»Schämst du dich nicht?«

Mascha liebte wie ich das Abenteuer. Ich erzählte ihr von meinen Fußballern, mit denen ich mich jeden Sonnabend zum Kicken traf. Mascha bat, dass ich sie einmal mitnehme. Die Exkursion hatte etwas Außergewöhnliches.

Nach dem Fußballspielen saßen und lagen wir alle leicht bekleidet auf einem von Bäumen und Sträuchern umsäumten Rasen und tranken Bier und Wodka. Es herrschte eine fröhliche Stimmung. Außer den Fußballspielern waren zwei Frauen zugegen, Mascha und eine mir unbekannte junge Dame. Die Unbekannte trug einen Bikini. Irgendwann zog sie das Bikini-Oberteil aus. Mascha schimpfte: »Kak tebe ne stydno?« (»Schämst du dich nicht?«). Aber die Unbekannte kümmerte das nicht. Plötzlich sah ich, wie die Dame an der Badehose von M. herumfingerte. M. war der Älteste unter uns, klein, kräftig, ohne Bauch, mit einer rauen Stimme und immer zu Späßen aufgelegt.

M. hatte die Berührung wohl gefallen. Er begann die Barbusige zu küssen. Es waren lange, innige Küsse. Mascha schimpfte wieder: »Kak tebe ne stydno?« Da kam M. plötzlich zu Mascha angerobbt und küsste sie ebenfalls. Ihr schien es zu gefallen.

Irgendwann löste sich die Versammlung auf. Mascha und ich machten uns auf den Heimweg. In der Straßenbahn küssten wir uns lange. Es war ein merkwürdiges Gefühl einen Mund zu küssen, indem noch vor kurzem eine fremde Zunge gesteckt hatte. Ein Gefühl von Eifersucht hatte ich merkwürdigerweise nicht. Irgendwann schlief Mascha ein. Wir mussten aussteigen. Der Alkohol und die frische Luft hatten sie müde gemacht.

Mascha war streng in ihrer Art, aber wenn ich mit meiner neu erworbenen »Schapka«, einer Mütze aus rotem Fuchspelz, im 10. Stock vor der Eisentür ihres Korridors stand, klingelte und sie dann öffnete, huschte über ihr Gesicht immer ein Lächeln. Was amüsierte sie? Dass mir die Mütze etwas zu klein war und sie wie ein Turban auf meinem Kopf thronte, oder dass sie unter der ur-russischen Mütze ein deutsches Gesicht sah?

Maschas burschikose Art faszinierte mich. Morgens erlebte ich, wie sie sich über der Küchenspüle ein Nasenloch zuhielt und sich schnäuzte. Möglicherweise hatte sie kein Geld für Taschentücher oder es waren gerade keine in den Geschäften zu haben.

Es war praktisch, sich so zu schnäuzen, aber für mich, dem Jungen aus »gutem Hause«, war es immer wieder erstaunlich, wie einfach das Leben sein kann. Ich war zuhause auf »gutes Benehmen« dressiert worden. Mit ungeputzten Schuhen ging ich nicht auf die Straße. Ein Taschentuch war bei Schnupfen immer zur Hand. Ich wusste, wie man einen Tisch deckt.

Der Löffel liegt oben über dem Teller, Messer und Gabel rechts, die Gabel neben dem Teller und das Messer mit der scharfen Kante zur Gabel.

Streit über die Tschetschenen

Mascha war unpolitisch, aber sie konnte mich politisch einordnen. Wenn sie mich ihren Freunden vorstellte, sagte sie, ich sei »Revolutionär«. Ihr Gesicht machte dabei einen stolzen Ausdruck. Und sie lächelte.

Häufig stritt ich mit ihr über die Tschetschenen, die sich damals von Russland abspalten wollten. Mein Mitleid mit den aufständischen Tschetschenen, die von der russischen Armee bombardiert wurden, verstand sie nicht. Sie erklärte mir ohne Umschweife, dass sie Kaukasier nicht mochte. Warum, erfuhr ich nur in Andeutungen. Irgendwann hatte es da eine unangenehme Situation in einem Zug gegeben. Genaueres wollte sie nicht erzählen. Ich stellte mir vor, dass sie von einem Kaukasier angemacht wurde und sich nur mit Mühe in Sicherheit bringen konnte.

Ob Mascha Geld verdiente, darüber redete sie nicht. Einmal deutete sie an, dass sie einen Vermittlungsjob am Telefon hatte. Sie organisierte von zuhause aus Lieferungen von Zucker. Von mir erwartete sie finanzielle Unterstützung für sich und ihre Tochter. Aber als freier Journalist, der völlig neu im Beruf war und noch keine festen Abnehmer hatte, war ich dazu nicht in der Lage.

Irgendwann nahm Mascha einen Job in einem Lebensmittelgeschäft an. Sie bat mich vorbeizukommen. Was ich sah, erschreckte mich. Gebückt sortierte sie Ware in einem unteren Regal ein. Als sie zu mir aufguckte, machte sie ein gequältes Gesicht. »Nun siehst Du, wie ich arbeite«, sagte sie.

Ein paar Tage später gab ich ihr hundert Dollar. Sie nahm das Geld dankend an. Später fragte sie mich in einer Mischung aus Lächeln und Spott, »warum hast du mir gerade 100 Dollar gegeben?« Ich grummelte irgendetwas. Mir war die Frage peinlich, denn 100 Dollar waren damals der Preis für eine Nacht mit einer Prostituierten.

Wenn ich meinen Freunden in Hamburg von meinen Problemen berichtete, in Russland eine Frau zu finden, verstand mich niemand. Waren denn nicht alle russischen Frauen berufstätig? Schulterten sie nicht Fabrik- und Hausarbeit so wie zu Sowjetzeiten?

Dass inzwischen eine ganz neue Generation von Frauen herangewachsen war, die von einem Leben wie im Westen träumte, wussten meine Freunde nicht. Sie wussten auch nicht, was sich viele russische Frauen unter einem Leben im Westen vorstellten. Sie träumten davon, was ihnen in den ausländischen Seifenopern präsentiert wurde, die ständig im russischen Fernsehen liefen. Da gab es immer eine Villa mit Garten und Swimmingpool. Der Mann fährt mit einem schicken Auto zur Arbeit, während die Frau sich um die Kinder kümmert.

Die Situation war wie verhext. Ich lernte einfach keine Frauen kennen, die außer Sex ähnliche Interessen hatten wie ich. Anstatt eine Frau zu suchen, die nicht nur im Bett, sondern auch sonst zu mir passt, ließ ich mich der Reihe nach auf Abenteuer ein oder initiierte sie selbst. Das war auf den ersten Blick einfacher. Man war schnell beieinander. Aber diese Beziehungen waren meist nicht von langer Dauer.

Dass ich so wenig Ausdauer hatte, lag wohl auch daran, dass ich sexuell ziemlich verklemmt war und mich die Russinnen mit ihrer lockeren Art beim Sex anzogen. Als ich einer Bekannten in Deutschland, einer Lehrerin, von meinen sexuellen Erlebnissen in Russland erzählt, meinte sie in verächtlichem Ton, »dumm fickt gut«.

Da war sie wieder, die westdeutsche Überheblichkeit. Wer eine höhere Ausbildung hat, hält sich oft für klug und die »Unterschicht« für dumm. In Russland habe ich aber gelernt, dass der Universitätsabschluss und der Status nichts über einen Menschen aussagen. Lebenserfahrung, soziale Kompetenz, die Fähigkeit schwierige Situation zu meistern und Kompromisse zu finden in kleinen Wohnungen und in einem rauen wirtschaftlichen Umfeld, in dem die sozialen Sicherungssysteme nicht mehr funktionieren, sind weder vom Status noch von der Ausbildung abhängig.

In den 1990er Jahren hatten negative Äußerungen westdeutscher Frauen über Russinnen oft einen ganz profanen Grund. Russinnen wurden als Konkurrentinnen gesehen. Die russischen Frauen betonten das Weibliche und das Erotische. Und das sprach die deutschen Männer an.

Für mich gab es aber noch ein anderes Problem. Kaum hatte ich eine Russin kennengelernt, die sich für Politik interessierte, hing ich in der Luft. Die russischen Frauen unterstützten entweder zu hundert Prozent den Feldzug der russischen Armee in Tschetschenien oder sie lehnten diesen Feldzug zu hundert Prozent ab. Meine Position lag dazwischen. Ich war der Meinung, die Russische Föderation müsse erhalten bleiben. Aber ich wünschte mir, dass man Verhandlungen führt, um Blutvergießen zu vermeiden. Und ich hielt es für möglich, den Tschetschenen eine Autonomie innerhalb der Russischen Föderation zu gewähren.

Immer wieder merkte ich, dass mir vieles fremd und unverständlich war. Ich wollte nicht unbedingt alle russischen Sitten übernehmen, aber ich wollte den Grund für bestimmte mir fremde Sitten und Einstellungen verstehen.

Nicht nur für mich änderte sich viel, auch für die Russen.

»Eine Epoche geht zu Ende«, hatte der russische Rock-Poet Juri Schewtschuk 1990 gesungen.

Die Dichter verließen uns in den letzten Herbst
Man kann sie nicht zurückholen, die Fensterläden sind verschlossen
Es gibt nur noch Regen und einen kühlen Sommer
Es bleibt die Liebe und lebendig gewordene Steine

Wenn ich den russischen Frauen vom westdeutschen Feminismus erzählte, wurden sie oft unwirsch, ja sogar wütend. Diesen Westen, in dem die Frauen den Männern »gleichgestellt« werden, wollten sie auf keinen Fall. Die Frauen bangten nach dem Verlust von Arbeitsplätzen nun auch noch das Letzte zu verlieren, die materielle Hilfe von Ehemännern. Die Aufgabe der Frau war es, Kinder zu erziehen. Dass russische Männer sich aktiv in der Kindererziehung zeigen, war im russischen Leben nicht vorgesehen. Zu Hause stand alles unter weiblichem Kommando.

Und in Krisenzeiten war der Mann als Geldbeschaffer noch nötiger als zu normalen Zeiten. Doch viele Männer waren nicht in der Lage, sich auf die neue Zeit einzustellen. Manch Wissenschaftler, der zu Sowjetzeiten einen angesehenen Job hatte, wurde Anfang der 1990er Jahre arbeitslos und griff zur Flasche. Da waren es die Frauen, die alle Lasten auf sich nahmen, die Kinder großzogen und Geld verdienten. Wenn das Feminismus sein sollte, hatten die russischen Frauen kein Interesse daran.

Vieles, was ich in Moskau Anfang der 1990er Jahre sah und erlebte, stieß mich ab oder ich verstand es nicht. Mit der Gemütlichkeit und Sicherheit in Deutschland, vor der ich geflüchtet war, war es vorbei. So begann ich mein Umfeld in Moskau genauer zu beobachten, auf der Suche nach etwas Schönem.

Hochhaus, 11. 09. 93

Wie ein gefräßiges Monster
starrt mich das 20stöckige Monstrum an.
Ein Hochhaus, halbfertig.
Davor zwei Kräne mit durchhängenden Seilen.
Der Bau mit den schwarzen Augenhöhlen
an der großen Straße,
neben anderen 20stöckigen Hochhäusern
in denen bereits Menschen wohnen,
ist seit Langem eingestellt.
Etwas weiter – vor dem »Dieti«-Laden -
eine wartende Menge.
Es ist viertel vor Drei.
»Pereriw« – Pause
Alte und junge Frauen warten.
Männer sitzen rauchend in Autos.
Adidas-Schuhe, Jacken mit Mustern
aus Südostasien.
Auch sie warten – auf Taxi-Jobs.
Für's Einkaufen sind die Frauen da.
Die Bäume verfärben sich rot, blau, gelb
Herbstsonnenlicht ergießt sich über die Straße,
demontierte Denkmäler, Rasen und Bäume.
Nur dieses Licht ist Trost in dieser Tristesse.
Das Hochhaus starrt mit seinen schwarzen,
leeren Höhlen.
Verrostete Träger ragen ins Leere.
Dicke weiße Wolken am hellblauen Himmel,
Kinder mit Wollmützen, alte Männer mit
Käppis aus Wolle und weißen Ballonmützen

Junge Burschen mit Baseballmützen,
junge Mädchen mit bunten Plastikbüscheln im Haar,
alte Frauen mit silbrig-geknoteten Schopf.
»Dieti«, ein riesiger Supermarkt,
früher mit vielen Ständen und wenigen Kassen am Ausgang.
Heute wird nur noch an wenigen Ständen verkauft.
Vor dem Brotstand jetzt die Kasse für Brot
mit einer Schlange, die sich fast durch die ganze
Halle schlängelt.
Wartende Männer mit neuen Amiklamotten und spitzen Cowboystiefeln.
Es gibt »Baton«-Weißbrot, »Borodinski«-Schwarzbrot
und kleine Vollkornbrote für 60 bis 130 Rubel.
Man braucht Geduld in Moskau.

13. Rote und Patrioten gegen Jelzin (1992/93)

Der Westen lobt Gorbatschow, setzt aber auf Jelzin

Am 12. Juni 1991 wurde Boris Jelzin mit 57 Prozent der Stimmen zum Präsidenten der Russischen Sozialistischen Föderativen Sowjetrepublik (RSFSR) gewählt. Jelzin begann in der russischen Politik eine führende Rolle zu spielen, als er vom Politbüro der Kommunistischen Partei 1985 zum Ersten Parteisekretär der Stadt Moskau ernannt worden war. Die Funktion »Erster Parteisekretär« war damals vergleichbar mit dem Amt des Bürgermeisters.

Als erster Parteisekretär in Moskau machte sich Jelzin mit populistischen Maßnahmen – wie der persönlichen Inspektion von Lebensmittelgeschäften – einen Namen. Er wurde zum Hoffnungsträger der Menschen in Moskau und St. Petersburg, die auf marktwirtschaftliche Reformen und Demokratisierung setzten. Die westlichen Medien jubelten. In Jelzin sahen sie jemanden, der in Russland den Weg für »freie Marktwirtschaft« und Demokratie westlichen Zuschnitts ebnete.

Michail Gorbatschow – 1991 noch Präsident der Sowjetunion – wurde im Westen zwar das Verdienst angerechnet, dass er die Öffnung Russland möglich gemacht hatte. Doch für die von Gorbatschow angestrebte reformierte Sowjetunion gab es unter westlichen Medien und Politikern keinerlei Sympathie. Als Gorbatschow am 25. Dezember 1991 zurücktrat, wurde das im Westen mit Zufriedenheit zur Kenntnis genommen. Man begrüßte die Auflösung der Sowjetunion. Hinter den Kulissen hatte man wohl Angst, dass Russland in eine unkontrollierte Entwicklung mit Chaos und Bürgerkrieg gerät. So unterstützte man Boris Jelzin medial und politisch zu hundert Prozent. Jelzin war zwar – wie Gorbatschow – kommunistischer Parteifunktionär gewesen. Doch Jelzin hatte während der Perestroika deutlich gemacht, dass er ein antikommunistischer Populist geworden war.

Am 19. August 1991 – fünf Wochen nachdem Jelzin zum Präsidenten der Russischen Sowjetrepublik gewählt worden war – begann in Moskau ein »Putsch« von sogenannten »Altkommunisten« aus der oberen Etage des

Staatsapparats, die erklärten, Gorbatschow, der sich zur Erholung auf der Krim befand, sei krank und könne seine Amtsgeschäfte nicht ausführen.

Teilnehmer des von den Putschisten gebildeten »Notstandskomitees« erklärten später, dass man mit dem »Putsch« die für den 20. August 1991 geplante Unterzeichnung eines neuen Unionsvertrages der Sowjetrepubliken verhindern wollte. Der geplante Unionsvertrag, der Autonomierechte für die Republiken der Sowjetunion vorsah, würde zur Auflösung der Sowjetunion führen. Der »Putsch« wurde unterstützt von Verteidigungsminister Dmitri Jasow, Innenminister Boris Pugo und KGB-Chef Wladimir Krjutschkow. Die Putschisten ließen in Moskau 4000 Soldaten, 362 Panzer und 427 Schützenpanzerwagen auffahren.

Doch die Durchführung des Umsturzes wirkte dilettantisch und unentschlossen. Der gerade erst gewählte Präsident Russlands, Boris Jelzin, konnte sich frei in Moskau bewegen. Er wurde nicht verhaftet. Schon am Morgen des ersten »Putsch«-Tages, dem 19. August, traf Jelzin im Weißen Haus, dem Sitz der Regierung Russlands im Zentrum von Moskau, ein. Von dort leitete er den Widerstand gegen die »Altkommunisten«.

Ein wichtiges Instrument gegen den Putsch war der im August 1990 gegründete Sender *Radio Echo Moskau*. Dort arbeiteten Anhänger von Boris Jelzin. Der Sender wurde später in der Zeit unter Wladimir Putin zur wichtigsten Stimme der Liberalen in Russland. Am 3. März 2022 wurde *Radio Echo Moskau* wegen seiner Opposition gegen die russische Intervention in die Ukraine abgeschaltet. Die leitenden Redakteure gründeten dann den Youtube-Kanal »Lebender Nagel«.[48]

Der Putsch in Moskau brach nach drei Tagen zusammen. Er beschleunigte den Zerfall der Sowjetunion. Mehrere Sowjetrepubliken erklärten sich unmittelbar danach für unabhängig.

Eine neue Linke fällt nicht vom Himmel

Nach dem gescheiterten Putsch wurde Boris Jelzin von den westlichen Medien als Retter der Demokratie in Russland gefeiert. Nicht in diese Jubel-Berichterstattung passte die Tatsache, dass Jelzin mit dem Ukas

48 Schiwoi gwosd (Lebender Nagel), https://www.youtube.com/@zhivoygvozd/videos

Nr. 169 vom 6. November 1991 die Kommunistische Partei der Sowjetunion (KPdSU) mit ihren 19 Millionen Mitgliedern verbot und ihr Eigentum beschlagnahmen ließ. Dieser diktatorische Akt stieß in westlichen Medien nicht auf Kritik.

In dem Ukas von Jelzin hieß es: »Solange die Strukturen der KPdSU existieren, besteht keine Garantie, dass es keinen neuen Putsch oder Umsturz gibt.« Man könnte es nicht zulassen, »dass der gigantische Mechanismus der kommunistischen Partei-Maschine reanimiert wird und die Keime der russischen Demokratie niederdrückt.«[49]

Doch das politische Feld auf der linken Seite des politischen Spektrums blieb nach dem Verbot der KPdSU nicht leer. Ende November 1991 wurde die Russische Kommunistische Arbeiterpartei (RKRP) gegründet. Im Oktober 1992 gründete diese Partei dann die Massenorganisation »Trudowaja Rossija« (»Arbeitendes Russland«). Mir war »Arbeitendes Russland« in Moskau schon aufgefallen, weil diese Organisation große Straßendemonstrationen gegen die Folgen der marktradikalen Schocktherapie organisierte und in Opposition zu Jelzin ging. Vorsitzender von Trudowaja Rossija war Viktor Anpilow (1945–2018), der zugleich als Erster Sekretär der RKRP in Moskau fungierte.

Wie stark die russische Linke damals noch war, zeigte die Erste-Mai-Demonstration 1993 an der sich unter roten Fahnen 100.000 Menschen beteiligten. Eine der Hauptforderungen bestand in der Wiederherstellung der Sowjetunion. Jelzin wurde als »Faschist« beschimpft, weil er die Union der Sowjetrepubliken zerstört habe. Man protestierte gegen den »Ausverkauf des Landes an das westliche Kapital« und gegen die Radikalreformer, welche nach den Interessen des Westens Politik machten. Man forderte den Schutz der russischsprachigen Minderheiten in den ehemaligen Sowjetrepubliken und es wurde Geld gesammelt für einen »Fond zur Rettung von Transnistrien«. In Transnistrien, dem östlichen Landesteil der Republik Moldau, gab es damals militärischen Widerstand gegen die befürchtete Vereinigung mit Rumänien.

Auf den Demonstrationen von »Arbeitendes Russland« protestierten Tausende. In der aufgeheizten Stimmung nach der Auflösung der Sowjetunion kochte aber auch Antisemitismus hoch. Ich sah damals eine Reihe

49 http://www.kremlin.ru/acts/bank/385

von antisemitischen Plakaten. Eins zeigte Präsident Boris Jelzin und den Moskauer Bürgermeister Gawriil Popow als »die neuen Könige« mit Judensternen. Auf einem anderen Plakat war zu lesen: »Verbannen wir die Demokraten in die Synagogen.« Auf improvisierten Bücherständen vor dem Lenin-Museum in Moskau wurde sogar Hitlers »Mein Kampf« verkauft. Keiner schien sich darüber aufzuregen.

Die im Westen gefeierten »jungen Reformer« Russlands um die Regierungsmitglieder Anatoli Tschubais und Jegor Gajdar sprachen verächtlich von einem »rot-braunen Bündnis«. Mit diesem Kampfbegriff wollte man die realen sozialen Nöte ausblenden, die nach der Auflösung der Sowjetunion und der wirtschaftlichen Schocktherapie eine radikale Opposition geradezu herausforderten.

Mein Interview mit dem Führer der Anti-Jelzin-Bewegung

Ich entschloss mich damals, mit dem Führer von »Arbeitendes Russland«, Viktor Anpilow ein Interview zu führen. Das Interview wurde im *Neuen Deutschland* veröffentlicht.[50] Anpilow schlug als Treffpunkt das von der Schließung bedrohte zentrale Lenin-Museum direkt am Roten Platz vor. Heute befindet sich in dem Gebäude das Museum für russische Geschichte.

Es war ein Sonnabend. Anpilow – damals 46 Jahre alt – hatte seinen sechsjährigen Sohn mitgebracht. »Ein Produkt der Perestroika«, sagte er lachend. Wir setzten uns auf eine Bank im Foyer des Museums.

Anpilow erzählte, wie er als Kind einer Bauernfamilie in einem südrussischen Dorf dank guter Ausbildung Radiokorrespondent in Mittelamerika wurde. Seine Mutter betreute auf einer Kolchose elternlose Kinder. Der Vater verlor im Krieg seinen linken Arm. Viktor war das jüngste von sechs Kindern. Schon im Alter von zehn Jahren fing er an zu arbeiten. Mit 14 verließ er seine Familie. Es folgten Berufsausbildung, Arbeit in einer Fabrik und nebenbei die Weiterbildung in einer Arbeiterschule.

Das Leben der Jugendlichen, die getrennt von ihren Familien lebten, sei hart gewesen. Ein großer Teil von ihnen landete im Gefängnis, erzählte

50 Was steckt hinter dem »rot-braunen« Bündnis? *Neues Deutschland*, 22. Juli 1992, https://www.nd-aktuell.de/artikel/368336.wer-steckt-hinter-dem-rot-braunen-buendnisl.html

Anpilow. Er absolvierte die Schule und war dann drei Jahre Soldat. Die Mutter sei stolz gewesen, dass alle drei Söhne in der Armee dienten. Während der Armeezeit habe er Sprachen gelernt. Nach dem Armeedienst studierte er an der Moskauer Uni Journalismus, später arbeitete er ein Jahr in Kuba als Übersetzer. Schließlich wurde er bei *Radio Moskau* Kommentator für Lateinamerika. 1984 arbeitete er auch für *Radio Nicaragua*.

Die meisten Journalisten – so Anpilow – hätten ihre Meinung dem neuen Kurs unter Gorbatschow angepasst. Er jedoch sei seinen kommunistischen Idealen treu geblieben. Auf seiner Arbeit habe er dafür Nachteile in Kauf genommen.

1989 habe er begonnen, sich mit Gleichgesinnten zu treffen. »Wir gründeten die OFT, die Vereinigte Front der Arbeiter, danach die Kommunistische Initiative in Leningrad, später die RKRP. Wir waren erst 5000, jetzt sind wir 150.000.« Auf dem 28. Parteitag der KPdSU im Juli 1991 habe seine Gruppe öffentlich erklärt, »dass Gorbatschow, Jakowlew und Schewardnaze eine antikommunistische Gruppe in der Partei sind. Wir waren die erste Gruppe, die sagte, Gorbatschow und Jelzin sind ein und dasselbe.«

Ich fragte Anpilow nach seiner Meinung zu dem »Putsch« des »Notstandkomitees« im August 1991. Er antwortete, viele der Beteiligten seien honorige Männer, die auch in der Bevölkerung zum Teil noch Ansehen hätten. Der Sowjet der Moskauer Arbeiter habe am zweiten Tag des Putsches erklärt, dass sie nicht streiken wollten, weil sie »das Notstands-Komitee unterstützen«.

Die politische Analyse des Notstandkomitees sei – so Anpilow – richtig gewesen. Nur hätte man die Aktion nicht »hinter dem Rücken des Volkes« durchführen sollen. Ein Fehler und eine Lüge sei es auch gewesen, zu behaupten, dass Gorbatschow krank sei. Man hätte vielmehr sagen müssen, dass Gorbatschow kriminell sei. Anpilow war sich sicher, dass einige Leute vom Notstandskomitee während ihrer Aktion mit Gorbatschow in Kontakt standen. Gorbatschow – so Anpilow – sei in den sogenannten »Putsch« verwickelt gewesen. Er habe sich nur im Hintergrund gehalten und abgewartet. Gorbatschows Verhalten müsse Konsequenzen haben, meinte Anpilow. »Ich bin für ein offenes Tribunal wie 1937. Wir müssen die Rolle Gorbatschows aufklären.«

Als ich erschreckt fragte, ob er solch ein inhumanes Schauspiel wirklich noch einmal wiederholen wolle, meinte er ganz gelassen: »Damals war selbst der amerikanische Botschafter anwesend.« Ich antwortete, dass es eine Menge Literatur über die wahren Hintergründe der Moskauer Prozesse von 1937 gäbe. Daraufhin Anpilow: »Man muss nicht alles wissen. Entscheidend ist, dass man mit dem Herzen dabei ist.« Doch er merkte wohl, dass er mich nicht überzeugt hatte.

Auf seinen Knien lag ein Stapel kommunistischer Zeitungen aus Brasilien. Er blätterte darin. »Ich suche eine Reproduktion von einem Bild von Picasso. Darauf sehen Sie die Hand von Stalin mit einem Glas.« Über Picasso wollte Anpilow mich offenbar mit Stalin versöhnen. Doch er fand das Bild nicht. Unser Gespräch befand sich in einer Sackgasse.

Ich schnitt ein neues Thema an und fragte, warum er zusammen mit den Monarchisten demonstrieren würde? Anpilow antwortete: »Wir sind so stark. Deswegen kommen diese Leute. Auf der Demonstration des Sieges über den Faschismus am 9. Mai habe ich mich sogar dafür eingesetzt, dass auf dem historischen Wagen, mit dem Berlin befreit wurde, auch eine Flagge der Romanows hängen durfte. Die Klassen- und die nationalen Interessen sind zurzeit ineinander verschränkt. Das erfordert eine besondere Bündnispolitik.«

Juden, unterdrückt oder nicht?

Dann fragte ich, warum auf der Erste-Mai-Demonstration von »Arbeitendes Moskau« antisemitische Transparente getragen wurden. Mein Interviewpartner antwortete: »Die Juden sind nicht die Gefahr für Russland. Die Gefahr kommt vom Weltkapitalismus. 80 Prozent des Weltkapitals sind in der Hand jüdischer Familien. Die Interessen des Kapitals und die Interessen der Juden sind dieselben. Wir kämpfen für die jüdischen Arbeiter. Wir sind aber entschieden dagegen, dass jetzt hier in Moskau Schulen für Juden aufgemacht werden, in die Nichtjuden nicht hineindürfen.« Darauf erwiderte ich, dass die Juden in der Sowjetunion lange unterdrückt wurden. Anpilow antwortete: »Das ist völlig falsch. Selbst Gorbatschow hat in einem Interview zu Recht darauf hingewiesen, dass die Juden in der Sowjetunion mit 1,5 Millionen Menschen, also eine relativ kleine Volksgruppe, in bestimmten Bereichen überrepräsentiert sind. Sie stellen 40 Prozent der Wissenschaftler, 60 Prozent der Kulturleute und haben außerdem einen überproportionalen Anteil in den Regierungsstrukturen. Heute werden die Russen viel mehr unterdrückt, siehe Estland.«

Offizielle Zahlen über den Anteil der Juden im Bereich Wissenschaft und Kultur hat es in Russland nie gegeben. Die von Anpilow genannten Zahlen waren Schätzungen.

Aus meiner persönlichen Erfahrung spricht jedoch einiges dafür, dass der Anteil der Juden in den genannten Bereichen hoch war. Allerdings diskreditierte sich Anpilow als Linker, wenn er den hohen Anteil der Juden in bestimmten Bereichen skandalisiert und »die Juden« faktisch für die anti-sozialen Folgen der Transformation in den Kapitalismus verantwortlich machte.

Soweit das Interview mit Viktor Anpilow. Heute, also im Jahr 2023, gibt es im politischen Leben in Russland keinen Antisemitismus. Es gibt zwar einen Alltags-Antisemitismus, aber auch der ist gering und beschränkt sich auf nationalistische Kreise. Negative Äußerungen über Juden werden in den russischen Medien nicht geduldet. In den Großstädten wie Moskau gibt es jüdische Schulen und Synagogen. Anschläge auf Synagogen – wie in Deutschland – gibt es in Russland aber nicht.

In der Zentrale von »Trudavaja Moskwa« (Arbeitendes Russland) sprach ich 1992 mit einigen Aktivisten der RKRP. Dass es in der Sowjetunion Antisemitismus gab und gibt, davon wollten auch sie nichts wissen. Die nationalen Auseinandersetzungen in der ehemaligen Sowjetunion seien auf die Wühlerei der in- und ausländischen Bourgeoisie zurückzuführen. Einer der Mitarbeiter von »Arbeitendes Russland« erklärte mir, »Pamjat (eine rechtsradikale Organisation), das sind Provokateure. Die wollen die Auswanderung sowjetischer Juden nach Israel erzwingen.«

Über das Problem Antisemitismus sprach ich auch mit anderen Linken. Boris Kagarlitsky, damals Mitbegründer der »Partei der Arbeit«, einem sozialistischen Sammlungsprojekt, meinte: »Russland war immer ein antisemitisches Land und es wird auch in Zukunft ein antisemitisches Land sein. Diese Einstellung ist stabil. Man sollte aber nicht denken, dass dies ein Hauptfaktor in der Politik ist.«

Der Historiker und Anarcho-Kommunist Vadim Damier sagte mir: »Die tragenden Säulen des rechts-linken Bündnisses sind zwei Dinge: Großstaatlichkeit und Antisemitismus. Die Traditionalisten in der Russischen

Kommunistischen Arbeiterpartei (RKRP) wissen, dass das Bündnis mit den Rechten im Prinzip eine Absage von ihren Theorien und ihrer Ideologie ist. Die RKRP will zu den Ultrarechten jedoch keine Trennungsposition einnehmen. Das stört jede Zusammenarbeit der Linken mit der RKRP.«

Was ist aus den russischen Linken geworden? (1992–2023)

Die Linke hat seit 1992/93 mehrere Wandlungen vollzogen. Die Rolle der radikalen Straßenopposition übernahm 2008 mit einer Anti-Putin-Stoßrichtung der ehemalige Schachweltmeister Garri Kasparow und 2011 der Blogger Alexej Navalny. An diesen Anti-Putin-Bewegungen waren vor allem liberale, aber auch einige linke und linksradikale Gruppen beteiligt.

Die kleinen nicht-stalinistischen Gruppen der Linken um Boris Kagarlitsky und Vadim Damier blieben wie schon 1992/93 in einer Randposition ohne Masseneinfluss. Als Analytiker und Publizisten haben Damier, vor allem aber Kagarlitsky, einen gewissen Bekanntheitsgrad. Unter der Leitung von Kagarlitsky entstand 2012 im Zuge der Moskauer Massenproteste gegen angeblich gefälschte Duma-Wahlen der linke YouTube-Kanal »Rabkor« mit 120.000 Abonnenten im Jahr 2023. Kagarlitsky selbst saß im Jahr 2023 kurzfristig wegen »Rechtfertigung von Terrorismus« in Haft. Der Vorwurf der Staatsanwaltschaft bezog sich auf einen Post des *Rabkor*-Chefredakteurs, in dem dieser merkwürdig lax formulierte, die Ukraine habe mit ihrem Beschuss der Krim-Brücke eines der wichtigsten Prestigeprojekte von Wladimir Putin getroffen. Kagarlitsky wurde im Dezember 2023 aus der Haft entlassen und mit einer Geldstrafe belegt.

Die RKRP, die 1991 nach dem Verbot der KPdSU die einzige Kommunistische Partei war, hat heute keine große Bedeutung. Die 1993 gegründete Kommunistische Partei der Russischen Föderation (KPRF) dagegen ist der wichtigste Bezugspunkt für linke Politik in Russland und faktisch der Nachfolger der KPdSU. Im Gegensatz zu den radikalen Linken und Liberalen kritisiert die KPRF nicht die russische Intervention in die Ukraine. Die KPRF warnt heute sogar vor einem vorzeitigen »faulen Frieden« mit dem Regime in Kiew, woran nur russische Oligarchen aber nicht das russische Volk ein Interesse habe.

Das Verhältnis zur Sowjetunion in der Bevölkerung hat sich unter Putin geändert. Ab 2005 bemerkte ich, dass in der Bevölkerung eine Sowjet-Nostalgie aufkam. Junge Leute liefen mit T-Shirts rum, auf denen die Symbole der UdSSR zu sehen waren. Diese Nostalgie hält bis heute an.

Seit 2022 hat sich der Konflikt mit dem Westen verschärft. Die Anti-NATO- und Anti-US-Propaganda in den staatlichen Medien hat sich noch einmal verstärkt. Viele westlich orientierte Intellektuelle und Medienleute sind in westliche Staaten emigriert. In den russischen Fernsehsendungen wird mehr und mehr positiv Bezug genommen auf wirtschaftliche, kulturelle und wissenschaftliche Leistungen der Sowjetunion. Die staatlichen russischen Medien schweigen aber über die sowjetische Ideologie und die kommunistische Idee.

Ideologisch nehmen die staatlichen Medien und Institutionen mehr und mehr Bezug auf Politiker und geistige Führer aus dem vorrevolutionären Russland, wie etwa auf die Zaren aus dem 19. Jahrhundert und den russischen Ministerpräsidenten Pjotr Stolypin (1862–1911) unter denen die Leibeigenschaft abgeschafft wurde und die Industrialisierung Russlands begann.

14. Russen emigrieren aus Mittelasien nach Russland (1994)

Wer kümmert sich um die Auslandsrussen?

Russland stand Anfang der 1990er Jahre vor einer historisch einmaligen Aufgabe. Die Moskauer Führung musste sich entscheiden, wie sie sich gegenüber den 25 Millionen Russen verhalten sollte, die außerhalb Russlands in den anderen Nachfolgestaaten der Sowjetunion lebten. Die Präsidenten von Russland, Weißrussland und der Ukraine hatten die Sowjetunion im Dezember 1991 aufgelöst. Alles schien ganz einfach. Die Grenzen der ehemaligen Sowjetrepubliken wurden zu Grenzen der Nachfolgestaaten.

Aber was war mit den Russen, die außerhalb Russlands lebten? Wer kümmerte sich um sie? Würden die Regierenden in Mittelasien und im Kaukasus die kulturellen Rechte der Russen und ihre Sprache schützen? Bestand andererseits die Möglichkeit, dass die »Auslandsrussen« für Moskau ein Hebel werden, um im eurasischen Raum russische Interessen durchzusetzen? Um den früheren Bürgern der Sowjetunion überhaupt die Möglichkeit zu geben, ihre Familienmitglieder in anderen ehemaligen Sowjetrepubliken zu besuchen, wurde auf dem Territorium der Gemeinschaft unabhängiger Staaten (GUS) – der Nachfolgeorganisation der Sowjetunion – 1992 das visafreie Reisen eingeführt. Die Visa-Freiheit auf dem Gebiet der GUS gilt bis heute.

Wie kamen die Russen nach Mittelasien?

Zu Zeiten der Sowjetunion wurden qualifizierte Arbeitskräfte aus Russland gezielt in die mittelasiatischen Sowjetrepubliken geschickt. Der Pressesprecher der Föderativen Migrationsverwaltung Russlands, Sergej Solntsew, erklärte mir 1994: »Der Großteil der Russen, die jetzt in den ehemaligen Sowjetrepubliken leben, sind nach der Revolution in diese Regionen delegiert worden, um das kulturelle und wirtschaftliche Niveau dieser Republiken zu heben. Keiner von ihnen arbeitete in der Landwirtschaft oder im Dienstleistungssektor.«

1991 stellten die Russen in Kasachstan einen großen Teil der wissenschaftlich-technischen Intelligenz, doch 1992 begann in Kasachstan ein Prozess, russische Spezialisten durch Kasachen zu ersetzen. Auch Ukrainer, Deutsche und andere nationale Minderheiten wurden in Kasachstan verdrängt. Für viele Russen und Deutsche war diese Entwicklung 1992 ein Grund aus Mittelasien Richtung Russland oder Deutschland zu emigrieren.

»Gerechte Strafe« für »russischen Imperialismus«?

War die Flucht der Russen aus Mittelasien und dem Kaukasus die gerechte Strafe für einen angeblich »russischen Imperialismus«, wie man Anfang der 1990er Jahre in westdeutschen Medien lesen konnte?

Diese Sichtweise ist falsch, denn Mittelasien wurde nicht von der Sowjetunion, sondern vom Zarenreich kolonisiert. Außerdem war es nicht »Imperialismus«, also Ausbeutung fremder Ressourcen. Im Gegenteil, nach der Oktoberrevolution und dem Beitritt der zentralasiatischen Gebiete zur Sowjetunion wurden diese meist landwirtschaftlichen Gebiete industrialisiert. Es gab verstärkte Bildungsmaßnahmen und eine Gesundheitspolitik für die breiten Massen. Für die islamischen Völker Mittelasiens brachte die Sowjetunion einen Wohlstandsschub. Und die Frauen dort bekamen mehr Rechte.

Von Seiten Russlands gab es auch ganz praktische Hilfe für die mittelasiatischen Staaten. Ein Beispiel: Mein russischer Schwiegervater – Jahrgang 1939 – reiste vor seinem Ingenieursstudium Ende der 1950er und Anfang der 1960er Jahre zweimal zum freiwilligen Einsatz in Kasachstan. Er beteiligte sich an einem großangelegten sowjetischen Programm zur Urbarmachung der kasachischen Steppe.

Gut ausgebildete sowjetische Arbeitskräfte, ein Geschenk für Deutschland

Dass aus den Nachfolgestaaten der Sowjetunion in den letzten drei Jahrzehnten 2,4 Millionen[51] gutausgebildete Deutsch-Russen – sogenannte

51 https://mediendienst-integration.de/artikel/wie-viele-russischsprachige-leben-in-deutschland.html#:~:text=In%20den%20vergangenen%20Jahrzehnten%20sind,innen%20und%20Sp%C3%A4taussiedler*innen-

Spätaussiedler – nach Deutschland zuzogen, wurde von westdeutschen Politikern und Medien nicht dankend erwähnt. Diese Menschen, die in sowjetischen Krankenhäusern geboren, in sowjetischen Kindergärten großgezogen und in sowjetischen Schulen und Fachschulen ausgebildet wurden, bekam die deutsche Wirtschaft ohne Gegenleistung an die mittelasiatischen Staaten. Allein aus Kasachstan kamen eine Million Russland-deutsche Spätaussiedler nach Deutschland.

Der größte Teil der russischen Flüchtlinge, die Anfang der 1990er Jahre in die Russische Föderation übersiedelten, kam aus Tadschikistan. Dort herrschte von 1992 bis 1997 Bürgerkrieg. Bis 1994 waren fast 80 Prozent der Russen aus Tadschikistan geflüchtet.

Wie Leonid Rybakowski, Mitarbeiter des Instituts für sozial-politische Forschungen der Russischen Akademie der Wissenschaften, 2016 ermittelte, siedelten von 1989 bis 2003 1,2 Millionen Russen aus Kasachstan und eine Million Russen aus Tadschikistan, Turkmenistan, Usbekistan und Kirgistan nach Russland.[52] Während die Methoden der Diskriminierung und Aussonderung in Kasachstan von den russischen Soziologen noch als gemäßigt beschrieben werden, waren sie in Kirgistan teilweise gewalttätig, so dass man hier nicht mehr von Auswanderung, sondern von Flucht nach Russland sprechen muss.

Dass die Bevölkerungszahl in Kasachstan gehalten und sogar noch um eine Million erhöht werden konnte, hing damit zusammen, dass die postsowjetische kasachische Regierung gezielt in China, der Mongolei und dem Iran unter Kasachen für die Übersiedlung nach Kasachstan warb.

Aus den baltischen Staaten, in denen Russen, wenn sie die offizielle Sprache nicht konnten, keine Staatsbürgerrechte erhielten, emigrierten 201.000 Russen in die Russische Föderation.

Besuch bei 80 Flüchtlingen aus Baku

Flüchtlinge und Umsiedler, die seit Ende der 1980er Jahre aus Sowjetrepubliken nach Russland übersiedelten, stießen auf große Probleme bei der Suche nach Wohnraum und dem Erhalt einer offiziellen Registrierung.

52 https://ria.ru/20161208/1483079330.html

Ohne Registrierung oder russischen Pass konnten die Umsiedler keine legale Arbeit aufnehmen. Ähnliche Probleme haben seit 2014 Ukrainer und Russen, welche aus der Ukraine nach Russland umsiedeln.

Die ersten Flüchtlinge, die Ende der 1980er Jahre in das Gebiet der Russischen Föderation kamen, waren Menschen aus Baku, vor allem russische aber auch russisch-armenische und russisch-aserbaidschanische Familien. In Baku und anderen aserbaidschanischen Städten gab es von 1988 bis 1990 Pogrome gegen Armenier und Angehörige anderer Nationalitäten.

Auf der Suche nach Flüchtlingen aus Baku kam ich 1994 in das Städtchen Kraskowo, südöstlich von Moskau. Dort lebten Menschen aus Baku in einem Flüchtlingsheim.[53] Die 80 Flüchtlinge, die in dem Heim untergebracht waren, durften sich nicht im Moskauer Gebiet registrieren lassen und bekamen auch keine russische Staatsbürgerschaft. Sie hatten nur einen Flüchtlingsstatus. Der Grund war die langsam arbeitende russische Bürokratie und die Absicht der Behörden, den Bevölkerungszuwachs im Großraum Moskau zu begrenzen. Obwohl die Flüchtlinge, die ich traf, nicht nach Aserbaidschan zurückkehren konnten, blieben sie Staatsbürger dieses Landes. Ihre Wohnungen in Baku, so erzählten sie mir, waren längst mit Aserbaidschanern belegt, die ihrerseits aus Armenien geflohen waren.

Die 80 Flüchtlinge, die in dem Heim in Kraskowo untergebracht waren, bekamen ihr Visum immer nur für ein Jahr. Doch das waren nicht die einzigen Probleme der Flüchtlinge aus Baku. Die Heime, in denen sie untergebracht waren, gehörten Betrieben, Gewerkschaften und Ministerien. Da Anfang der 1990er Jahre alles Staatliche privatisiert wurde, drängten die Besitzer des Flüchtlingsheims in Kraskowo darauf, dass die Flüchtlinge woanders hinziehen.

Ein Flüchtling erzählte mir damals, welche Odyssee seine Familie durchmachte. »Wir leben und arbeiten schon fünf Jahre hier. Bevor wir hierherkamen, wurden wir eine ganze Nacht im Flugzeug hin- und hergeflogen. Wir waren in vielen Gegenden der Sowjetunion, in Rostow, Wolgograd, Pskow. Nirgendwo gab es Platz. Dann wurden wir in das Moskauer Gebiet geflogen. Und hier hat man uns sitzengelassen. Uns wurden Erholungsheime

53 Meine Eindrücke flossen damals in eine Reportage für den *Deutschlandfunk*. »Die große Völkerwanderung im Osten. Der Flüchtlingsstrom nach Russland.« (Hintergrund Politik), 09.08.1994

und Pionierlager zur Verfügung gestellt. Jetzt wird uns gesagt, wir seien rechtswidrig hergekommen und wir müssten hier raus. Wir haben mit Jelzin gesprochen. Der hat gesagt, wir brauchen euch hier nicht. Fahrt auf's Land. Was sollen wir da machen? Wir sind Ingenieure.«

Im Großgebiet Moskau lebten 1994 19 Millionen Menschen. 200.000 davon – das sind etwa ein Prozent – waren offiziell registrierte Flüchtlinge. 18.000 dieser Flüchtlinge kamen aus den ehemaligen Sowjetrepubliken.

Von Seiten vieler Moskauer schlug den Flüchtlingen offene Ablehnung entgegen. Sie wollten nicht noch enger zusammenrücken. Gewöhnlich wohnten damals Vater, Mutter und Kind zusammen in einem nach westdeutschen Maßstäben kleinen Zimmer. 750.000 Moskauer suchten nach einer Wohnung.

Wie die finanzielle Lage der Flüchtlinge aus Baku damals aussah, erklärte mir ganz ungeschminkt Sergej Solntsew von der russischen Migrationsverwaltung. »Wenn ein Flüchtling durch die Migrationsverwaltung nach einer Untersuchung der Fluchtgründe den Flüchtlingsstatus zuerkannt bekommt, stehen ihm die gleichen Rechte zu wie einem Bürger Russlands, obwohl er noch kein Bürger Russlands ist. Die, welche sich nicht selbst versorgen können, Rentner und alleinstehende Mütter und Väter, bekommen als einmalige Hilfe das durchschnittliche Mindestgehalt von 14.625 Rubel (das waren etwa 13 D-Mark). Da der Staat dem Flüchtling im Grunde keine finanzielle Hilfe geben kann, muss der Flüchtling sich selbst ernähren.«

Nach dem Machtantritt von Wladimir Putin im Jahre 2000 änderte sich das Verhalten der russischen Behörden gegenüber den Bürgern aus ehemaligen Sowjetrepubliken. Im Jahre 2002 wurde beschlossen, dass sie die russische Staatsbürgerschaft auf Antrag in einem vereinfachten Verfahren erhalten.

Was waren die Gründe für diese Erleichterung? Die russische Bevölkerungsentwicklung war niedrig. Ein Grund war der starke Rückgang der Geburten in den 1990er Jahren. Doch nach den chaotischen Jahren unter Boris Jelzin begann in Russland in den 2000er Jahren ein Wirtschaftsboom. Arbeitskräfte waren nicht in ausreichender Zahl vorhanden. So griff man auf Arbeitskräfte aus den ehemaligen Sowjetrepubliken zurück, die meist Russisch sprachen. Ein Mangel an Arbeitskräften – insbesondere in Fabriken – existiert auch im Jahr 2023.

15. Augenzeuge im Tschetschenien-Krieg (1996–2003)

Panzerkolonnen rollen Richtung Grosny

Es war am 11. Dezember 1994. Fassungslos saß ich in meiner Moskauer Mietwohnung vor dem Fernseher und sah Panzerkolonnen auf dem Weg nach Tschetschenien.

Präsident Boris Jelzin hatte einen Ukas zur »Wiederherstellung der verfassungsmäßigen Ordnung in Tschetschenien« unterschrieben. 23.000 russische Soldaten waren in Marsch gesetzt worden.

Der russische Verteidigungsminister Pawel Gratschow, der schon in Afghanistan gekämpft hatte und von 1990 bis 1991 Kommandeur der sowjetischen Luftlandetruppen war, behauptete, man könne Grosny »in zwei Stunden« einnehmen. Später erklärte der Minister, seine Prognose sei von Journalisten aus dem Zusammenhang gerissen worden. In Wirklichkeit habe er gemeint, zwei Stunden brauche man, wenn man vor den Bodentruppen die Luftwaffe und Raketen einsetzt.[54]

Als ich 1992 nach Russland kam, wusste ich von Tschetschenien so gut wie nichts. Dass es in Grosny, der Hauptstadt der Kaukasusrepublik, 1991 einen Aufstand von Nationalisten gegeben hatte, das hatte ich wohl gehört, aber dass man das Problem nun mit der russischen Armee lösen wollte, schockierte mich. Mir graute vor dem Gedanken, was ein militärisches Vorgehen für ein Land bedeutete, in dem über 150 Nationalitäten leben.

Was sich in Tschetschenien eigentlich abspielte, war für mich von Moskau aus nur schwer zu beurteilen. Ein russischer Journalist von der 1989 gegründeten Presseagentur IMAPRESS, mit dem ich damals Kontakt hatte, erklärte mir, in Tschetschenien sei ein »neuer Hitler« an die Macht gekommen. Das konnte ich nicht glauben.

Das Unabhängigkeitsstreben der Tschetschenen kam nicht überraschend. Bereits 1988 hatte es blutige Konflikte zwischen Armeniern und Aserbaidschanern wegen dem Territorialkonflikt um Berg-Karabach

54 https://dzen.ru/a/Y58N0GdvZ1Cz9DPA?utm_referer=yandex.ru

gegeben. Beginnend mit den baltischen Republiken erklärten viele Sowjetrepubliken ab 1990 ihre Unabhängigkeit. Selbst der Volksdeputiertenkongress Russlands hatte am 12. Juni 1990 die Unabhängigkeit der »Russischen Sozialistischen Föderativen Sowjetischen Republik« beschlossen, die den Großteil des Gebiets der Sowjetunion ausmachte.

Dschochar Dudajew stürzt tschetschenische Regierung

Was war der Hintergrund für die Behauptung vom »neuen Hitler«? Im November 1990 fand in Grosny der erste tschetschenische National-Kongress statt. Ziel des Kongresses war der Austritt von Tschetschenien aus der Russischen Föderation und der Sowjetunion.

Der National-Kongress repräsentierte zunächst nur die nationalistisch eingestellten Tschetschenen. Im Laufe der 1990er Jahre wurden die Nationalisten in Tschetschenien dann zur führenden politischen Kraft.

Wer in Tschetschenien Nationalismus schüren wollte, konnte an zwei Fragen ansetzen, welche schon lange für Unzufriedenheit gesorgt hatten: der Unterdrückung der tschetschenischen Kultur und Religion während der Sowjetzeit und der Deportation des tschetschenischen Volkes 1944 nach Kasachstan. Die Deportation hatten die Sowjets mit der angeblichen Sympathie der Tschetschenen für Nazi-Deutschland begründet. Erst 1957 konnten sie aus Kasachstan in ihre Heimat zurückkehren.

Der Leiter des tschetschenischen National-Kongresses hieß Dschochar Dudajew, ein Luftwaffen-Major im Ruhestand. Dudajew wurde 1944 in Tschetschenien geboren. Nach der Schule begann seine Laufbahn bei der sowjetischen Luftwaffe. Bis 1991 kommandierte er in der estnischen Stadt Tartu eine Einheit von strategischen sowjetischen Bombern.

Am 8. Juni 1991 wurde auf dem zweiten Treffen des tschetschenischen Nationalkongresses die Unabhängigkeit Tschetscheniens erklärt. Die offiziellen Machtstrukturen der Autonomen Tschetschenisch-Inguschetischen Republik unter Doku Safgajew erkannten den Kongress als Machtorgan nicht an. Tschetschenien löste sich aus der Tschetschenisch-Inguschetischen Autonomen Sozialistischen Sowjetrepublik. Am 1. Oktober 1991 beschloss der Oberste Sowjet Russlands, dass Inguschetien und Tschetschenien jeweils den Republikstatus bekommen.

Am 6. September 1991 beschuldigte Dschochar Dudajew Russland einer »kolonialen Politik« gegenüber Tschetschenien. Seine Anhänger besetzten den Obersten Sowjet der Tschetschenisch-Inguschetischen Republik, das Fernsehzentrum und den Radiosender von Grosny. 40 Abgeordnete wurden verprügelt. Der Vorsitzende des Stadtrates von Grosny, Vitali Kuzenko, wurde aus dem Fenster der zweiten Etage geworfen und starb an den Folgen.[55]

Am 27. Oktober 1991 wurde Dschochar Dudajew mit 90 Prozent der Stimmen zum Präsidenten Tschetscheniens gewählt. Als Dudajew 1994 den Widerstand gegen die russische Invasion organisierte, erklärte Russland ihn zum Staatsfeind. Am 21. April 1996, vier Monate nach Beginn des ersten Tschetschenienkrieges, wurde Dudajew beim Dorf Gechi-Tschu, 30 Kilometer südwestlich von Grosny, getötet. Nach Darstellung russischer Medien telefonierte Dudajew gerade über sein Satelliten-Telefon. Er wurde von zwei russischen Kampfflugzeugen geortet, die zwei Lenkraketen auf ihn abfeuerten.

Was waren die Gründe für den Aufstand in Tschetschenien 1991?

Die von Michail Gorbatschow eingeleitete neue Etappe unter den Begriffen »Perestroika« (Umbau) und »Glasnost« (Transparenz) löste in der Sowjetunion und Russland ab 1990 eine »Parade der Souveränitäten« aus. Republiken und Gebiete erklärten ihre Unabhängigkeit von Moskau und beschlossen eigene Verfassungen.

Dass die Unabhängigkeitsbewegung in Tschetschenien besonders stark war, hing damit zusammen, dass 66 Prozent der Bevölkerung in der Kaukasusrepublik Tschetschenen waren. In keiner anderen nordkaukasischen Republik war der Bevölkerungsanteil der Titularnationalität so hoch wie in Tschetschenien.

Während der »Perestroika« erlebte der Islam in Tschetschenien nach 70 Jahren Unterdrückung einen neuen Aufschwung. Die kommunistische Ideologie mit den Werten Völkerfreundschaft und Ablehnung von Nationalismus und Religion wurde verdrängt von einer Rückbesinnung auf die

55 https://dzen.ru/a/X01iize1SmyrKtZd

eigene Nationalität und religiöse Tradition. Einen ähnlichen Prozess gab es in Russland mit der Wiedergeburt der russisch-orthodoxen Kirche.

Der Radikal-Reformer Boris Jelzin, der für einen schnellen Übergang zum Kapitalismus war, unterstützte die Unabhängigkeitsbewegungen in Russland. Auf einer Veranstaltung in Kasan, der Hauptstadt von Tatarstan, erklärte Jelzin in seiner Funktion als Vorsitzender des Obersten Sowjets von Russland im August 1990: »Nehmt euch so viel Souveränität, wie ihr schlucken könnt.« Jelzin hoffte, mit den Unabhängigkeitsbewegungen im Rücken könne er die kommunistische Bürokratie und Michail Gorbatschow stürzen.

Der russische Verteidigungsminister Pawel Gratschow übergab den Tschetschenen mit einer Direktive vom 28. Mai 1992 die Hälfte der sowjetischen Waffenbestände in der Kaukasusrepublik. Darunter waren Panzer, Schützenpanzer, gepanzerte Mannschaftswagen, Raketenwerfer und zehntausende Schusswaffen.

Faktisch lenkte der Tschetschenienkrieg die Bevölkerung in Russland von der zum großen Teil illegalen Aneignung staatlicher Unternehmen durch windige Geschäftsleute ab, die in weiten Teilen der Bevölkerung als Raub angesehen wurde.

200.000 Russen flüchteten aus Tschetschenien

Der Vorwurf meines Moskauer Bekannten, Dudajew sei ein »neuer Hitler«, gründete sich offenbar auf die von den tschetschenischen Nationalisten geschürte Russen-feindliche Stimmung, die in tätlichen Angriffen und Morden an russischen Zivilisten gipfelte.

1989 lebten in der Tschetschenisch-Inguschetischen Republik 734.000 Tschetschenen, 163.000 Inguschen und 293.000 Russen. Die Russen in der Republik waren vor allem in der Ölindustrie sowie als Lehrer und Verwalter tätig.

Aufgrund der Russen-feindlichen Stimmung verließen zwischen 1991 und 1994 – also noch vor dem ersten Tschetschenienkrieg – 200.000[56] Russen die Autonome Tschetschenisch-Inguschetische Republik. In Tschetschenien blieben vor allem russische Rentner.

56 https://web.archive.org/web/20010718065203/http://www.cdi.org/russia/johnson/3376.html

Dass Russen massenhaft aus Tschetschenien flüchteten, wurde von den großen deutschen Medien verschwiegen oder man deutete diese Fluchtbewegung als Resultat des »russischen Imperialismus« um. Dass Russen auch Opfer sein konnten, passte nicht in das Russland-Bild der großen Verlagshäuser.

Allmählich wurde mir klar, welche Signalwirkung der Aufstand der radikalen Tschetschenen für ganz Russland hatte. In dem Land – vor allem an der Wolga – gab es Republiken und Regionen mit einem hohen Anteil nichtrussischer Bevölkerung, die ebenfalls Unabhängigkeit forderten, allen voran die Tataren in der Republik Tatarstan. Die Forderung nach mehr Unabhängigkeit von Moskau kam sogar in Sibirien auf. Hinter diesen Bestrebungen steckte meist das Interesse örtlicher Betriebsdirektoren und Verwalter, einen direkten Zugriff auf Industrie und Ressourcen zu bekommen. Zudem forderten nicht-russische Nationalitäten mehr kulturelle Rechte.

Ich hatte damals den Eindruck, dass die russische Führung zu wenig unternahm, um den Konflikt in Tschetschenien auf friedlichem Wege zu lösen, etwa durch die Gewährung einer Teil-Autonomie, wie sie vom Kreml 1994 der ölreichen Republik Tatarstan gewährt wurde. In Tatarstan hatte die Bevölkerung im März 1992 in einem Referendum für die »staatliche Unabhängigkeit« gestimmt. Allerdings konnten dort Nationalisten, die es auch in Tatarstan gab, nie die Oberhand gewinnen. Russen und Tataren hatten sich in Tatarstan nach der Eroberung durch Russland im 16. Jahrhundert schon zu sehr vermischt. Es gab viele Mischehen.

Über den Tschetschenien-Krieg hätte ich 1994 gerne von vor Ort berichtet, aber ich hatte Angst, in einem unübersichtlichen Krieg mit Partisanen in Gefahr zu geraten. Die radikalen Tschetschenen begannen damals Journalisten und russische Beamte zu entführen und Lösegeld zu erpressen. Deshalb fuhr ich erst nach dem Waffenstillstand 1996 nach Tschetschenien.

»Schande« und »Verrat« – der russische Rückzug (1996)

Eineinhalb Jahre nach dem russischen Einmarsch in Tschetschenien eroberten im August 1996 tschetschenische Einheiten unter dem Kommando von Aslan Maschadow in der Operation »Dschichad« die Stadt Grosny, die

Hauptstadt Tschetscheniens. In Grosny lebten zu diesem Zeitpunkt 180.000 Menschen. 1991 hatte die Stadt noch 400.000 Einwohner gehabt.

Die Führung Russlands hatte für das Militär in Tschetschenien im Sommer 1996 eine defensive Taktik angeordnet. Der Grund dafür waren die russischen Präsidentschaftswahlen, die im Juni/Juli 1996 stattfanden. Boris Jelzin konnte im zweiten Wahlgang nur mit Mühe gegen Gennadi Sjuganow von der KPRF gewinnen. Jelzin bekam 53 Prozent, Sjuganow 40 Prozent der Stimmen. Die Kommunisten bemängelten Unregelmäßigkeiten bei der Wahl.

Die russische Wochenzeitung *Argumenty i Fakti* schrieb 2016 in einer Rückschau, »der Kreml spielte bei den Präsidentschaftswahlen die Friedensstifter-Karte. Die Generäle ordneten die Einstellung aktiver Kampfhandlungen an, was den Bojewiki (tschetschenischen Kämpfern) ermöglichte, ihre Kräfte neu zu gruppieren.«[57] Man muss wissen, dass sich damals viele russische Familien Sorgen um ihre wehrpflichtigen Söhne machten, die in Tschetschenien im Einsatz waren oder sich bereits als Kriegsgefangene in den Händen des Gegners befanden.

Die russische Armee hatte es nicht leicht in der Kaukasusrepublik. Sie erlitt in den ersten eineinhalb Kriegsjahren schwere Verluste. Es gab nicht genug gut ausgebildete Truppen für den Häuserkampf. Gegen hoch motivierte Separatisten konnte die russische Armee mit ihren oft noch sehr jungen und unerfahrenen Soldaten wenig ausrichten. Mit Panzern die Stadt Grosny zu erobern oder zu verteidigen, erwies sich als unmöglich.

In Folge der Einnahme von Grosny durch tschetschenische Separatisten unterschrieben Aleksandr Lebed, damals Sekretär des russischen Sicherheitsrates und Aslan Maschadow, der Oberkommandierende der Separatisten, in der dagestanischen Stadt Chasawjurt am 31. August 1996 eine Friedensvereinbarung, die einen Waffenstillstand und den kompletten Abzug der russischen Truppen aus Tschetschenien vorsah. Die Ordnung in Grosny sollte von einem russischen und einem tschetschenischen Kommandanten überwacht werden. Den Status von Tschetschenien fixierte man in der Vereinbarung von Chasawjurt nicht. Der Status der Republik sollte bis Dezember 2001 bestimmt werden.

57 https://aif.ru/society/history/operaciya_dzhihad_kak_rossiya_proigrala_chechenskuyu_voynu

Dass die Vereinbarung von Chasawjurt auf wackeliger Grundlage stand, zeigte sich schon wenige Wochen später. Der russische Föderationsrat erklärte im Oktober 1996, die Vereinbarung von Chasawjurt habe »keine rechtliche Bedeutung«.

In den russischen Medien wurde der Rückzug aller russischen Truppen aus Tschetschenien als »Schande« und »Verrat« bezeichnet. Wie man aber eine bewohnte Großstadt gegen eine Partisanenarmee verteidigen kann, wurde nicht erklärt.

Schichtkuchen-Taktik der Separatisten

Die russische Garnison in der Stadt Grosny bestand im August 1996 aus 6000 Soldaten des russischen Innenministeriums und 10.000 Soldaten des russischen Verteidigungsministeriums. Das russische Innenministerium verfügte außer über Polizei auch noch über Soldaten. Die russischen Militärs richteten 22 Straßen-Kontrollpunkte in der Stadt ein. Doch nach Grosny führten 130 Straßen und das russische Militär schaffte es nicht, alle Straßen zu kontrollieren.

Am 6. August 1996 um fünf Uhr begannen die Separatisten mit ihrer Operation »Heiliger Krieg« den Angriff auf Grosny von mehreren Seiten. Die Taktik der Bojewiki bestand darin, die russischen Einheiten voneinander zu isolieren und unter Dauerbeschuss zu setzen. So entstand ein »Schichtkuchen«, schrieb die Wochenzeitung *Argumenti i Fakti.*

Die Zahl der angreifenden Separatisten betrug zunächst 1500 Bojewiki, vergrößerte sich dann aber auf 6000 Mann. Vermutlich kam der Zulauf an Kämpfern aus den Reihen der in der Stadt lebenden Zivilisten. Die russische Armee kämpfte mit Sturmtruppen, die von Panzern und gepanzerten Truppentransportern unterstützt wurden. Die Bojewiki kämpften mit einer großen Zahl von Granatwerfern.

Der russische General Konstantin Pulikowski stellte den Bojewiki ein Ultimatum. Wenn die Separatisten nicht innerhalb von 48 Stunden abziehen würden, werde man schwere Artillerie und Luftwaffe einsetzen. Für die Zivilbevölkerung werde man einen Fluchtkorridor freihalten. Die Bojewiki kämpften weiter und brachten Grosny am 22. August 1996 vollständig unter ihre Kontrolle.

Die Verluste für die russischen Truppen bei der Verteidigung der Stadt waren hoch. Es gab 494 Gefallene, 1407 Verletzte und 182 vermisste Soldaten. Auf den Straßen in Grosny lagen 18 ausgebrannte russische Panzer, 61 Schützenpanzer sowie 8 gepanzerte Truppentransporter. Nach russischen Angaben wurden 1500 Bojewiki getötet.

Nach der russischen Niederlage im August 1996 suchten russische Journalisten nach Schuldigen. Der Journalist Aleksander Chinschtein machte[58] 2006 den Oligarchen Boris Beresowski (1946–2013) als einen solchen aus. Er habe gute Kontakte zur Familie Jelzin gehabt und aus eigenen wirtschaftlichen Interessen im Kreml die Entscheidung für eine Friedensvereinbarung mit den Tschetschenen durchgedrückt. Beresowski habe schon vor dem Krieg gute Beziehungen zu Tschetschenen unterhalten. Mit ihrer Hilfe hatte er seinen Handel mit Lada-Autos abgewickelt. Als es dann im ersten Tschetschenien-Krieg Geiselnahmen russischer Journalisten und Beamter gab, habe Beresowski – so der Journalist Chinschtein – Millionen Dollar Lösegeld bezahlt und damit faktisch den Kampf der Tschetschenen gegen Russland finanziert. Ob es Alternativen zur Befreiung der Geiseln gab, schrieb der Journalist nicht.

Wie viele Soldaten und Zivilisten starben im Tschetschenienkrieg?

Nach dem Waffenstillstand und dem Abkommen von Chasawjurt im August 1996 zogen die russischen Truppen aus Tschetschenien ab. Erst 1999 begann Russland mit der Rückeroberung. Anlass war die Invasion von bewaffneten tschetschenischen Islamisten in Dagestan.

Die Verluste der russischen Armee in beiden Tschetschenien-Kriegen (1994–2002) waren immens. Nach Angaben des Vorsitzenden des Verteidigungskomitees des russischen Unterhauses, Andrej Krasow, starben 11.000 Soldaten.[59] Das waren fast so viele Gefallene wie in Afghanistan, wo in den Jahren 1979 bis 1989 13.000 sowjetische Soldaten fielen.[60]

Nach russischen Angaben waren die Verlustzahlen auf tschetschenischer Seite fast vier Mal so hoch wie auf russischer Seite. Im ersten

58 https://www.mk.ru/editions/daily/article/2006/06/22/180995-tayna-atolla-chast-iii.html

59 https://www.interfax.ru/russia/755983

60 https://web.archive.org/web/20040128085002/http://www.hro.org/editions/press/0702/24/24070220.htm

Tschetschenienkrieg gab es nach russischen Angaben auf der Seite der »Bojewiki« 17.000 und im zweiten Tschetschenienkrieg 20.000 Gefallene.[61] Die Angaben der Separatisten über eigene Verluste liegen um ein Vielfaches unter den russischen Angaben.

Die 2005 von offizieller tschetschenischer Seite angegebene Zahl von 150.000 toten Soldaten und Zivilisten auf beiden Seiten wurde von russischer Seite angezweifelt. Namenslisten der Toten seien nicht vorgelegt worden. Man habe nur schon veröffentlichte Zahlen aus verschiedenen Quellen zusammengefasst.[62] Russische Menschenrechtler sprachen von 30.000 getöteten Zivilisten allein im ersten Tschetschenien-Krieg.

Neun Tage bei einer tschetschenischen Familie (1996)

Nach dem Friedensschluss von Chasawjurt hielt ich es für möglich, ohne größere Gefahren nach Tschetschenien zu reisen und von dort zu berichten.

Von Moskau nach Grosny zu fliegen, ging aber nicht. Der Flughafen in Grosny war im Krieg zum Teil zerstört worden. So flog ich am 1. September 1996 nach Naltschik, der Hauptstadt der nordkaukasischen Republik Kabardino-Balkarien. Von Naltschik aus waren es noch 200 Kilometer in östlicher Richtung bis nach Grosny. Die Strecke bewältigte ich mit Linienbus und Taxi.

Der Taxifahrer war Ingusche und hieß Umar. Er wollte mir helfen, ein Auto nach Tschetschenien zu finden. An der administrativen Grenze von Tschetschenien sprach Umar mit einem inguschetischen Polizisten, der dort Dienst tat. Der Polizist, der eine schusssichere Weste trug und sich sehr wunderte, dass ich alleine reiste, versprach Umar, mich in ein vertrauenswürdiges Auto nach Grosny zu setzen.

Beim Warten auf ein Auto bemerkte ich, in was für eine schöne Landschaft ich geraten war. Die Sonne schien. Ich sah trockene Felder und Berge am Horizont. Aber in mir rumorte es. Hatte ich die Gefahrensituation unterschätzt? Alle, denen ich seit meiner Ankunft im Kaukasus begegnet war, Vertreter des Internationalen Roten Kreuzes in Naltschik, wie auch Bürger

61 https://www.kommersant.ru/doc/2453673
62 https://iz.ru/news/305188

Inguschetiens, die ich auf der Straße ansprach, meinten, es sei sehr gefährlich, nach Grosny zu reisen.

Während ich an der Grenze wartete, kam ich mit zwei Tschetschenen – einer Mutter mit ihrem Sohn – ins Gespräch, die ebenfalls auf ein Auto nach Grosny warteten. Zwischen mir, der 62 Jahre alten Aischat und ihrem 25 Jahre alten Sohn Mogamed entspann sich ein lockerer Plausch.

Aischat trug ein langes braunes Kleid und um den Kopf ein Tuch mit grünen Streifen. Wie sie mir später erzählte, war sie als Kind zusammen mit anderen Tschetschenen nach Mittelasien umgesiedelt worden. Man hatte die Tschetschenen der Sympathie für die Nazi-Wehrmacht verdächtigt, dabei gab es auch Tschetschenen, die in der Rote Armee kämpften.

An den Händen von Aischat sah ich, dass sie ihr ganzes Leben lang hart geschuftet hatte. Sie erzählte mir, sie habe zusammen mit Russinnen 16 Jahre als Melkerin gearbeitet. »Wir waren wie Schwestern.« Danach arbeitete sie in einer Nähfabrik. Neben der schweren Arbeit zog die Tschetschenin drei Söhne und drei Töchter groß.

Zwei der Söhne heirateten Russinnen. Aischat schien darüber nicht begeistert. Die beiden Russinnen wollten nicht den muslimischen Glauben annehmen. Das war ein Problem, denn es gilt als Schande, wenn ein tschetschenischer Mann seine Frau, die nicht den muslimischen Glauben angenommen hat, mit nach Tschetschenien bringt.

Mogamed war mit seinen 25 Jahren der jüngste Sohn von Aischat. Sein Vater war Mufti der Sowchose Oktjabrskoje gewesen. Aber er starb zehn Jahren vor unserem Zusammentreffen an Asthma. Der jüngste Sohn von Aischat trug ein schickes schwarz-weißes Hemd und eine elegante beige Sommerhose. Auf seinem kahl geschorenen Kopf saß ein weißes, muslimisches Käppchen. Er hatte einen feinen, an den Enden spitz zulaufenden Oberlippenbart, so wie der tschetschenische Präsident Dudajew, der im April 1996 durch eine russische Rakete getötet worden war.

Mogamed hatte ein verwegenes Gesicht und sah viel älter als 25 aus. Er erzählte, er sei jetzt arbeitslos, habe zwei Jahre in Taschkent in der sowjetischen Armee gedient und dann wegen einer Schießerei mit einem Mann aus Dagestan vier Jahre im Gefängnis gesessen.

Während wir sprachen, schob er sich immer wieder grünes Pulver in den Mund, das er einer kleinen durchsichtigen Tüte entnahm. Es war

Naswar-Gras aus Usbekistan. »Damit kann man sich das Rauchen abgewöhnen«, erklärte er mir.

Schließlich hielt an der Grenze, wo wir warteten, ein weißer »Wolga«. Der inguschetische Polizist gab ein Zeichen, dass ich einsteigen könnte. Auch Aischat und Mogamed stiegen ein.

Am Steuer saß ein tschetschenischer Geschäftsmann. Ganz unbedarft fragte ich ihn, was der Wolf im Wappen von Itschkerija – so nannten die Separatisten Tschetschenien – zu bedeuten habe? Der Geschäftsmann: »Der Wolf greift keine Schwachen an.« Alle lachten, nur ich nicht. Mein mulmiges Gefühl wegen der unklaren Sicherheitslage bekam neue Nahrung.

Während der Fahrt luden mich Aischat und Mogamed ein, bei ihnen in der Sowchose Oktjabrskoje zu wohnen. Ich nahm die Einladung an. Die Sowchose südwestlich von Grosny hatte 3000 Einwohner. Wenn man von ihr Richtung Osten schaute, sah man eine große Ölraffinerie, die im Krieg zerstört wurde. Tschetschenien war wegen seines hochwertigen Öls, das auch für die Luftfahrt verwendet wird, schon für Hitler ein begehrtes militärisches Ziel. Aischat erzählte: »Es gab Wochen, da konnte ich die Hand vor Augen nicht sehen, so dicht war der Qualm von der Raffinerie, die in Brand geraten war.«

»Wir haben eine höhere Kultur«

»Die Russen haben das Dorf Oktjabrskoje vollständig verlassen«, erzählte mir am nächsten Tag Chamsat, ein Bekannter von Mogamed, der mich die folgenden neun Tagen begleitete. Und dann sagte Chamsat: »Wir Tschetschenen haben eine höhere Kultur.« Das könne man daran sehen, dass die Russen eine Babuschka zurückgelassen hätten. Die alte Dame liege viel. Sie sei fast neunzig und könne nicht mehr sprechen. »Jetzt kümmern wir uns der Reihe nach um sie. So sind die Russen. Lassen ihre alten Leute zurück.« Ich fand diesen Vorwurf ungerechtfertigt, widersprach aber nicht. Später wurde mir noch ein Russe vorgestellt, der sprachbehindert war und als Küchenhilfe im Dorf arbeitete. Über sein Schicksal erfuhr ich nichts weiter.

Ich fragte meine Wirtin, warum alle Russen das Dorf verlassen hätten. »Sie haben wohl gespürt, dass es bald Krieg geben wird«, sagte Aischat. »Wir konnten ja nirgendwo anders hin, sie aber schon.«

Eine schwarze Dschihad-Fahne

Mit meinem Begleiter Chamsat fuhr ich nach Grosny. Dort gab es ein denkwürdiges Erlebnis, als ich einen jungen russischen Soldaten auf einem Schützenpanzer fotografieren wollte. Chamsat, der etwa 25 Jahre alt war, wollte auch auf dem Panzer stehen. Er fragt den Soldaten. Doch ohne dessen Antwort abzuwarten, kletterte Chamsat einfach hinauf. Der junge Russe guckte etwas unsicher, widersprach aber nicht. »Wir haben jetzt das Sagen«, erklärte Chamsat später. »Die russischen Soldaten sind hier nur noch geduldet.«

Am 6. September 1996 wurde in Grosny auf dem »Platz der Freiheit« – früher hieß er Lenin-Platz – der Jahrestag der »tschetschenischen Revolution« gefeiert. Am 6. September 1991 hatten tschetschenische Nationalisten den Obersten Sowjet der Tschetschenisch-Inguschetischen Republik und das Fernsehzentrum in Grosny besetzt.

Der »Platz der Freiheit« war voller Menschen. Sie feierten nicht nur die Unabhängigkeit, sondern gedachten auch der Gefallenen im Krieg. Ein junger Bursche zeigte mir stolz seine große, schwarze Dschihad-Fahne mit weißen arabischen Schriftzeichen, die er an einem Stock mit sich führte.

Der Platz, auf dem die Menschen feierten, wirkte jetzt noch größer, als ich ihn von Fotos her kannte. Viele Gebäude am Rande des Platzes waren im Krieg zerstört worden. Der Präsidentenpalast, ein zehnstöckiges Gebäude aus Beton, war bis zur Machtergreifung der Separatisten 1991 Sitz des Parteikomitees der »Tschetschenisch-Inguschetischen Autonomen Sowjetischen Sozialistischen Republik« gewesen.

Dann wurde das Gebäude Amtssitz von Präsident Dschochar Dudajew. Es war eines der wichtigsten Ziele der russischen Armee bei der Eroberung von Grosny im Winter 1995/96. Bei den Kämpfen wurde der Palast zerstört und die Überreste von der russischen Armee gesprengt. Der Trümmerberg diente den Tschetschenen später als Kulisse für ein Foto mit bärtigen Kämpfern, die ihre Kalaschnikow schwangen.

Mit Chamsat besuchte ich den tschetschenischen Stadtkommandanten, Aslanbek Ismailow. Bei der Geiselnahme des Krankenhauses im südrussischen Budjonowsk 1995 durch tschetschenische Separatisten war Islmailow Stellvertreter von Schamil Basajew, dem Anführer der brutalen Aktion.

Ich fragte Ismailow, wie er mit dem russischen Stadt-Kommandanten zusammenarbeite. Der tschetschenische Kommandant antwortete: »Ich bin weit weg von dem Gedanken, dass wir uns jetzt an allen rächen, die hier gekämpft haben.« Ob es jetzt wirklich Frieden geben werde, frage ich ihn. Er antwortete: »Ich hoffe es, aber ich zweifle daran.«

Über den von Dudajew gestürzten und von Moskau noch unterstützten Oppositionspolitiker Doku Safgajew sprachen meine tschetschenischen Gesprächspartner mit Verachtung. Leute wie Safgajew seien Agenten des russischen Geheimdienstes. Der russische General Alexander Lebed dagegen genoss bei den Tschetschenen hohes Ansehen. »Er ist einer der weniger Russen, die uns verstehen. Ein Geschenk Allahs«, sagte mir Edi Isajew, der stellvertretende Leiter des Presseabteilung der »Republik Itschkerien«.

Gekochtes Rindfleisch mit Knoblauch-Bouillon

Am nächsten Tag, dem 7. September 1996, luden mich meine Bekannten aus der Sowchose Oktjabrskoje zu einer Unabhängigkeitsfeier im Dorf Sakan-Jurt ein. Das Dorf mit seinen 7000 Einwohnern liegt 20 Kilometer südlich von Grosny.

Kurz nachdem wir die Sowchose Oktjabrskoje verlassen hatten, hielt unser Fahrer an einem »Blockpost«, einem befestigten Straßenkontrollposten der russischen Armee. Dort standen zwei russische Soldaten, braungebrannt in weiß-blau gestreiften Militär-T-Shirts, einer Weste mit Munition und einer Kalaschnikow in der Hand. Sie wollten unseren Kofferraum kontrollieren. Meine Begleiter meinten, dass sie keine Waffen, sondern etwas zu essen suchten. Unser Fahrer gab den Soldaten Weintrauben. Er sagte: »Sie bringen uns um, aber wir geben ihnen Essen.« Die russischen Wehrpflichtigen behandle man gut, aber nicht die älteren russischen Soldaten, die für Geld kämpften. Ein junger Tschetschene, der mit im Auto saß, warf ein: »Die macht man sofort einen Kopf kürzer.«

Mir war schon aufgefallen, dass tschetschenische Jugendliche besonders radikal waren. Ganz im Gegensatz zu Tschetschenen der älteren Generation, die ihr ganzes Leben in der Sowjetunion verbracht hatten und als »Schabaschniki« (Tagelöhner) auf Baustellen und Erdölförderstätten in

Russland Geld verdienten. Die hatten nicht diesen Hass auf Russen, wie ich es bei manchen Jüngeren erlebte.

Die Feier in Sakan-Jurt war eindrucksvoll. Auf einer großen Wiese hatten sich Tausende Menschen versammelt, Kinder, alte Leute und Bojewiki. Die Menschen unterhielten sich und begrüßten Bekannte. Die Stimmung war fröhlich.

Frauen sah ich nur wenige. Nach den tschetschenischen Sitten ist ihr Platz in der Küche, wo sie das Essen bereiten. Die Frauen essen nicht zusammen mit den Männern. Zum Festmahl hatte man lange Bahnen weißen Tuches auf dem Gras ausgelegt. Darauf standen Teller. Aus einer großen Schale, mit der jemand herumging, griff sich jeder ein Stück gekochtes Rindfleisch mit Knochen. Dazu gab es Brot und eine Schale mit leckerer Bouillon, die mit viel Salz, Pfeffer und Knoblauch gewürzt war.

Die Männer saßen auf dem Gras um die weißen Stoffbahnen herum. Auch ich bekam mein Stück Rindfleisch. »Wir haben fünf Kühe geschlachtet«, erzählte mir Said, ein junger, blonder Lehrer, der in der Sowchose Oktjabrskoje arbeitete.

Alkohol wurde nicht getrunken. »Wir trinken keinen Alkohol, insbesondere nicht in der Öffentlichkeit«, erklärte mir Said. »Das wäre zu gefährlich, denn wir tragen alle Waffen.«

Stockschläge, »weil es anders nicht funktioniert«

Ein paar Tage später saß ich abends in der Sowchose Oktjabrskoje mit ein paar Männern zusammen. Sie waren zwischen 20 und 30 Jahren alt. Ihre Gesichter erzählten von den Strapazen eines Lebens im Kaukasus. Die Stimmung war fröhlich und ausgelassen. Einen Gast zu begrüßen, gilt jedem Tschetschenen als Anlass für ein Festessen. Doch bevor es soweit war, wurden erstmal Videos vorgeführt: Dokumentarfilme über Gefechte mit den russischen Truppen. Mit einfachen Waffen gegen russische Panzer. Der Krieg aus der Sicht der Angegriffenen, die sich mit Improvisation und Mut zur Wehr setzen.

Schließlich wurde eine andere Videokassette eingelegt. »Das ist unser neuester Streifen«, sagte einer der Männer. Sekunden später sah man auf dem Bildschirm eine Pritsche. Darauf lag ein hagerer Mann mit dem Rücken nach oben. Die Kamera zeigt dann auch das Umfeld um die Pritsche. Man sah einen bärtigen, dicken Tschetschenen im Kampfanzug, der den Liegenden mehrerer Vergehen beschuldigte und eine Strafe verkündete. Worin das Vergehen des Mannes bestand, erinnere ich nicht. Es war eine Strafe nach dem islamischen Gesetz, der Scharia.

Übergangslos begann er, den Mann auf der Pritsche mit einem Stock zu prügeln, das heißt, der Dicke arbeitete sich mit seinem Stock vom Oberkörper bis zu den Beinen hinunter und ging dann wieder zum Oberkörper zurück.

Der Hagere wand sich und stöhnte vor Schmerzen. Die Männerrunde vor dem Fernseher kommentiert das mit spöttischem Lachen. »Ein Bestrafter darf keine Regung zeigen«, wurde mir erklärt. »Nach der Strafe soll er sich bedanken, so verlangen es die Sitten.« Die Männer sahen den Streifen zur Unterhaltung an. Ich fand den Film abstoßend, habe ihn mir aber trotzdem angeguckt, denn ich wollte alles über die neuen Sitten in Tschetschenien erfahren.

Am nächsten Tag versuchte mir mein Begleiter Chamsat die Vorzüge der Scharia zu erklären. »Die Scharia ist das einzige Gesetz, das hier funktioniert, weil es von allen anerkannt wird.« Wer zum Beispiel eine tschetschenische Frau schlägt, muss eine Million Rubel Strafe bezahlen. Wenn der Mann die Frau vergewaltigt hat, müsse er sogar mit dem Tod rechnen. »Die Scharia schützt die Frau«, meinte Chamsat. Doch es geht wohl vor allem darum, die Familie vor »Schande« zu bewahren. Denn wenn der Schläger die misshandelte Frau heirate, werde ihm die Strafe erlassen.

Eine Cousine von Chamsat hatte eine andere Sichtweise. Sie fand es gar nicht gut, dass die Frauen von einer größeren Gesellschaft stets ausgeschlossen bleiben. Eine tschetschenische Frau dürfe noch nicht mal in Begleitung ihres Mannes ein Restaurant besuchen – ein junges Mädchen nicht ohne Begleitung eines männlichen Verwandten studieren. »Die Familie achtet darauf, dass ein Bruder oder Cousin das gleiche Studienfach wie die Tochter belegt. Auf diese Weise versucht man zu verhindern, dass die Tochter der Familie Schande bringt.«

Während die tschetschenischen Männer mit Strenge auf ihre eigenen Frauen achten, genehmigen sie sich selbst alle Freiheiten. Chamsats Freund Tamirlan erzählte, dass er in Russland mit einer älteren Russin zusammen lebte. Er habe der Frau 100 Dollar geboten, wenn er auch mit der Tochter schlafen dürfe. Die Mutter sei tatsächlich darauf eingegangen. Daran könne man sehen, »wie unmoralisch die Russen sind«, erklärte Tamirlan mit gespielter Entrüstung.

Eine russische Frau ist für einen Tschetschenen vor allem deshalb interessant, weil sie den Zugang zur russischen Gesellschaft und nach einer Heirat die Registratur in einer russischen Stadt ermöglichen kann.

Eine Tschetschenin rettete mich vor Geiselnehmern

An meinem neunten Tag in der Sowchose, dem 11. September 1996, erklärte mir meine Gastgeberin, Aischat, sie würde mich am nächsten Morgen zum Flughafen von Inguschetien bringen. Ich war erstaunt. Wieso bestimmte sie den Zeitpunkt meiner Abreise, und warum wollte sie mich persönlich in einem Linienbus begleiten? Das Rätsel klärte sich bald auf.

Doch vorher gab es noch eine andere Überraschung. Als ich an meinem letzten Abend in der Sowchose Oktjabrskoje das Haus der Familie betrat, bei der ich wohnte, wunderte ich mich über die vielen Schuhe, die davorstanden. Bei den Tschetschenen ist es Sitte, ohne Schuhe das Haus zu betreten.

Im Wohnzimmer, wo ich und Mogamed auf Sofas schliefen, hatten sich einige junge Frauen versammelt, die von mir Abschied nehmen wollten. Es war ein ständiges Kommen und Gehen. Neue Frauen kamen, andere gingen.

Einige ältere Männer und Frauen saßen auch in dem Zimmer. Eine ältere Frau scherzte: »Ein Mädchen von hier kannst du gleich mit nach Deutschland nehmen.« Ein Mann fügte lachend hinzu: »Du kannst auch meine Frau und ein paar meiner Kinder mitnehmen. Meine kleine Tochter behalte ich aber hier.« Aus der Sicht der Tschetschenen schienen mir ihre Anspielungen verständlich. Sie lebten im Krieg und insbesondere die Frauen und Kinder mussten in Sicherheit gebracht werden. Die Dorfbewohner wollten die Chance nicht verpassen, dass wenigstens eine Person aus ihrem Dorf aus dem Schlamassel gerettet würde.

Fatima, eine Medizinstudentin, die aussah wie eine schöne Ägypterin, war besonders freundlich zu mir. Sie fragte, ob ich denn keine Angst gehabt hätte, einfach so nach Tschetschenien zu fahren. Im Laufe unseres Gesprächs stellte sich heraus, dass alle im Dorf sehr besorgt waren, weil die

Gefahr bestand, dass man mich als Geisel nehmen könnte. Es gäbe viele Banditen in der Uniform der Freischärler und auch »Safgajew-Leute«, die Geiseln nehmen würden, um Geld zu erpressen, meinte Fatima.

Irgendwann ging der Abschiedsabend zu Ende. Und am nächsten Morgen brachte mich Aischat mit Kopftuch und langem schwarzen Kleid in einem Linienbus zum Flughafen in Inguschetien. Ich war gerührt und fühlte mich durch meine Gastgeberin gerettet. Vielleicht hatte sie gemerkt, dass ein lebender Deutscher den Tschetschenen mehr nützt als einer, für den man Lösegeld verlangt.

Doch die Geschichte war noch nicht zu Ende. 2019 bekam ich überraschend einen Anruf von Chamsat, dem jungen Tschetschenen, der mich die ganzen Tage in dem tschetschenischen Dorf begleitet hatte. Er lebte inzwischen in Moskau, war irgendwo über meinen Namen gestolpert und hatte meine Telefonnummer über das Internet ausfindig gemacht. Er erzählte mir, ja, es habe damals in dem Dorf tatsächlich Leute gegeben, die mich entführen wollten.

Russische Truppen erobern Grosny zurück (1999)

Die Republik Tschetschenien – oder Itschkerija, wie die tschetschenischen Separatisten sie nannten – gehörte in den Jahren 1996 bis 1999 juristisch noch zur Russischen Föderation, faktisch führte die Republik aber ein Eigenleben. Russland hatte seine Truppen abgezogen und die Wirtschaftsbeziehungen nach Tschetschenien gekappt. In »Itschkerija« gaben radikale Islamisten den Ton an. Die Republik wurde zum Magnet für Wahhabiten aus arabischen Ländern.

Am 23. September 1999 begann Russland mit der Rückeroberung von Tschetschenien. Die russische Luftwaffe flog erste Angriffe gegen Stellungen der Separatisten in Grosny. Am gleichen Tag hatte der damalige Präsident Boris Jelzin einen Ukas für eine »antiterroristische Operation« in Tschetschenien unterschrieben. Am 30. September 1999 begann die russische Bodenoperation zur Rückeroberung von Tschetschenien mit Panzern und Bodentruppen.

Anlass für den russischen Einmarsch in Tschetschenien war die Invasion von 1500 bewaffneten tschetschenischen Islamisten unter Führung des Feldkommandeurs Schamil Basajew und des aus Jordanien stammenden Kommandeurs Ibn al-Chatab in die tschetschenische Nachbarrepublik Dagestan am 7. August 1999. Für den Kreml hieß das Gefahrenstufe »Rot«. Man fürchtete die Ausbreitung des militanten Islam auf den gesamten Kaukasus und weitere Gebiete in Russland.

Dagestan gehört wie Tschetschenien zur Russischen Föderation. Im muslimisch geprägten Dagestan war der islamistische Untergrund 1999 stark. Die aus Tschetschenien kommenden Feldkommandeure hatten das Ziel, zusammen mit den wahhabitischen Zellen in Dagestan ein tschetschenisch-dagestanisches Kalifat zu gründen.

Die Situation eskalierte, als zwischen dem 4. und 16. September 1999 in Moskau und anderen russischen Städten Mehrfamilienhäuser durch Bomben zum Einsturz gebracht wurden. Dabei starben 307 Menschen. Nach russischen Angaben wurden die Bomben von tschetschenischen Islamisten gelegt, welche die Invasoren in Dagestan unterstützen wollten.

Die Stimmung in Moskau war nach den Wohnhausanschlägen aufgeheizt. Es bedurfte nur eines Funkens, dass Russen, die sich Mut antranken, den Kaukasiern in Moskau mit Messern zu Leibe rückten. »Tschornischópi búdem matschít«, die »Schwarzärsche werden wir umbringen«, lallte mir ein alkoholisierter Passant ins Ohr. Um den Razzien der russischen Polizei und Spezialeinheiten auf Moskauer Gemüsemärkten, Plätzen und Bahnhöfen zu entgehen, bunkerten sich viele Kaukasier in ihren Wohnungen ein. Einige schickten ihre Familien zurück in die Heimat.

Bereits am 9. August, zwei Tage nach dem Einfall des tschetschenischen Kommandos in Dagestan, ernannte der damalige Präsident Boris Jelzin den Leiter des russischen Geheimdienstes FSB, Wladimir Putin, zum neuen Ministerpräsidenten Russlands. Putin verfügte über die nötigen Kontakte zu den russischen Sicherheitsstrukturen, um in kürzester Zeit einen Gegenschlag gegen das aufständische Tschetschenien zu starten.

Eisenwimpel auf frischen Gräbern (2000)

Am 6. Februar 2000 hatten die russischen Truppen die Kontrolle über Grosny zurückgewonnen. Ich beschloss, auf eigene Faust nach Grosny zu fahren. Über die Pressestelle des russischen Verteidigungsministeriums bekam ich den Tipp, ich könne mit einem Lastwagen des russischen Notstandsministeriums nach Grosny kommen. Das Bild, das sich mir in Grosny bot, war erschütternd. In der Innenstadt gab es nur noch Ruinen.

In der Stadt lebten damals noch 40.000 Zivilisten, vor allem alte Leute, Tschetschenen, aber auch Russen und Kinder, fast alles arme Leute, die keine Kraft oder keine Möglichkeit gehabt hatten, zu flüchten.

In Grosny begleitete ich die russischen Katastrophenhelfer, die mit Lastwagen halb verweste Leichen aus zerbombten Wohnhäusern bargen. 3000 Tote lagen damals in den Trümmern, erklärte mir ein Sprecher des russischen Notstandsministeriums.

Die Leichen wurden auf Bahren oft über mehrere Stockwerke nach unten zum Lastwagen getragen. An dem Tag, an dem ich dabei war, bargen wir die sterblichen Überreste von zwei christlichen und vier muslimischen Toten. Die muslimischen Leichen brachten wir auf einen Friedhof in einem Dorf am Rande der Stadt. Dort hatten sich ältere Tschetschenen versammelt, die Gräber ausgehoben hatten. Auf jedem Grab eines Kriegstoten standen drei Stangen mit kleinen eisernen Wimpeln, dem Zeichen, dass diese Menschen von fremder Hand gestorben waren.

An einem anderen Tag begleitete ich die Katastrophenhelfer, die in einem noch intakten alten Wohnhaus aus Backsteinen im Zentrum der Stadt eine Ausgabestelle für Nahrungsmittel eingerichtet hatten. Davor stand eine Schlange von Frauen und einigen alten Männern. Die Leute hatten sich aus weißem Stoff oder Verbandsmaterial Armbinden gemacht, um sich als Zivilisten kenntlich zu machen.

In der Ausgabestelle wurde Dosenfleisch, Haferflocken, Brot, Zucker, Tee und Trockenbrot ausgeteilt. Trinkwasser gewannen die Zivilisten damals aus Schnee, der aber nicht sauber war. In der Schlange stand ein russischer Rentner. Als er mir erzählte, er sei von russischen OMON-Soldaten mit einer Salve aus dem Maschinengewehr zur Ordnung gerufen worden, kamen ihm die Tränen. Er habe im Zweiten Weltkrieg gegen die Japaner gekämpft, und nun das …

In der Schlange vor der Ausgabestelle kam ich auch mit einer Frau mittleren Alters ins Gespräch. Sie erzählte, alle Menschen in Grosny lebten jetzt in Kellern, denn heile Häuser gäbe es nicht mehr. In den Kellern werde mit kleinen, eisernen Öfen – sogenannten Burschujki – geheizt. Die Frau erzählte, »während der Beschießungen rannten die Männer im Kugelhagel der Scharfschützen raus, um Wasser und Holz zu holen. Kaum hatte die russische Artillerie die Bäume klein geschossen, holten wir das Holz zum Verfeuern in den Keller.«

Auch in dem Zelt, wo ich mit russischen Katastrophenhelfern schlief, wurde mit einem Burschujki geheizt. Der Name dieser Öfen – so wurde mir erklärt – stamme aus der Sowjetzeit, als man das eiserne Gerät mit dem Leben der reichen (bourgeoisen) Russen assoziierte. Man muss so einen Ofen aber konstant mit Holz füttern, sonst lässt seine Wirkung schnell nach. Mitten in der Nacht wachte ich auf, weil sich die ganze Wärme unter dem Zeltdach gesammelt hatte. Um unsere Feldbetten war es nachts immer kalt.

In der Schlange, die auf Nahrungsmittel wartete, stand auch eine Frau, die einen geistig verwirrten Eindruck machte. Sie klagte, die bärtigen Wahhabiten hätten ihre 13-jährige Tochter entführt. Eine andere Frau erklärte mir, sie sei enttäuscht von dem Itschkerija-Präsidenten Aslan Maschadow. »Ich habe ihn gewählt, weil er Militär war. Ich hoffte, er schafft Ordnung, aber er blieb nicht sauber. Er hat sich mit diesen Elementen eingelassen.« Gemeint waren die Islamisten. Mehrere Tschetscheninnen, deren Söhne aus den Kellern heraus, wegen des Verdachts der Zusammenarbeit mit den Islamisten, verhaftet worden waren, klagten mir ihr Leid. Eine Frau steckte mir Briefe für Verwandte in Russland und Kasachstan zu. Darin stand: »Wir leben. Zurzeit hat es keinen Sinn, zurückzukommen.«

Romantische Stimmung mitten im Trümmerfeld

Später kam ich mit einer Tschetschenin ins Gespräch. Sie stand mit ihrer Mutter vor einer Mauer, hinter der das Notstandsministerium Zelte für die medizinische Versorgung aufgestellt hatte. Alle Krankenhäuser in Grosny waren zerstört. Plötzlich schlüpfte durch ein Loch in der Mauer der siebenjährige Sohn der Frau. Er hatte seinen verletzten Arm in einen Pullover gewickelt. Er habe bei einem Spiel seinen Finger verloren, erzählte die Mutter. Unter dem Arm trug der Junge ein Kinderbuch, welches er wohl von den Ärzten geschenkt bekommen hatte.

Die Straße, an der wir standen, war bedeckt mit Staub, Steinen und Ästen. Ab und zu rasten gepanzerte Fahrzeuge mit maskierten Soldaten vorbei. Die Tschetschenin wartete auf einen russischen Wassertankwagen. Der Fahrer habe ihr versprochen, sie nach Hause zu fahren. Der Fahrer kam später tatsächlich. Ich wollte der Frau Dollars geben, aber sie sagte, »die Granaten schlugen neben meinem Haus ein. Aber ich brauche diese Dollars nicht. Ich bin froh, denn das Wichtigste wurde erhalten, ein Dach über dem Kopf, mein Mann und meine Kinder.« Die Frau hatte braune Augen, ein herbes Gesicht mit schwarzen Augenbrauen. Ich hätte sie auf der Stelle heiraten können. Dieses schöne Gesicht, die Nachmittagssonne und die zerfetzten Blätter an den Bäumen, schufen in dieser Trümmerwelt für ein paar Sekunden eine romantische Stimmung.

Auferstanden aus Ruinen (2019)

Im August 2019 – 17 Jahre nach der Eroberung von Grosny durch russische Truppen – hatte ich die Gelegenheit, Tschetschenien im Rahmen einer organisierten Journalistenreise zu besuchen. Für die Wochenzeitung *Freitag* schilderte[63] ich meine Eindrücke in einer Reportage. Hier ein Auszug:

»Junge tschetschenische Journalisten fragen nach Eindrücken von der Stadt. Ich mache keinen Hehl aus meinem Erstaunen, in ein friedliches, wiederaufgebautes Grosny zurückgekehrt zu sein. Das Einzige, was man noch von den beiden Kriegen zwischen 1994 und 2000 sehen kann, sind Baulücken wie am Minutka-Platz, wo es bis zuletzt Gefechte zwischen den föderalen Truppen und den nach Südwesten abziehenden Aufständischen gab. Dort steht heute lediglich ein großes Einkaufszentrum, das Minutka heißt.«

»Kein Alkohol, keine Pornos«

Ich werde im Hotel Grosny City und damit einem der sieben, seit 2011 erbauten Wolkenkratzer untergebracht. Zum Mittagessen fährt man in die 32. Etage, um den Blick auf die auferstandene Stadt und das Panorama monumentaler Bauten zu haben wie die 2008 eingeweihte Moschee »Herz Tschetscheniens«, so wie drei der Hochhäuser, finanziert von der Achmat-Kadyrow-Stiftung. Sie ist nach dem 2004 bei einem Anschlag

63 Auferstanden aus Ruinen. Postsowjet-Drama, *Der Freitag*, 24.08.19

umgekommenen Präsidenten Tschetscheniens, dem Vater des jetzigen Republikchefs Ramsan Kadyrow, benannt und erhält ihr Geld von tschetschenischen Geschäftsleuten wie Abubakar Arsamakow, der als Allrounder im Öl- und Baugeschäft zu den 200 reichsten Unternehmern Russlands gerechnet wird.

Ich weiß, dass viele Moskauer die ehrgeizige Rekonstruktion Grosnys mit gemischten Gefühlen sehen. Das werde alles aus dem russischen Haushalt bezahlt, so die verbreitete Meinung, die nur zum Teil stimmt. Übersehen wird, dass die russische Ölgesellschaft Rosneft das qualitativ hochwertige Öl der Kaukasusrepublik fördert und verkauft. Tschetscheniens Ölvorräte belaufen sich auf geschätzte 60 Millionen Tonnen. Schon zu Sowjetzeiten gehörte die autonome Republik zu den wichtigsten Reservoiren.

Ich sehe, wie Hunderte Männer die neue Moschee nach dem Mittagsgebet verlassen. Die religiöse Erziehung sei sehr wichtig, erklärt mir ein tschetschenischer Kollege. Jugendliche würden keinen Alkohol mehr trinken. Pornografie werde gemieden, Drogenkonsum hart bestraft. Man sollte gegen Ramsan Kadyrow keine Vorbehalte hegen, lieber bedenken, dass er die Tschetschenen wieder an sich selbst glauben lasse. Die Bräuche, um die Jugend zu erziehen, erscheinen mir freilich zweifelhaft.

Abends im Hotel sehe ich in den Nachrichten von Grosny TV, wie ein 16-Jähriger minutenlang unter Tränen bereut, dass er »extremistische Posts« verfasst hat. Der Onkel des Jungen – einen Vater hat er nicht – verspricht vor laufender Kamera, sich mehr um den Neffen zu kümmern. Tatsache ist, dass es jahrelang Versuche von Terrorgruppen gab, die Befriedung der Republik zu stoppen. Inzwischen seien Anschläge in Grosny die Ausnahme, bekomme ich ständig zu hören, es gäbe hier nicht mehr Terror als in Europa.

In der russisch-orthodoxen Kirche am Achmat-Kadyrow-Prospekt, der im Jahr 2000 noch nach Lenin benannt war, treffe ich einen bärtigen älteren Mann, der die Aufsicht führt und mir erklärt, in die Kirche kämen nach wie vor viele Russen, auch Touristen. Im Hof treffe ich auf drei russische Polizisten, die mir freimütig erzählen, aus dem nordrussischen Komi-Gebiet abkommandiert worden zu sein. Ich fühle mich sofort an die Zeit der Tschetschenien-Kriege erinnert. Damals gab es in den Polizei- und Armeeeinheiten, die in der Kaukasusrepublik im Einsatz waren, viele Russen, die aus weit entfernten Regionen Sibiriens kamen und den nötigen Abstand zum hier ausgetragenen Konflikt zu haben schienen.

Gleich neben der Pforte zum Gotteshaus hängt eine Tafel aus schwarzem Marmor, die daran erinnert, dass zwei Polizisten aus der Stadt Samara bei einem terroristischen Angriff auf die Kirche im Mai 2018 starben. Ansonsten scheint die russische Präsenz in Grosny auf dem Rückzug. Waren 1989 noch 52 Prozent der damals 390.000 Einwohner Russen, sind es jetzt bei einer Einwohnerzahl von 290.000 gerade noch vier Prozent.

An den Torbögen, die in Russland traditionell die Einfahrtsstraßen zu Großstädten überwölben, hängen die Porträts von Wladimir Putin und Ramsan Kadyrow. Die lokalen Fernsehkanäle senden bilingual, in Russisch und Tschetschenisch, und am Muhammad-Ali-Prospekt gibt es das 2012 wieder eröffnete Dramatische Russische Theater. Schließlich wird Ramsan Kadyrow, der als 20-Jähriger mit den Separatisten gegen die russische Armee kämpfte, nicht müde zu erklären, dass Tschetschenien ein Teil Russlands sei.

Warum die tschetschenischen Kämpfer 2000 aufgaben

Im Herbst 1999 wechselte Ramsan Kadyrow das Lager. Er schloss sich dem Widerstand gegen die aus arabischen Ländern finanzierten Dschihadisten an, die aus Tschetschenien ein Kalifat machen wollten. Von 1999 bis zum Jahr 2003 soll Ramsan Kadyrow nach Aussagen von Mitkämpfern 4000 bewaffnete Separatisten davon überzeugt haben, ins zivile Leben zurückzukehren.[64] Ehemalige Separatisten integrierte er in seinen Sicherheitsdienst.

Zu dem Sinneswandel bei den Separatisten führte vor allem, dass Russland mit aller Deutlichkeit zeigte, dass es eine Abtrennung einer »Republik Itschkerien« vom russischen Staatsgebiet militärisch unterbinden wird. Moskau sagte aber auch Hilfe beim Wiederaufbau von Tschetschenien zu.

Der Tschetschenienkrieg war eine Lehre für alle diejenigen in Russland, die in den 1990er Jahren davon träumten, man könne die Russische Föderation verlassen. Der Krieg hätte sich meiner Meinung nach verhindern

64 https://lenta.ru/lib/14161090/

lassen, wenn Moskau geschickter vorgegangen wäre. Allerdings gab es für geschicktes Vorgehen wenig Spielraum, denn Präsident Boris Jelzin hatte die nach mehr Autonomie strebenden Gebiete in Russland aufgefordert, sich so viel Souveränität zu nehmen, »wie sie schlucken können«.

Kann man den Tschetschenien-Krieg mit dem Ukraine-Krieg vergleichen? Nein. Im Donbass stimmten die Menschen in Referenden für die Unabhängigkeit von Kiew, weil die ukrainische Regierung Russisch als offizielle Sprache im Donbass abschaffen und alle kulturellen und wirtschaftlichen Verbindungen zu Russland kappen wollte. Für die tschetschenische Sprache und Kultur gibt es heute von Seiten der russischen Regierung keine Beschränkungen und für die Tschetschenen somit keinen Grund, sich von Russland abzuspalten.

16. Bitte um Vergebung in Kiew (1995)

Eine Fahrt deutscher Christen in die Ukraine

In den 1990er Jahren war in Deutschland das Interesse an Russland groß. Die Mainstream-Medien verbreiteten ein Bild, nach dem Russland ein armer Staat mit vielen Flugzeugabstürzen, vielen Straßenkindern, vielen Aids-Toten und einem hohen Wodka-Konsum sei. Nur gelegentlich sah man im ARD-Fernsehen Reportagen – etwa von Klaus Bednarz und Gerd Ruge –, die versuchten, das große Land in seiner Vielfältigkeit darzustellen.

Die Berichterstattung der großen deutschen Medien zum 50. Jahrestages des Sieges über den Hitler-Faschismus am 9. Mai 1995 war einigermaßen entspannt. Der Kalte Krieg war zu Ende und von Russland schien keine Gefahr mehr auszugehen. Russland hatte zwar noch Atomraketen. Aber die Armee befand sich in einem desolaten Zustand. Wer konnte, versuchte dem Wehrdienst zu entgehen.

Während der Militärparade zum Tag des Sieges auf dem Roten Platz saßen auf der Zuschauertribüne 56 Staatsführer, darunter Bill Clinton, John Major, François Mitterrand und Helmut Kohl. Sie machten alle ernste Gesichter, aber im Grunde dachten sie wohl daran, dass jetzt die einmalige Chance bestünde, günstig an Russlands Rohstoffe ranzukommen und den russischen Markt mit den eigenen Produkten zu überschwemmen.

Die offensichtliche Schwäche Russlands machte auch meinen Vater etwas offener und weniger distanziert gegenüber dem Land. Er ließ sich von einem Kriegskameraden überreden, an einer Versöhnungsfahrt deutscher Christen in die Ukraine teilzunehmen.

Der Kriegskamerad vom Feldzug »Barbarossa« war Weingutbesitzer in Süddeutschland und ultra-konservativ. Aus der CSU war er ausgetreten, weil er meinte, dass die Bundesregierung die Interessen der ehemaligen Großgrundbesitzer in »Mitteldeutschland« nach der Wiedervereinigung übergangen habe. Aber dass Deutschland seine Haltung zu den Juden verbessern muss, das war für den Weingutbesitzer ausgemachte Sache.

So fuhr mein Vater mit acht deutschen Christen im Sommer 1995 in die Ukraine. Es waren vor allem Mitglieder einer freien evangelischen

Gemeinde aus Berlin und Baptisten. Sie wollten wegen den von Deutschen begangenen Verbrechen während des Zweiten Weltkrieges den Himmel über der Ukraine »freibeten«.

Wilhelm überredete mich, an der Reise teilzunehmen. Bis kurz vor Reisebeginn war ich unschlüssig, ob ich von Moskau nach Kiew fahren sollte, um mich der deutschen Gruppe anzuschließen. Aber eine innere Stimme sagte mir: Du muss jetzt dahinfahren, wo dein Vater versucht, den Kontakt zur Vergangenheit aufzunehmen und vielleicht an sich arbeitet.

Die Gruppe deutscher Christen besuchte am Westrand von Kiew die Gedenkstätte Babi Jar, wo im September 1941 33.771 Juden erschossen wurden. An dem Massaker beteiligt war das auf Massenmord spezialisierte deutsche Sonderkommando 4a, die SS-Einsatzgruppe C, Angehörige der deutschen Ordnungspolizei, die Geheime Feldpolizei, ukrainische Hilfspolizisten und die Wehrmacht.

Die deutschen Christen besuchten auch ein psychiatrisches Krankenhaus und das russisch-orthodoxe Lawra-Kloster in Kiew. Es fand ein Treffen mit dem Oberhaupt der ukrainisch-orthodoxen Kirche und die Besichtigung eines ehemaligen deutschen Lagers für sowjetische Zwangsarbeiter statt, wo Tausende verhungert waren. Schließlich gab es ein gemeinsames Essen mit Juden und Christen in Kiew und einen Besuch in einer Synagoge.

»Vergeben sie uns?«

Bei allen Teilnehmern hatte ich das Gefühl, dass sie mit einem tiefen persönlichen Schuldgefühl in die Ukraine gereist waren. Am stärksten fiel mir das bei Horst auf, einem ehemaligen DDR-Bürger, der zusammen mit einer Lehrerin aus Hannover die Reisegruppe leitete. Horst kam aus Parchim und war früher in der FDJ gewesen. Er arbeitete als Eisenbahningenieur. Zuletzt war er in Nürnberg stellvertretender Leiter einer Eisenbahndienststelle gewesen.

Als wir die Gedenkstätte Babij Jar in Kiew besuchten, weinte Horst. Er erklärte, er habe das ganz sichere Gefühl, dass sein Vater hier mitgeschossen habe. Der Vater habe immer verschwiegen, dass er an der Ostfront gekämpft hatte.

Der Eisenbahningenieur erzählte bei einem gemeinsamen Essen, dass sein Vater Mittäter war, sei ihm wie eine Eingebung erschienen. Zu der

Eingebung sei er durch den »Toronto-Effekt« gekommen. Dabei handele sich um eine religiöse Methode der Massentrance.

Westlich von Kiew besuchten wir die Stadt Berditschew. Der Ort stand von 1941 bis 1944 unter deutscher Besatzung. In Berditschew trafen wir auf eine alte Frau, die während der deutschen Besatzung eine Jüdin versteckt hatte. Als die Jüdin irgendwann einmal unvorsichtig aus dem Haus ging, wurde sie von den deutschen Soldaten gestellt und erschossen. Die alte Frau fand die erschossene Jüdin später in einem See.

Berditschew galt bis zur deutschen Besatzung als ein Zentrum des jüdischen Lebens in der Ukraine. Die Hälfte der Einwohner bestand aus Juden. In den ersten beiden Jahren der deutschen Besatzung wurden von Einsatzgruppen der SS, deutschen Polizisten und ukrainischen Hilfspolizisten 30.000 Juden der Stadt erschossen. Als Berditschew am 5. Januar 1944 von der Roten Armee befreit wurde, lebten noch 15 Juden dort.

Vor der Stadt Berditschew gab es ein Massengrab mit ermordeten Juden. Das Grab lag unter einem großen Kleefeld. Davor stand ein Grabstein. Die Teilnehmer der Gruppe – auch mein Vater – knieten nieder und beteten. Der einzige Deutsche, der nicht kniete, war ich. Ich fühlte mich nicht schuldig. Außerdem beschlich mich das Gefühl, man wolle hier für immer mit dem Thema deutsche Verbrechen abschließen.

Einige Teilnehmer baten Gott in deutscher Sprache, dass er ihnen vergibt. Horst sagte auf Russisch, »Herr, vergib dem deutschen Volk.« Danach stand der Eisenbahningenieur mit seinen großen, blauen Kulleraugen auf und fragte einen jüdischen Geschichtsprofessor, der auch Vorsitzender des örtlichen Bezirkskomitees war und uns begleitete: »Vergeben Sie uns?«

»Insgesamt können wir nicht vergeben«

Der Professor meinte, dass könne er nicht. Er schließe sich den Äußerungen der Jüdin Klara vom Vortag an. Sie hatte bei einem gemeinsamen Essen erklärt, sie glaube dem Einzelnen, der gekommen sei, dass er bereue und sie könne ihm vergeben. Aber sie könne »nicht insgesamt vergeben«. Die Teilnehmer der deutschen Gruppe nahmen diese Antwort ohne Widerspruch hin.

In mein Tagebuch schrieb ich: »Das ständige Bohren der Christen nach Vergebung war für mich auch so etwas wie ein Zeichen, dass man nicht weiter nach den Gründen für Antisemitismus und Faschismus forschen will – was Klara ganz klar gefordert hatte –, sondern endlich die Last loswerden will.« Nach dem Knien vor dem Massengrab wirkte Wilhelm verunsichert. Er sagte mir, er sei »sehr enttäuscht« von den deutschen Generälen, die im Prinzip doch Hitler gefolgt seien. Sie hätten ihr Ansehen nutzen und einfach den Stab hinwerfen können. »Die hätte man nicht einfach erschießen können.« Und dann sagte er, vor dem Massengrab sei er »nur aus Opportunismus auf die Knie gegangen«.

In mein Tagebuch schrieb ich: »Natürlich ist es beachtlich, dass Vater nach Kiew gefahren ist, im Gepäck das Tagebuch von Anne Frank und den ›Zimtladen‹ von Bruno Schulz. Die Bücher hatte ihm wohl jemand mitgegeben. Vater ist ein großer Schauspieler und in seiner Naivität meint er es vielleicht sogar ernst, wenn er dort vor den Juden irgendetwas von der Ehre der deutschen Armee retten will. Aber er stieß damit immer wieder an Grenzen. Von dem netten jüdischen Geschichtsprofessor wurden immer neue Schrecken der deutschen Armee enthüllt. Die konnte er nicht einfach mit Stalin-Verbrechen relativieren. Die Tatsache, dass man an diesem Ort war und dieser Geschichte zuhörte, zwang einen einfach zu einer deutlichen gefühlsmäßig ablehnenden Haltung. Ich hatte den Eindruck, dass er manchmal ein bisschen am Schwimmen war.«

Ein Soldat kämpft und fragt nicht

Wilhelm war zum Schluss der Reise nach Berditschew völlig am Ende. Bei ihm brach eine lang verschleppte Erkältung durch. Dummerweise sprang er dann noch vor aller Augen in einen See, um sich abzukühlen und wohl auch um auf andere Gedanken zu kommen. Dann saß er schniefend und niesend mit laufender Nase im Bus. Ich sah, wie sein Gesicht röter wurde und langsam verfiel. Nun ja, er war auch schon 74 Jahre alt.

Irgendwas packte ihn dann wieder und er ging in dem Bus, der über holprige Straßen fuhr, nach vorne und setzte sich dort auf eine Armlehne neben den jüdischen Professor. Danach war er dann total heiser. Manchmal hatte er etwas Selbstzerstörerisches.

Am überzeugendsten fand ich, wie Wilhelm in eigenen Worten die Verbrechen der SS – die Wehrmacht ließ er außen vor – schilderte. Darin lag so etwas wie Anerkennung, dass es diese Verbrechen gab und es war auch ein Ausdruck von Abscheu. »Die Kinder haben sie auf widerliche Weise ermordet, sie haben sie getreten und zurückgestoßen. Die Deutschen haben da Schweinereien gemacht.«

Am Massengrab in Berditschew hatte der jüdische Professor erzählt, dass sich die Erde noch Tage nach den Erschießungen bewegte. Die Nazis hatten Kugeln gespart. Sie warfen die jüdischen Kinder lebendig in das Massengrab und erschossen dann die Erwachsenen.

Dass Wilhelm von »Schweinereien« sprach, war verniedlichend. Von Schweinereien sprach man in den 1960er Jahren, wenn Kinder ihre Nahrung oder ihre Fäkalien verschmierten oder wenn es um Sex ging.

Ein geplanter Massenmord an einem ganzen Volk sollte nur eine »Schweinerei« gewesen sein? So hatte man in Westdeutschland noch Jahrzehnte nach dem Zweiten Weltkrieg die eigenen Verbrechen heruntergespielt. Und selbst 1979, als im westdeutschen Fernsehen die US-Serie »Holocaust« gezeigt wurde, wollte man immer noch nicht über die eigenen Verbrechen reden.

Als ich Teilnehmer der Gruppe fragte, wie sie mit meinem Vater klarkamen, versicherten sie mir, dass mein Vater »lernfähig« und dass er »eine Bereicherung« für die Gruppe sei. Gruppenleiter Horst war da kritischer. Er sagte mir, man wolle sich von meinem Vater nicht das Konzept kaputt machen lassen. Die Taten der Wehrmacht wolle man nicht rechtfertigen.

Wie sehr Wilhelm durch das Gespräch mit den ukrainischen Juden unter Druck geraten war, merkte ich beim letzten gemeinsamen Abendessen, an dem keine Juden teilnahmen. Wilhelm sagte ganz locker, es sei »auch mal gut ohne Juden.«

Bei diesem Satz stockte mir der Atem. Offenbar war es das erste Mal in Wilhelms Leben, dass er mit Juden über deutsche Verbrechen gesprochen hatte. Und er war froh, dass er diese Prozedur nun hinter sich gebracht hatte.

Der Weingutbesitzer, der Wilhelm 1995 zu der Reise nach Kiew überredet hatte, schrieb meinem Vater 2004 einen Brief, den ich im Nachlass meines Vaters fand.

Sein ehemaliger Kriegskamerad versuchte ihm in dem Brief zu erklären, dass »wir« die Juden als Christen anerkennen müssen. »Eine neue Sicht und Hoffnung für die dringend ersehnte Einheit der Christen« sei »das Erkennen unserer Wurzeln im Judentum.« Es sei die Zeit gekommen

»die Jesus-Gläubigen Juden ohne ›Wenn und Aber‹ als Brüder willkommen zu heißen.« Daraus »könne neue Kraft für unsere Kirchen entstehen.« Der Kriegskamerad meines Vaters versuchte ihm die Juden näherzubringen, umging aber den Kernpunkt. Wilhelm war der Meinung, dass »die Juden« Jesus umgebracht hätten.

Die Behauptung vom »Gottesmord« ist ein wesentliches Element des Antisemitismus. Auch die Nazis nutzten die Behauptung vom »Gottesmord« für ihre Vernichtungspläne gegen die Juden.

Wilhelm hatte Angst, mit mir über dieses Thema zu sprechen, denn er ahnte, dass er ein Anhänger einer These war, über die man in Westdeutschland schon lange nur hinter vorgehaltener Hand sprach.

Dass Wilhelm mal ein positives Wort zum Grundgesetz sagte, habe ich nie erlebt. Seine geistige Basis war eine preußisch-militaristische Ideologie. Um sich für andere Weltanschauungen, Traditionen und Religionen zu interessieren, gab es für ihn keinen Anlass. Ihm reichte es, wenn man die Geschichte Preußens, die Geschichte der Deutschen und die Geschichte der eigenen Familie kannte.

17. Mit meinem Vater an seinem Frontabschnitt (1997)

Seit ich in Moskau lebte, drängelte mein Vater am Telefon, ich müsste unbedingt das Städtchen Tarussa, 147 Kilometer südwestlich von Moskau besuchen. Dort hätten früher Künstler gewohnt.

»Nebenbei« erwähnt er dann noch, dass er von Mitte November bis Mitte Dezember 1941 nicht weit von Tarussa im Dorf Kusmistschewo mit einer Aufklärungseinheit der Wehrmacht gelegen habe.

Er wusste, dass ich gegen den Überfall auf die Sowjetunion war. Deshalb setzte er den Akzent auf »die Künstler von Tarussa«. So hoffte er, mich für eine Teilnahme an einer Exkursion an seinen früheren Frontabschnitt zu gewinnen. Im Mai 1997 war es dann so weit. Wilhelm kam nach Moskau. Es war das erste und einzige Mal, dass er mich dort besuchte. Er war damals 76 Jahre alt und das Laufen fiel ihm schon schwer. Er war auch nicht mehr so durchorganisiert. Wichtiges und Unwichtiges verkramte er in seinen Hosentaschen.

Wir machten eine Fahrt auf dem Fluss Moskwa und standen gemeinsam am Grabmal des Unbekannten Soldaten an der Kreml-Mauer. Wilhelm stand dort stramm, so als sei er Mitglied einer deutschen Militärdelegation.

Alles Militärische faszinierte ihn. Als wir am Moskauer Jaroslawski-Bahnhof auf eine Gruppe junger russischer Rekruten in Uniform trafen, bestand er darauf, dass ich ihn zusammen mit den Soldaten fotografiere. Die Rekruten hatten nichts dagegen. Sie lächelten freundlich.

Seiner Art, in aller Öffentlichkeit aus der Rolle zu fallen, blieb Wilhelm auch in Russland treu. Als wir spätabends in einem der endlosen Gänge der U-Bahn auf eine ausgeflippte Schar angetrunkener Frauen trafen, ahmte er die Frauen mit ausfallenden Bewegungen und piepsiger Stimme nach.

Schließlich der Höhepunkt von Wilhelms Russland-Reise: Wir fuhren mit einer »Elektritschka« – einem Vorortzug – in die südlich von Moskau gelegene Stadt Serpuchow. Unser Ziel war Wilhelms ehemaliger Frontabschnitt. Angekommen in Serpuchow heuerte ich ein Taxi an, einen weißen Wagen der sowjetischen Prestige-Marke »Wolga«. Die Fahrt in dem offiziell nicht registrierten Taxi kostete 400.000 Rubel (120 D-Mark). Erst ab 2011 wurde es Pflicht, alle Taxis im Großraum Moskau offiziell zu registrieren.

Während der Fahrt erzählte Wilhelm dem Taxifahrer, dass er als deutscher Soldat in der Gegend stationiert gewesen sei. Ich musste übersetzen. Im Rückspiegel sah ich, dass die Augen des Taxifahrers rot und feucht wurden. Dabei sah er nicht sentimental aus, sondern war ein sehr kräftiger Typ in einem blauen Jogginganzug. Unser Ziel war das an der Westseite des Flusses Oka gelegene Dorf Kusmistschewo. Aber Wilhelm versuchte plötzlich eine Tour durch die ganze Gegend zu buchen. Das Taxi sollte auch die Ostküste des Oka-Flusses abfahren, »dort wo im Winter 1941 die Russen lagen«.

Der Fahrer grummelte einen Fluch, der sich anhörte wie, »ja, euch werd' ich's schon zeigen.« Dann sagte er, auf die Ostseite des Flusses könne er nicht fahren, da es dorthin keine Brücke gibt.

Nach etwa 30 Minuten Fahrt kamen wir im Dorf Kusmistschewo an. Hier hatte Wilhelm als Zwanzigjähriger ab dem 16. Oktober 1941 mit 190 deutschen Soldaten der »Aufklärungs-Abteilung 152« sechs Wochen lang Stellung bezogen. Wilhelm war damals Zugführer einer Schwadron von 40 Radfahrern. Bei Temperaturen von bis zu 25 Grad Minus die Stellung zu halten war sicher nicht einfach. Aber Wilhelm – und wohl auch seine Kameraden – wärmte die Hoffnung, bald über den Roten Platz in Moskau marschieren zu können.

Zwei Monate später, am 17. Dezember 1941, organisierte Wilhelm den Rückzug. Der Grund: Zahlenmäßig stärkere Einheiten der 49. sowjetischen Armee unter General Igor Sacharkin griffen die deutsche Stellung an. Wilhelms Kommandeur wurde verletzt, weshalb Wilhelm selbst das Kommando für den Rückzug übernahm.

Er erzählte, »rechts und links zwei Leuchtraketen leiteten den Rückzug ein. Unsere 400 Fahrräder – davon waren 200 extra neu für den weiteren Vormarsch geliefert worden – ließen wir zurück an der Kirche.«

Der Tross für den Rückzug wurde in höchster Eile gebildet, denn die deutschen Soldaten waren mit ihren grauen Uniformen ein leichtes Ziel für die Rotarmisten. Winteruniformen hatten sie nicht. Der deutsche Generalstab hatte geglaubt, Moskau noch vor Winterbeginn einnehmen zu können.

Nachdem Wilhelm mit seiner Einheit abgezogen war, habe man – so erzählte er – einen Späher nach Kusmistschewo geschickt. Der sollte herausfinden, was im Dorf los war. Der Späher habe berichtet, sowjetische Soldaten seien betrunken und lachend auf den Wehrmachtsfahrrädern im

Kreis gefahren und immer wieder gestürzt. Diese Geschichte erzählte Wilhelm immer gerne. Sie bestätigte das Bild von den »wilden Russen«. Warum diese »Wilden« den Krieg gewonnen hatten und nicht die »ordentlichen« Deutschen, diese Frage hat er sich wohl nie gestellt.

Dorfbewohner erzählen von der deutschen Besatzung

Das Dorf Kusmistschewo zieht sich an der Straße nach Tarussa entlang. Etwa in der Mitte des Dorfes parkten wir. Wilhelm versuchte sich zu erinnern. Er wollte das Haus finden, wo er 1941 mit zwei Russinnen, einer Mutter von 50 Jahren, der 20 Jahre alten Tochter und ihrem achtjährigen Sohn Mischa sowie sechs Wehrmachtssoldaten gewohnt hatte.

An einem Holzzaun stießen wir auf zwei ältere Frauen. Wie sich später herausstellte, waren es Schwestern. Eine der beiden hielt ein eineinhalbjähriges Kind auf dem Arm, das verdrießt und weinerlich guckte. Die andere, die eine alte Hose trug, verschwand während unseres Gesprächs kurz in ihrem Holzhaus. Sie wollte sich offenbar etwas hübsch machen, denn ich fotografierte. Sie kam dann in einem sauberen, grünen Arbeitsanzug und Kopftuch wieder zu uns.

Wilhelm erzählte den Frauen, dass er als deutscher Soldat in dem Dorf gewesen sei. Ich musste übersetzen und ich merkte, wie sehr mich die Situation mitnahm. Während des Übersetzens war ich mehrere Male den Tränen nahe. Meine Stimme zitterte und schließlich, als wir mit Hilfe der beiden Schwestern eine größere Gruppe von Dorfbewohnern trafen, die uns misstrauisch anguckten, musste ich losheulen. Eine der Anwohnerinnen meinte zu den Umstehenden, »der hat hier Verwandte verloren.«

Ich hatte nichts Derartiges erzählt, aber ich war berührt von den Worten der Frau. Anders, als dass ich um einen Deutschen weinte, konnte sich diese Russin wohl meine Tränen nicht erklären. Aber ich heulte vor allem aus Scham über meinen Vater, der sich wie ein Tourist aufführte und kein Mitgefühl für das Schicksal des Dorfes zeigte.

Ich erklärte dann schnell, dass ich der Sohn bin, einfach um jeden falschen Ton, jede Heuchelei aus unserem Gespräch rauszukriegen. Ich wollte, dass wir auf dem Boden der Wahrheit miteinander sprachen und nichts verschwiegen wird.

In der großen Gruppe von Anwohnern erzählten die Leute dann ihre Kriegserinnerungen. Die Dorfbewohner berichteten, dass im Oktober 1941 auf Anweisung des deutschen Kommandeurs fast alle evakuiert worden waren. Der Kommandeur habe Angst gehabt, dass sich unter den Dorfbewohnern Spitzel der Roten Armee befinden.

Die Stimmung unter den Dorfbewohnern war aufgewühlt. Eine Wende nahm die Unterhaltung, als der Anwohner Sergej Gawrilowitsch auf Gorbatschow zu sprechen begann. Der Mann war Anfang Sechzig. Er trug eine weiße Schiebermütze und ein gelb-orangenes Hemd. Mit seiner ruhigen Art dämpfte er die Emotionen. Sergej Gawrilowitsch erzählte, dass er acht Jahre alt war, als die Deutschen das Dorf besetzten. Er erinnere sich, wie er mit seinem Freund von einem Fenster aus die Lage beobachtet habe. Jede Bewegung zwischen den kämpfenden Truppen erinnere er.

Drei Zivilisten erschossen

Sergej Gawrilowitsch beriet sich mit Frauen, die etwas weiter hinten an einem Holzhaus standen. Danach erklärte er mit ernster und ruhiger Stimme, drei Dorfbewohner seien von den Deutschen erschossen worden. Das sei eine Rache der Deutschen gewesen. Irgendjemand hatte eine wichtige Telefonleitung der Wehrmachtseinheit gekappt. Dabei sei ein deutscher Offizier getötet und ein anderer verletzt worden.

Ich guckte erschreckt meinen Vater an. Der hatte leichte Panik in den Augen und meinte, von dem Vorfall wisse er nichts. Später meinte er zu mir, wenn er in dem Dorf Zivilisten hätte erschießen lassen, dann wäre er wohl nicht noch einmal dorthin gekommen.

Wilhelm wollte sich nicht aus seinem Konzept bringen lassen. Kritische Fragen der Dorfbewohner waren bei ihm nicht eingeplant. Im lauten Ton beschrieb er mit ausgebreiteten Armen – den Rücken der Gruppe der Dorfbewohner zugewandt – die militärische Lage im Dorf. Er hörte nicht auf die Einzelheiten und die Fragen der Russen, die ich übersetzte. Er wollte vor allem seine Erinnerungen loswerden. Er interessierte sich einzig und allein dafür, wo die deutschen Soldaten begraben worden waren.

Als wir auf der Rückfahrt an der eingefallenen Dorfkirche vorbeifuhren, zeigte Wilhelm auf ein gegenüberliegendes Haus und meinte, »dort war der Stab. Dort befahl mir der Kommandeur einen vermeintlichen Spion zu erschießen. Es war eins von zwei, drei Malen im Krieg, dass man das von mir verlangte. Ich weigerte mich jedes Mal. Dieses Mal übertrug der Kommandeur die Erschießung einem Anderen.«

Sergej Gawrilowitsch brachte uns auf Wunsch von Wilhelm zu Gräbern von drei bis sechs deutschen Soldaten – genaue Zahlen wusste niemand –, die bei den Verteidigungskämpfen gegen die anstürmende Rote Armee gefallen waren. Sergej Gawrilowitsch erinnerte sich noch genau an die Stellen, wo die einzelnen Toten lagen. Ich fand das sehr menschlich, dass er sich daran erinnerte, denn es waren ja Feinde, keine eigenen Soldaten. Aber es waren tote Menschen und für ein Kind von acht Jahren wahrscheinlich ein sehr prägendes Erlebnis.

Wilhelm fragte in kiebigem Ton, wie denn die deutschen Soldaten auf dem gefrorenen Boden beerdigt worden waren waren. Sergej Gawrilowitsch erklärte: »Man hat sie in einem Graben beerdigt, wo die Deutschen mit einem Granatwerfer standen.«

Plötzlich rannte Wilhelm weiter auf eine Anhöhe, von der man einen Blick auf den Fluss Oka hatte. Die Unterhaltung mit Sergej Gawrilowitsch wurde für ihn offenbar zunehmend ungemütlich. Er ließ ihn einfach stehen, ohne sich für die Begleitung und die Beantwortung von Fragen zu bedanken. Als ich Wilhelm fragte, warum er es plötzlich so eilig habe, sagte er nur, »wir haben keine Zeit. Unser Auto fährt bald weg.« Das war aber nur ein Vorwand. Mit dem Fahrer war gar kein Abfahrtszeitpunkt vereinbart worden. Wilhelm wurde der Kontakt mit Dorfbewohnern unheimlich. Sie entblätterten Stück für Stück das Bild von den heldenhaften deutschen Soldaten und den herzlosen Russen, das er sich in seinem Kopf zurechtgelegt hatte.

Ich fand, die Dorfbewohner verhielten sich uns gegenüber sehr anständig. Ich suchte in der schwierigen Situation als Dolmetscher emotionalen Halt und fand ihn in den über unseren Besuch erstaunten, zum Teil verschlossenen und abweisenden Gesichtern, aber auch in der warmherzigen Art von Sergej Gawrilowitsch.

Wir hatten Menschen ohne Hass getroffen, die uns mit nackten Fakten konfrontierten – wie der Erschießung von drei Dorfbewohnern. Sie fragten aber nicht: Und was meint ihr dazu? Vielleicht warteten sie auf eine Erklärung von meinem Vater zu der Erschießung, aber sie äußerten es nicht.

Sturer »Frontbericht« ins Diktafon gesprochen

Auf der Rückfahrt im Taxi sprach Wilhelm dann in lautem Ton – so als ob er allein im Auto säße – seine Eindrücke in ein Diktafon. Es war ein rein militärischer Bericht, ohne Gefühle. Kein Wort über die einzelnen Menschen, die wir trafen, ihre Reaktionen, ihre fragenden Gesichter. Stattdessen: Unsere Kompanie, unsere Fahrräder, tausende von Russen, die über die Oka kamen …

Wilhelm war nach dem Besuch in Kusmistschewo nicht bereit, sich vom Russlandfeldzug zu distanzieren. Mit gespielter Sicherheit erklärte er, dass sich im Dorf Kusmistschewo »niemand über die deutschen Soldaten beschwert hat«. Die Sache mit den drei erschossenen Zivilisten überging er einfach.

Wilhelm rechtfertigte den Russland-Feldzug. Er argumentierte mit angeblichen Archiv-Funden, die belegen würden, dass die deutsche Wehrmacht einen Präventivkrieg gegen eine sowjetische Armee führte, die kurz vor einem Angriff stand. Er sagte: »Neue, in sowjetischen Archiven gefundene Dokumente beweisen, dass Stalin an der sowjetischen Grenze 3,5 Millionen Soldaten stationiert hatte, die nicht in Verteidigungsstellung waren, sondern bereit waren zum Angriff. Die hätte man alle gefangen nehmen müssen und den Krieg dann beenden.«

Als wir mit der Elektritschka eineinhalb Stunden nach Moskau zurückfuhren, wunderte sich Wilhelm, dass die Fahrt so lange dauerte. In seiner Vorstellung hatte er mit seiner Einheit »kurz vor Moskau« gelegen. Ich lachte innerlich. Die Größe Russlands kann ein Europäer einfach nicht begreifen. Ich selbst hatte Angst, als ich 1994 das erste Mal mit der Transsib die 3300 Kilometer bis nach Nowosibirsk fuhr. Ich hatte die Vorstellung, ich fahre an das Ende der Welt und schaue dann von der Weltkante in den Abgrund.

»Die mussten weg«

Wilhelm ließen meine Fragen nach deutschen Kriegsverbrechen keine Ruhe. Als wir gegen Ende seines Moskau-Besuchs gemeinsam zu dem größten russischen Männerkloster nach Sergijew Possad nördlich von Moskau fuhren, erzählte er wieder von seinen Erinnerungen. Er schwärmte von der

Kameradschaft unter den Soldaten und von seinem Stolz, dass er als 20-jähriger Offizier schon so viel Verantwortung trug.

Dann kam er von sich aus auf das Thema »Kriegsverbrechen«. Er erzählte von einem konkreten Vorfall, der sich auf dem Rückzug in Weißrussland ereignete. Als er erzählte, wirkte er schüchtern. Er sei auf dem Rückzug in Weißrussland schwer verwundet worden. Eine russische Handgranate habe tiefe Wunden in seinen Arm und seinen Oberschenkel gerissen. Er sei zu seiner Einheit zurückgelaufen. Die Einheit hatte zahlreiche Russen gefangen genommen. Er gab den Befehl, dass sich diejenigen Gefangenen, die noch leben, melden sollten. Die Gefangenen, die auf der Erde lagen, und sich nicht lebend meldeten, wurden auf Wilhelms Befehl erschossen. »Die mussten weg«.

Wilhelm erklärte, man hätte sich schützen müssen. Denn die am Boden Liegenden hätten plötzlich aufstehen und schießen können. Sein nüchternes Resümee: »Es kann sein, dass zwanzig noch lebende Soldaten, die sich tot stellten oder bewusstlos waren, erschossen wurden.«

In mein Tagebuch schrieb ich: »Was werden die Frauen, Töchter und Söhne dieser toten sowjetischen Soldaten sagen? Warum stellt sich Vater diese Frage nicht? Die militärische Logik, in der er verfangen ist, lässt diese Frage nicht zu.«

18. Meine Vermieterin (1998)

Ein Jahr, nachdem mein Vater mich in Moskau besucht hatte, musste ich mir eine neue Wohnung suchen. Die Suche zog sich in die Länge. Ich hatte eine ganze Reihe heruntergekommener und verdreckter Bruchbuden besichtigt und die Hoffnung schon aufgegeben, da wurde mir endlich eine Wohnung gezeigt, die mich faszinierte. Sie lag in der Nähe eines Parkes in einem der massiven Häuser, die während der Stalin-Zeit gebaut worden waren.

Etwas derartig Aufgeräumtes und Stilvolles wie diese Altbauwohnung war mir noch nie angeboten worden. Ich wohnte bisher in Plattenbauten mit niedrigen Decken und engen Aufgängen. Doch hier in der N.-Straße wirkte alles großzügig und fein. Es gab ein großes Bett und im Korridor stand ein verspiegelter Schrank. Der Luxus hat allerdings seinen Preis. 500 Dollar im Monat hatte die Vermittlerin der Wohnungsagentur angekündigt.

Zusammen mit ihr betrat ich die Wohnung. Die Wohnungstür war nur angelehnt. Man konnte sie einfach aufdrücken. Die Besichtigung war wie ein Überraschungspaket arrangiert. Ich ging zunächst mit der Vermittlerin durch Korridor, Schlafzimmer und Bad. Erst in der Küche sah ich die Vermieterin. Auf einem Stuhl saß eine hübsche, junge Dame im schwarzen Rock, mit übergeschlagenem Bein.

Die Begegnung verwirrte mich. Die Dame war schlank, um die Dreißig, hatte halblange, blonde Haare, eine schwarze Strumpfhose und einen weinroten Rollkragenpulli. Sie bemerkte wohl meine Verwirrtheit. »Ich heiße Veronika«,[65] sagte die junge Frau. Ihre Stimme war so kühl wie der Blick. Ihre weiße Haut hatte etwas Aristokratisches. Während sie den Tee zubereitete, beobachtete ich ihre schlanken Finger mit den farblos lackierten Nägeln. Die Nagelhaut hatte sie – wie es in Moskau gerade Trend war – entfernt. Ich dachte: Schade, die geröteten Nagelbetten brechen die Eleganz. Ihre Bewegungen hatten etwas Strenges und Abruptes. Mir schien, Küchenarbeit war nicht ihre liebste Beschäftigung.

Ich mietete die Wohnung an. Nach einigen Wochen kroch der Winter durch die hölzernen Doppelfenster, von denen die Farbe abblätterte.

65 Der Name wurde geändert.

Veronika versprach zu helfen. Als sie am Monatsersten kam, um die Miete abzuholen, brachte sie eine Rolle von breiten, weißen Klebestreifen mit. Sie zog einen langen Streifen ab und legte ihn in die zugige Fensterritze. Der Streifen saß schief. Veronika zog ihn wieder ab. Brüchiger Lack hatte das Klebeband unbrauchbar gemacht. Ich hatte das Gefühl, dass meine Vermieterin das erste Mal Fenster abklebte, wie es in Russland im Herbst allgemein üblich ist. Moderne Doppelglasscheiben hatten damals nur wenige.

Meine Vermieterin arbeitete ungeduldig. Hilfesuchend schaute sie sich nach mir um. Als wir dann gemeinsam einen neuen Streifen auflegten, berührten sich unsere Finger. Das hatte ich befürchtet. Ruckartig zog ich meine Hand zurück. Angstvoll starrte ich auf Veronikas gerötete Finger und erklärte, dass ich die Arbeit allein machen werde. Wortlos wandte sich meine Vermieterin ab. Nach ein paar höflichen Abschiedsworten verließ sie die Wohnung.

Ich machte eine Reportagereise nach Armenien und Berg-Karabach. Als ich zurückkam, legte ich mich aufs Bett, schloss die Augen und dachte an den schönen schneebedeckten Ararat. Dann legte ich den Kopf zur Seite und blinzelte durch die halbgeschlossenen Augen. Direkt vor meiner Nase sah ich ein rosa Kügelchen. Es war Kaugummi mit Kirschgeschmack. Von mir war das nicht. Offensichtlich hatte hier in meiner Abwesenheit jemand gelegen. Unwillkürlich suchte ich das Bett ab. In der Mitte der weißen Tagesdecke fand ich einen Fleck, der nicht von mir stammte.

Vor dem Badezimmerspiegel fand ich einen offenen, roten Lippenstift. Ich guckte in den Spiegel und sah mein hektisches Gesicht. Mir war nun klar, dass meine Vermieterin in der Wohnung gewesen war. Aber ich versuchte mich mit dem Gedanken zu beruhigen, dass sie vielleicht nur etwas in der Wohnung vergessen hatte, in meiner Abwesenheit nochmal gekommen war und sich dann ausgeruht hatte. Sie zu fragen, was auf meinem Bett los war, wollte ich nicht. Ich fürchtete – kaum war ich eingezogen – Probleme. Schon wieder die Wohnung wechseln, wollte ich auf keinen Fall.

Der März war fast zu Ende. Eines Nachts klingelte es an der Tür. Wie von unsichtbarer Hand geführt ging ich in meinem blau-weiß gestreiften Schlafanzug zur Wohnungstür und äugte durch das Guckloch. Da stand Veronika, in einem grauen, buschigen Pelz. Sie blickt nach unten. Sie trug einen Pferdeschwanz, der kess in die Höhe ragte.

Veronika hatte wohl mein Heranschlurfen gehört und fragte mit schüchterner Stimme: »Darf ich reinkommen?« Ich begann zu zittern wie das letzte Blatt eines Baumes, bevor es der Sturm ergreift und vor sich hertreibt und öffnete die Tür. Vorsichtig trat sie ein.

Ich starrte ungläubig vor mich hin. Mein Zittern wurde immer stärker. »Ich möchte nur ein bisschen quatschen. Ich geh dann auch wieder.« Erst jetzt sah ich, dass ihre Pelzjacke nur halblang war. Veronika trug eine schicke schwarze Hose mit Schlag und einen silber-grauen Stretch-Pulli.

Ich eilte ins Schlafzimmer, um mir meinen Bademantel zu holen. Veronika wartete im Flur. Ihr Gesicht war leicht gerötet, ihre Worte klangen breiter als sonst. »Wenn es in Ordnung ist, gehe ich nur noch runter und sage meinem Fahrer Bescheid, dass er nach Hause kann.« Ich antwortete mit mühsam beherrschter Stimme: »Ja, kein Problem, wir können uns unterhalten.«

Meine Vermieterin fuhr mit dem Aufzug nach unten. Immer noch zitternd ging ich in die Küche und setzt Teewasser auf. Auf Veronikas Erscheinen reagierte ich wie ein Jugendlicher, dem die Eltern am Wochenende die Wohnung überlassen haben. Alles Verbotene, Unmögliche und Unbekannte ist plötzlich möglich, aber irgendetwas hemmt einen, all das Verbotene und Unmögliche auch auszuprobieren.

Als Veronika wieder oben war, half ich ihr aus dem Pelz. »Ist doch nichts dabei, wenn ich ein bisschen mit dir rede?«, fragte sie. Ich stotterte, »nein, nein.«

In der Küche setzte sie sich auf das Sofa. »Ich war mit einem Bekannten im Restaurant. Wir haben uns gestritten«, erzählte sie. Ich fragte, wer der Bekannte war. »Ein Geschäftsmann, den ich von früher kenne.« Mehr wollte sie nicht erzählen. Ich bat sie, meine Hand zu halten und sagte: »Ich zittere so.« Sie lachte. Aus Verlegenheit rieb ich ihre Finger. Veronikas Blick war verschwommen. Ich wusste nicht, was in ihr vorging und setzte mich zu ihr aufs Sofa. Wir küssten und später liebten wir uns.

Am nächsten Morgen rief Veronika ihre Mutter an. »Ich bin in der N.-Straße. Wir haben Tee getrunken.« Fragen stellte die Mutter nicht.

Von nun an kam Veronika häufiger. Manchmal klingelte es nachts um Zwei an der Tür, manchmal um Drei. Ihre Besuche kündigte sie nie an. Sie kam immer aus Restaurants. Oft lag Veronika erschöpft auf dem Sofa, bevor ich sie mit Tee und Zärtlichkeiten zu neuem Leben erweckte. Morgens fuhr sie zu ihrer Familie. Sie wohnte mit ihrer neunjährigen Tochter bei ihren Eltern. »Es ist wohl nicht gut, dass ich immer unangemeldet komme?«, fragte sie. »Doch, es ist sehr gut.«

Ende April verabschiedete sich der Winter von der Stadt. Veronika hatte von ihrer Familie frei genommen und blieb zwei Tage bei mir. Wir genossen die warmen Sonnenstrahlen. Frischgeduscht lief sie in meinem blauweiß-gestreiften Schlafanzug durch die Wohnung, die nassen Haare in ein hellblaues Frottiertuch gebunden. Ich stellte ihr einen Stuhl auf den Balkon und reichte ihr einen Martini mit Eis. Das Thermometer zeigte 35 Grad. Ich war von ihrer Schönheit überwältigt und fotografierte sie. Doch vor der Kamera hatte sie einen endlosen, leeren Blick und eine Kälte, die mir Angst einjagte.

Der kalte Blick ließ mir keine Ruhe. Später erzählte Veronika eine Geschichte, die mir etwas Klarheit verschaffte. »Ich war bei der Eröffnung eines Restaurants. Als die Feier zu Ende war, standen vor dem Laden drei Männer, die mich mit ihren Wagen nach Hause fahren wollten. Einer der drei hatte mir beim Tanzen zugeschaut. Er gefiel mir am besten. Goldbrille, gutes, intellektuelles Aussehen, silberner Mercedes. Wie sich später herausstellte war er ein Killer aus Sibirien. Später wurde er in der K.- Straße aus einem Hinterhalt erschossen.« Als Veronika an dem Abend nach der Eröffnungsfeier nicht gleich mit ihm schlafen wollte, nahm er seine Pistole und hielt sie ihr in den Mund. Als Veronika mein erschrecktes Gesicht sah, sagte sie: »Alles lief ganz ruhig ab, so wie wenn sich jemand eine Zigarette anzündet. Ich hatte keine besondere Angst. Gevögelt wurde erst am nächsten Morgen.«

Allmählich kamen wir uns näher. Veronika überredete mich zu einem Urlaub in der Türkei. Ich willigte ein und fand es schön und unkompliziert. Doch irgendwie fehlte mir etwas. Sex war das Wichtigste bei uns, zumindest aus meiner Perspektive. Sonst gab es keine gemeinsamen Interessen. Wir sahen uns regelmäßig und ich lernte auch Veronikas Tochter kennen.

Im Oktober begann in Moskau eine lange Phase des schmuddeligen Übergangswetters. Ich war deprimiert und sah keine Zukunft mit meiner neuen Partnerin. Ich beschloss mich von ihr zu trennen. Doch wie sich trennen, wo man doch der Mieter ist?

Ohne Veronikas Wissen mietete ich eine neue Wohnung an und wickelte den Umzug ab. Dann rief ich sie an. Wir vereinbarten ein Treffen am Pawelétzkij-Bahnhof. Veronika erschien in einem schwarzen Ledermantel. Ihr Kopf war in eine Kapuze mit Pelzbesatz gehüllt. Sie hatte einen strengen, herausfordernden Blick. Ich übergab ihr die Wohnungsschlüssel. Sie guckte ungläubig. Doch nach Bruchteilen von Sekunden hat sie sich gefangen und schlug vor, ein bisschen zu laufen. Erst gingen wir in einer kleinen Gasse hin und her. Dann wurden die Strecken immer größer.

Ich erzählte ihr alles, was mir in unserer Beziehung nicht gefiel. Das Reden und ihr einfühlendes Zuhören lösten die Aggressionen auf, die ich hatte. Doch ich fühlte mich von meiner Vermieterin irgendwie überrumpelt und eingefangen wie ein Kanarienvogel.

Wir waren hungrig. Ich schlug vor, in ein nahegelegenes georgisches Restaurant zu gehen. Die Bedienung führte uns zu einem der freien Separees und zog die weinroten Samtvorhänge hinter uns zu. Mir kamen Tränen. Dann weinte auch sie. Veronika erzählt von ihren Männern. Mit 16 lernte sie einen Drogenabhängigen namens Walútschik kennen. Der stand in Hotelhallen und tauschte Geld schwarz. Von einfachen, glücklichen Beziehungen erzählte sie nicht.

»Wo soll ich jetzt einen neuen Mieter herbekommen? Warum ziehst Du ausgerechnet jetzt aus, wo mein Vater nicht arbeitet?«, jammerte sie. »Du passt so gut in die Wohnung, hast dich da so sympathisch eingerichtet. Und ich habe mich so daran gewöhnt, dass du dort die Tür öffnest.«

Als wir wieder auf der Straße waren, schmiegte sie sich an mich und schlug vor, in die alte Wohnung zu fahren. Ich hatte ein warmes Gefühl und wollte mit ihr schlafen. Als wir im Taxi saßen, schlug ich vor, in meine neue Wohnung zu fahren. Dort gab es wenigstens Bettwäsche.

Veronika sagte kein Wort. Ihre Augen triumphierten. Angekommen in der neuen Wohnung holte ich aus einer Umzugskiste ein Laken. Wir fielen übereinander her. Danach lief Veronika nackend auf den Flur und suchte ein Telefon, von dem sie ungestört sprechen konnte. Doch es gab nur eins in der Küche. So fasste sie sich kurz und meldete einer Freundin und ihrer Mutter, dass alles in Ordnung sei.

Als ich Veronika einige Tage später nach ihren Zielen im Leben fragte, meinte sie knapp: »Mit meinem Kind.« Das rührte mich. Und ich dachte still für mich, ist es nicht toll, wenn sich eine Mutter ganz dem Kind widmen kann? Müsste ich ihr das nicht ermöglichen? Doch nach einigem Nachdenken erklärte ich, dass ich die volle materielle Verantwortung für drei Personen nicht übernehmen könne. »Du wirst nie Verantwortung übernehmen«, fauchte Veronika.

Ich stellte ein ungeschriebenes Gesetz in Frage, das ich bei vielen russischen Frauen heraushörte. Die Frau sorgt für Gemütlichkeit zu Hause und kümmert sich um das Seelenleben der Familie. Der Mann sorgt für das Einkommen. Nur ein paar Geschäftsfrauen können auf die Hilfe der Männer verzichten. Ein Großteil der Frauen ist unterbezahlt und auf die Hilfe des Mannes angewiesen.

Veronika zeigte sich von nun an von einer neuen Seite. Sie begann in meiner Wohnung Staub zu wischen, Suppen zu kochen, schaffte einen Videorekorder und Filme an, orderte einen Klavierstimmer, organisierte Theaterbesuche und sprach mit mir über meine beruflichen Probleme. Insgeheim aber hoffte ich, Veronika würde sich endlich um einen Job kümmern. Das Thema mied sie wie ein heißes Eisen.

Manchmal kam es mir vor, als ob ich zwei Kinder hätte, Veronika und ihre Tochter. Denn Veronika hatte auch etwas sehr Mädchenhaftes, Ungeschütztes. Ich war hin- und hergerissen. Eigentlich kritisierte ich an Veronika, dass sie keine materielle Verantwortung übernehmen wollte, auf der anderen Seite fand ich das auch wieder ausgesprochen reizvoll. Diese Lebensferne, Verträumtheit, Unergründlichkeit und innere Weite. Ihre Sehnsucht nach Liebe und nach Schönem. Bloß hatte das manchmal etwas sehr kindlich Egoistisches. Außerdem stand meine Neigung zu einem Leben ohne Luxus im krassen Gegensatz zu Veronikas Ansprüchen.

Mich rührte auch ihr großes Mitgefühl für alle Gestrandeten und Obdachlosen. Wurstpelle und Hühnerknochen landeten nicht im Abfall, sondern wurden für die wilden Hunde an einer stillen Ecke im Hof ausgelegt. Als sich im Winter einmal einer dieser Hunde in den Hauseingang geflüchtet hatte, wollte Veronika ihn mit in meine Wohnung nehmen. Doch ich blieb hart und lehnte es ab. Auch Bettler taten Veronika leid. Irgendwie schien sie zu den Ausgesetzten und Verstoßenen eine Nähe zu spüren. Sie fühlte sich verbunden mit Lebewesen, die wie sie auf Hilfe angewiesen waren.

An einem Sonntag im Februar ging ich mit Veronika und ihrer Tochter rodeln. Am Nowodéwitschij Monastýr, dem Jungfrauenkloster südlich des Moskauer Stadtzentrums, kann man an einem zugefrorenen See im Winter herrlich einen Abhang runterfahren. Veronikas Tochter nahm den Schlitten. Ich setzte mich wie die Kinder einfach auf den Po und ab ging die Post. Nach all den Beziehungsproblemen und journalistischem Stress kam ich in einen regelrechten Rutsch-Rausch.

Da passierte ein Unglück. Ich stieß mit einem kleinen Jungen zusammen, der über die Eispiste lief. Zwei Augenbrauen prallten zusammen. Blut tropfte in den Schnee. Ich hielt den schreienden Jungen im Arm. Da kamen auch schon die besorgten Eltern angelaufen. Sie sprachen Französisch, machten aber keinen Skandal.

Veronika und ihre Tochter waren voller Sorge. Mein Auge war geschwollen und blau. Gemeinsam fuhren wir in ein besseres Krankenhaus im Südwesten der Stadt. Der Arzt erzählte, er habe erst vor kurzem »einen Neger« zusammengeflickt. Den hatte ein Russe auf der Straße zusammengeschlagen. »Der Russe ging vor ihm, drehte sich plötzlich um und haute ihm ein's in die Fresse.«

Ja, solche Vorfälle gab es in Russland tatsächlich. Erst 2008 begann die Polizei und die Staatsanwaltschaft massiv gegen Rechtsradikale und Skinheads vorzugehen, die Ausländer – meist aus Mittelasien – zusammenschlugen oder sogar töteten.

Nachdem Veronika ihre Tochter zur Großmutter gebracht hatte, fuhren wir mit der Metro zu meiner Wohnung. Veronika schaute auf meine genähte Augenbraue. Mit einem herausfordernden Lächeln sagte sie, »ja rokowája schénstschina. Ich bin eine verhängnisvolle Frau.« Das hatten ihr schon viele gesagt.« Mich durchlief ein kalter Schauer. Sie schmiegte sich an mich, worauf ich sagte: »Mit mir ist heute nicht viel los.« Darauf Veronika: »Du bist doch ein Mann.«

Als wir in meiner Wohnung angekommen waren, wollte Veronika mit mir schlafen. Ich wollte nicht und wollte wieder doch. In diesem Gefühlswirrwarr vergaß ich die Verhütung und das hatte Folgen. Ich flüchtete nach Deutschland und rief Veronika an. Sie sagte: »Ich war bei meiner Ärztin. Das Kind sitzt gut und fest in der Gebärmutter. Eine Abtreibung ist lebensgefährlich, weil meine Eierstöcke schon oft entzündet waren. Willst Du meine Tochter mutterlos machen?« Ich sagte: »Ich will kein Kind.« Danach bekam ich einen Anruf von Veronikas Freundin. »Ihr müsst euch versöhnen. Denk doch noch mal über alles nach.«

Als ich wieder in Moskau war, rief Veronikas Mutter an. Sie erzählte, Veronika habe eine Abtreibung gemacht. Ob ich das goldene Amulett noch habe? Veronika hatte mir ein Amulett – eine Waage aus Gold – geschenkt. Mein Sternzeichen. Das Amulett stammte von ihrem Ex-Mann.

Ich verabredete mich mit Veronikas Mutter am Pawelézkij-Bahnhof und hielt einen Umschlag mit dem Gold-Anhänger und Geld für die Abtreibung bereit. Mit gesenktem Kopf wartete ich. Da kam die Mutter. Ob es mit der Abtreibung gut gelaufen sei, wollte ich wissen. »Es war nicht einfach«, erklärt sie. Mehr erfuhr ich nicht. Dann sagt die Mutter: »Wir sind dir sehr dankbar.« Mein Kopf fuhr hoch. »Warum?« »Weil du Veronika erzogen hast. Sie hat sich schon sehr geändert. Jetzt arbeitet sie bei einer englischen Firma.«

Ich guckte verdattert. Da stimmt doch was nicht, dachte ich. Ich verabschiedete mich und flüchtete in die U-Bahn. In meinem Kopf wirbelten Bilder von Veronika und der Abtreibung herum. In der U-Bahn starrte ich durch die Menschen, die mir gegenübersaßen, hindurch. Nervös kratzte ich mit den Fingernägeln in der Manteltasche. Ich fühlte mich so schlecht wie schon lange nicht mehr. Doch es dauerte noch ein paar Jahre bis ich aus der Spirale immer neuer, zufälliger Frauenbekanntschaften ausstieg.

19. »Die Russen haben auch gut gekämpft« (2001)

Mein Vater feiert seinen 80. Geburtstag

Trotz aller politischen und geistigen Distanz zu meinen Eltern hielt ich zu ihnen Kontakt. Ein großes Ereignis nahte, der 80. Geburtstag meines Vaters im Januar 2001. Mein Vater feierte mit Verwandten und Freunden im Schloss meines Stiefbruders, einem Adligen. Die Anwesenden kannten sich fast alle untereinander. Irgendetwas verband sie, entweder die Verwandtschaft, der Adel, die Kavallerie, die Pferdezucht, die Leidenschaft, auf Jagd zu gehen oder die CDU. Die meisten der Anwesenden hatte ich seit 30 Jahren nicht mehr gesehen.

Es hatte mich Überwindung gekostet, an dieser Feier teilzunehmen und dafür extra aus Moskau anzureisen. Als ich mich dann durchgerungen hatte, wollte ich nicht als stummes Mäuschen am Tisch sitzen, sondern wie alle anderen Teilnehmer eine Rede auf den Jubilar halten.

Wir saßen in einem alten Gewölbe. Die Beleuchtung war schummerig. Auf dem Tisch standen Kerzen und es gab eine angeregte Unterhaltung. Als ich mit meiner Gabel an mein Weinglas tickte, wurde es sehr still. Ich bildete mir ein, dass einige den Atem anhielten. Man fürchtete wohl, ich würde Wilhelm noch mal so richtig die Leviten lesen. Meine Stimme war nicht sehr laut. Um nicht den Faden zu verlieren, las ich vom Blatt.

»Braungebrannt, behaart,
schienen sie mir immer gütiger
als Dein Wesen.
Wenn sie nach mir griffen
ohne Vorankündigung
bog ich mich fort.
Dass sie den Prügel führten,
vergaß ich.
Sie hielten das Steuerrad,
schlugen im Lied-Takt auf das Armaturenbrett,

während wir hinten kotzten.
Noch heute sehne ich mich
nach diesen Händen
und ihrer Berührung,
nicht besitzumfassend,
sondern einfach zärtlich.
Der zerschossene Knöchel
machte mich neugierig.
Er erzählte die Geschichte,
grausam und heldenhaft.
Von Befreiern,
die niemand gerufen hatte,
von einem Jungen
ohne Tränen.«

Meine »Rede« war noch etwas länger, blieb aber im Ton versöhnlich. Als ich zu Ende war, schien mir, als hörte ich ein allgemeines Ausatmen. Ich hatte über Prügel gesprochen, aber dass es die gegeben hatte, war für die Anwesenden sicher keine Neuigkeit. Der Skandal, den einige Teilnehmer der Runde befürchtet hatten, blieb aus.

Aber ich hatte Themen angesprochen, die zu einer Antwort reizten. Diesen Part übernahm nicht mein Vater, der schwerlich die passenden Worte gefunden hätte. Es antwortete mein Patenonkel A. B. Er lag als Soldat zusammen mit meinem schwerverwundeten Vater im Lazarett, der Beginn einer innigen Freundschaft. A. B. fixierte mich in seiner Rede und sagte, »die Russen haben auch gut gekämpft.« Mein Herz machte einen Sprung. Soviel Zugehen auf die Russen hatte ich in dieser Runde nicht erwartet. Mein Onkel nahm mit seiner Rede die Spannung, die im Saal herrschte.

Als sich dann nach dem Essen alle erhoben hatten, kamen einige Teilnehmer zu mir und bedankten sich für meine Worte. Und nicht nur das. Eine ältere Dame teilte mir flüsternd mit, wie leid ich ihr getan habe. Einmal hätte mich mein Vater – obwohl ich Fieber hatte – einfach im Auto sitzen lassen. Ich konnte mich gar nicht daran erinnern, war aber gerührt, dass sie mir ihr Mitgefühl mitteilte.

Ein Cousin – fast gleichalt wie ich – kam zu mir und meinte, die Reden am Tisch seien ja eine ziemliche Lobhudelei gewesen. Ich hatte fast den Eindruck, er hätte nichts dagegen gehabt, wenn ich etwas mehr Zunder gegeben hätte.

Tja, die Verwandten. Als ich klein war, waren sie zu feige, meinen Vater zur Räson zu rufen. Das Höchste, zu dem sie fähig waren, war das Schreiben langer Briefe, in denen sie meinen Vater in gewundenen Worten baten, seine Härte mir gegenüber zurückzufahren. Ich fand zwei solcher Briefe männlicher Verwandter und Freunde im Nachlass von Wilhelm.

Meine Sensibilität könne, wenn man mich in die richtige Richtung lenke, auch sehr nützlich für mein weiteres Leben sein, schrieb Patenonkel W.

Mein Patenonkel A. B. bat meinen Vater Ende der 1960er Jahre – ich war damals 15 – inständig, er solle mich so lassen, wie ich bin, ich würde mich sonst von ihm abwenden und mich »verschließen«.

Die Ratschläge seiner Freunde und Verwandten schlug Wilhelm aus. Für ihn war die höchste Autorität sein eigener Vater. Der fand mich zu weinerlich und zeigte mir deshalb die kalte Schulter. Mein Vater brauchte die Anerkennung seines Vaters, die er nur bekam, wenn er aus mir einen »richtigen Mann« machte.

Mein Patenonkel A. B. ging in den 1990er Jahren überraschende Wege. Als Landwirt im Ruhestand widmete er sich der Schriftstellerei und schrieb ein Buch über die gemeinsame Operation der preußischen und der russischen Armee gegen Napoléon, wofür er von russischen Beamten Mitte der 1990er Jahre eine Auszeichnung bekam. Zur Verleihung im Moskauer Baltschuk-Hotel war ich eingeladen und nahm auch teil. Die Koalitionen und Krieg der europäischen Königshäuser interessierten mich nicht besonders, aber dass der beste Freund meines Vaters eine russische Auszeichnung bekam, schon.

20. Das Ende des Traums vom fairen Journalismus (2000–2023)

Ich warnte vor einem einseitigen Blick auf die Ukraine

2014 war für mich als Journalist ein Schlüsseljahr. Wegen dem ukrainischen Bürgerkrieg und der westlichen Frontstellung gegen Russland musste ich meine Arbeit komplett umstellen. Viele Redaktionen beendeten die Zusammenarbeit mit mir, weshalb ich mir neue Abnehmer suchen musste.

Für die deutschen Regionalzeitungen, für die ich bis 2014 schrieb, hatte ich ausführlich über die Protestbewegung in Kiew berichtet, allerdings ohne in Euphorie zu verfallen. Im Januar 2014 hatte ich den Maidan besucht. Ich war schockiert von den ausgebrannten Autobussen und den vermummten, grimmig dreinschauenden Nationalisten, die ich in der Kiewer Innenstadt sah. Ich bemühte mich aber um eine ausgewogene Berichterstattung. In meinen Artikeln mahnte ich an, dass die deutsche Politik nicht nur die Menschen auf dem Maidan, sondern auch die Menschen im Südosten der Ukraine wahrnehmen müsse.

Die *Mittelbayerische Zeitung* – für die ich ohne Vertrag arbeitete und pro Zeile bezahlt wurde – war bis März 2014 eines der wenigen Blätter, das noch Beiträge von mir zum Konflikt in der Ukraine veröffentlichte. Am 27. Januar 2014 – drei Wochen vor dem Staatsstreich der ukrainischen Ultranationalisten – veröffentlichte das Blatt auf Seite 3 eine Reportage von mir aus Kiew und meinen folgenden Kommentar unter der Überschrift »Am Scheideweg«:

»Die Ukraine steht vor einer Zeit politischer Wirren. Denn keine der beteiligten politischen Kräfte hat ein Konzept, was das Land aus seiner politischen Zerrissenheit führen kann. Die ukrainische Regierung regiert so kopf- und hilflos, dass ihr auch die eigenen Anhänger wegzubrechen drohen. Es begann mit dem EU-Assoziationsvertrag. Erst warb die Regierung dafür, allerdings ohne die Bevölkerung über den Inhalt zu informieren, dann wurde er in letzter Minute auf Eis gelegt.

Die Entscheidung der Regierung, während der großen Pro-EU-Protestwelle das Versammlungsrecht zu verschärfen, war zudem Öl im Feuer der

Proteste. Die Schwäche der ukrainischen Regierung nutzen jetzt andere. Russland erwartet Gegenleistungen für seinen 15 Milliarden Dollar-Kredit. Aus der EU gibt es viel Unterstützung für die Protestbewegung. Und in der Protestbewegung selber geben die Radikalen den Takt vor.

Mit ihren Besetzungsaktionen erzielen sie einen Erfolg nach dem anderen. Die Energie der Demonstranten, die innerhalb von Stunden eine Barrikade von drei Meter Höhe aufbauen können, übersteigt die Energie der Polizei, die keine sichtbaren Erfolge vorzeigen kann. In der West- und in der Zentralukraine wurden bereits zehn Gebietsverwaltungen besetzt. Dass angesichts dieser zerfahrenen Situation viele Menschen Angst vor einem Bürgerkrieg haben, ist nachvollziehbar.

Allerdings wirkt die angespannte soziale Lage eher disziplinierend auf die Mehrheit der Bevölkerung. Keiner der zahlreichen Aufrufe von Vitali Klitschko zum ukrainischen Generalstreik wurde bisher befolgt, sieht man von öffentlichen Einrichtungen in der Westukraine ab, wo die Streiks von der örtlichen Verwaltung unterstützt wurden.

Viel wird jetzt davon abhängen, ob die Oligarchen, die hinter Janukowitsch stehen, den Präsidenten zum Rücktritt drängen oder ob sie sich mit der politischen Elite des Landes – eingeschlossen die Führer der Opposition – auf eine Koalitionsregierung einigen. Die Opposition selbst ist zurzeit nicht in der Lage, das Land zu regieren, da sie die Befindlichkeiten der mehrheitlich russischsprachigen Menschen in der Ostukraine zu wenig im Blick hat.«

Für die *Sächsische Zeitung* war ich keine Zierde mehr (2013)

Die *Mittelbayerische Zeitung* hatte mir bis März 2014 die Treue gehalten. Die *Sächsische Zeitung* hatte mir schon im Dezember 2013 den Honorarvertrag gekündigt. Die Kündigung wurde am Freitag, den 13. Dezember 2013, per Telefon von der Leiterin der Politikredaktion, einer Dame aus Südwestdeutschland, übermittelt. In ostdeutschen Leitungsfunktionen sitzen meist Westdeutsche, denn den Ostdeutschen traut man nicht zu, dass sie die »westlichen Werte« verinnerlicht und sich von Russland und dem Sozialismus wirklich verabschiedet haben.

Meine Kündigung begründete die Leiterin der Redaktion mit den Worten: »Wir drucken kaum noch Geschichten von Ihnen. Wir müssen deshalb den Vertrag mit Ihnen bis Mitte des nächsten Jahres beenden.« Politische Gründe nannte sie nicht. Die lagen für mich aber auf der Hand. Ich hatte über den Maidan in Kiew ohne die damals in deutschen Medien übliche Euphorie berichtet.

Ich bemerkte zudem, dass die Redaktion der *Sächsischen* 2012/13 fast nur noch »bunte Themen« bei mir bestellte, also Themen abseits der großen Politik, die auch gut auf die letzte Seite der *Bild*-Zeitung gepasst hätten.

Als ich 2013 gekündigt wurde, war ich schockiert. Denn ich war zwölf Jahre lang zu jeder gewünschten Zeit – auch an Wochenenden und nachts – für die Zeitung im Einsatz gewesen. 1500 Euro brutto ließ sich die *Sächsische Zeitung* einen »Moskau-Korrespondenten« kosten. Das mag für einige viel Geld sein. Doch ich kam in der teuren Stadt Moskau nur über die Runden, wenn ich außerdem noch für zahlreiche andere Blätter für Zeilenhonorar schrieb.

Dass es mit der Abteilungsleiterin der *Sächsischen* aus Südwestdeutschland schwierig werden würde, hatte ich schon bei meinem Redaktionsbesuch im August 2013 bemerkt. In einem Vier-Augen-Gespräch hatte ich vorgeschlagen, eine Reportage über den neuen Industriepark südwestlich von Moskau bei Kaluga, zu schreiben, wo Volkswagen gerade sein erstes russisches Werk gebaut hatte. Die Abteilungsleiterin zog nur die Augenbrauen hoch und machte eine abschätzige Grimasse. Da ahnte ich schon, dass die Zeit für Russland-freundliche Texte bei der *Sächsischen* beendet ist.

Von 2001 bis 2008 klappte die Zusammenarbeit zwischen mir und dem Dresdner Blatt noch gut. Damals – unter Chefredakteur Hans Eggert, einem echten ostdeutschen Journalisten – gab es noch keinen zwanghaften Anti-Russland-Kurs. Eggert (Jahrgang 1946) war von 1983 bis 1986 stellvertretender Chefredakteur der *jungen Welt* gewesen.

Meine Kollegen von der *Sächsische Zeitung* waren zunächst froh, dass sie mit mir »einen Mann in Moskau« hatten. Die Leserschaft der Sächsischen hatte ein großes Russland-Interesse und da machte sich ein eigener Korrespondent in der russischen Hauptstadt gut.

Doch 2007 kam ein neuer Chefredakteur, Uwe Vetterick, Jahrgang 1969. Er war gebürtiger Ostdeutscher, hatte aber seine Karriere von 1993 bis 2006 bei dem anti-linken Kampfblatt *Bild* gemacht. Vetterick war bei *Bild* zuständig für die »neuen Bundesländer«. 2004 wurde er stellvertretender *Bild*-Chefredakteur.

Die Inthronisierung von Vetterick war ein Erfolg der westdeutschen Kalten Krieger gegen eine der letzten Bastionen der DDR. Die *Sächsische Zeitung* war von 1946 bis 1991 Parteizeitung der SED mit einer Million Lesern. In den 1990er Jahren hatte sie in Westdeutschland noch den Stallgeruch einer sozialistischen Zeitung. Doch in meiner Zeit verflüchtigte sich dieser Geruch.

Die Eigentumsverhältnisse des Blattes machten klar, wohin der Hase lief. Die »Sächsische« wird von der DDV-Mediengruppe herausgegeben, die zu 60 Prozent dem Medienkonzern Bertelsmann und zu 40 Prozent der Sozialdemokratischen Partei Deutschlands gehört. Dass mit Zustimmung der SPD als Chefredakteur einer der traditionsreichsten ostdeutschen Zeitungen ausgerechnet jemand von der *Bild* berufen wurde, war bitter für mich, aber damals noch kein Grund zur Kündigung. Ich wollte erstmal abwarten, wie sich das Blatt weiterentwickelt.

Seit 2008 verstärkter Anti-Putin-Kurs

Mit meinen Kollegen – fast alles Ostdeutsche und ausgebildete Journalisten – war ich immer gut ausgekommen. Geduldig führten sie mich – den ausgebildeten Historiker mit Hang zu langen Texten – in den Tageszeitungsjournalismus ein. Einmal im Jahr machte ich in Dresden einen Redaktionsbesuch und erkundigte mich, welche Themen gewünscht wurden. Und ich machte auch eigene Vorschläge.

Ich konnte in der *Sächsische Zeitung* viele Reportagen veröffentlichen, auf die ich stolz war; so etwa eine Geschichte über den deutschen Naturwissenschaftler und Forscher Manfred von Ardenne, für die ich extra in den Kaukasus – genauer gesagt nach Abchasien – fuhr, wo sich Ardenne von 1945 bis 1951 in einem Labor am Projekt einer sowjetischen Atombombe beteiligte.

Stolz war ich auch über eine Reportage über ein Gulag-Straflager bei Salechard in Nordrussland und eine ihrer Insassen, eine Russin, die bei den sowjetischen Behörden in Verdacht geraten war, weil sie im nordrussischen

Archangelsk mit einem amerikanischen Soldaten getanzt hatte, der an den amerikanischen Waffenlieferungen an die Sowjetunion im Zweiten Weltkrieg beteiligt war.

Im Gespräch mit meinen Kollegen von der *Sächsischen* spürte ich, dass die von der Chefredaktion vorgegebene Blattlinie nicht alle überzeugte. Ab 2008 leiteten sie ihre Telefonanrufe bei mir immer häufiger mit der Phrase ein, »die Chefredaktion wünscht sich von Ihnen einen Artikel zu folgendem Thema«. Es ging dann meist um die üblichen Mainstream-Themen wie Alkoholkonsum in Russland, russische Gesetzesverschärfungen und Maßnahmen gegen die liberale (nicht die linke) Opposition in Russland.

Weil ich mit dieser Linie komplett nicht einverstanden war, suchte ich nach einer alternativen Möglichkeit, meine Sicht auf Russland der deutschsprachigen Öffentlichkeit nahezubringen. Zusammen mit Ute Weinmann, einer deutschen Journalistin, die, wie ich, in Moskau lebte, schrieb ich ein Buch über die linke Opposition in Russland, das 2008 im Zürcher Rotpunktverlag erschien.[66]

Immerhin setzten meine Kollegen bei der *Sächsischen Zeitung* durch, dass die Auslandskorrespondenten des Blattes in einer regelmäßigen Rubrik von Alltagserlebnissen in ihrem Berichtsland erzählen konnten. Aber diese schöne Rubrik war nur ein Trostpflaster. Sie reichte nicht aus, um ein reales Russland-Bild zu vermitteln.

Es gab auch richtig unschöne Erlebnisse, so als die Leserbrief-Redaktion der *Sächsischen* – vermutlich auf Weisung der Chefredaktion – mich aufforderte, Briefe von Lesern zu beantworten, die sich über eine zu negative Russland-Berichterstattung beschwerten und fragten, warum die *Sächsische* die Einkreisung Russlands durch US-Militärbasen nicht kritisierte. Da war ich in einer Zwickmühle. Ich konnte den Lesern nicht so kritisch zu den US-Basen antworten, wie es meinem Gefühl entsprach. In meiner Antwort an die Leser gestand ich nur ein, dass es eine militärische Expansion der USA gibt, verteidigte aber meine Kritik an den inneren Zuständen in Russland.

66 Opposition gegen das System Putin. Herrschaft und Widerstand im modernen Russland. Rotpunktverlag, Zürich 2009

Deportation aus der Ukraine (2016)

Ab 2014 wurde der Krieg in der Ukraine zu einem Schwerpunkt meiner Arbeit. Im März 2014 fuhr ich von Russland aus nach Donezk und Charkow. Die Anweisung der Kiewer Staatsstreich-Regierung für Journalisten, den Donbass nur von Kiew aus zu besuchen, ignorierte ich aus purem Selbstschutz. Denn wer hätte mich in Kiew vor den marodierenden Ultranationalisten geschützt, die damals begannen, Jagd auf Andersdenkende zu machen?

Anfang Juli 2014 fuhr ich nach Odessa, um dort Material für eine Reportage über den von ukrainischen Ultranationalisten gelegten Brand im Gewerkschaftshaus zu sammeln. 42 Menschen, Anhänger des Anti-Maidan in Odessa, waren bei dem Brand gestorben. Einige große deutsche Medien – wie *Spiegel Online* – hatten über den Brand berichtet. Sie verschwiegen aber die politische Absicht der Brandlegung, die Anti-Maidan-Bewegung in Odessa zu stoppen.

Die Begegnungen mit den Angehörigen der Brandopfer vor dem Gewerkschaftshaus von Odessa rüttelten mich auf. Spontan begann ich alles zu filmen. Die Bilder von dieser Tragödie müssen an die Öffentlichkeit, und zwar schnell, dachte ich mir. Ich wollte nicht nur eine Reportage für die Zürcher *Wochenzeitung* schreiben – die dann auch erschien –, sondern auch einen Film machen.

Da ich noch keine Erfahrung mit dem Filmemachen hatte, suchte ich nach Hilfe und fand sie beim Berliner Videokollektiv »Leftvision«, das sich kurzfristig zu einer Coproduktion bereit erklärte. Zur Finanzierung unseres Odessa-Filmes »Lauffeuer« starteten wir eine Spendenkampagne über die Plattform »Betterplace«. 6000 Euro kamen zusammen. Das war immerhin schon etwas, aber es musste noch viel unbezahlte Eigenarbeit geleistet werden.

Die Premiere von »Lauffeuer« fand im Februar 2015 im Berliner Programmkino Moviemento statt. Einen Monat später ging der Film in vier Sprachen – Deutsch, Englisch, Griechisch und Russisch – online. Die Dokumentation stieß auf große Resonanz. Die deutsche Fassung[67] bekam auf

67 Lauffeuer – Eine Tragödie zerreißt Odessa zu Beginn des Ukrainischen Bürgerkrieges. [Dokumentation] https://www.youtube.com/watch?v=LXRIuVNGmds

YouTube 67.000 Klicks und 943 Likes. Es war der erste deutschsprachige Film, der den Brand im Gewerkschaftshaus von Odessa aus der Opferperspektive zeigte. »Lauffeuer« wurde in Deutschland auf zahlreichen Diskussionsveranstaltungen zur Ukraine eingesetzt. Die russische Fassung unseres Films bekam 92.000 Klicks. Das Moskauer Massenblatt *Moskowski Komsomolez* führte ein ganzseitiges Interview mit mir. Viele Russen waren empört, als sie von mir hörten, dass weder unser noch ein anderer Dokumentarfilm zum Brand in Odessa im deutschen Fernsehen gezeigt wurde.

Über den Ukraine-Krieg veröffentlichte ich zwei Bücher. 2015 erschien bei PapyRossa das Buch »Ein Krieg der Oligarchen. Das Tauziehen um die Ukraine«.

Meine Reportagen über den Brand im Gewerkschaftshaus von Odessa 2014 hatten Folgen. Als ich am 30. April 2016 zum zweiten Jahrestag des Brandes auf Einladung von Angehörigen der im Gewerkschaftshaus Umgekommenen nach Odessa reisen wollte, ließen die ukrainischen Behörden mich nicht in die Stadt.

Meine Reise nach Odessa gestaltete sich abenteuerlich. Da es keine direkte Flugverbindung mehr zwischen Moskau und der Ukraine gab, flog ich mit der tschechischen Fluggesellschaft Czech Airlines von Moskau über Prag in die ukrainische Hafenstadt. Im Flughafen von Odessa bekam ich mit einem roten Stempel ein fünfjähriges Einreiseverbot für die Ukraine in meinen deutschen Pass gedrückt. Von einem ukrainischen Grenzbeamten am Flughafen wurde mir mitgeteilt, dass der ukrainische Geheimdienst SBU eine Einreisesperre gegen mich verhängt hatte.

Die ganze Nacht über musste ich dann auf einer kalten Bank aus Eisen vor der Passkontrolle im Flughafen sitzen. Ich schrieb Mails an die deutschen Botschaften in Kiew und Moskau und an die OSZE, mit der Bitte, mir bei der Einreise in die Ukraine zu helfen. Doch niemand reagierte. Am nächsten Morgen, dem 1. Mai 2016 – es war ein Sonntag –, wurde ich aus der Ukraine deportiert. Ein ukrainischer Grenzbeamter begleitete mich aus dem Transitbereich über das Flugfeld zu einer bereitstehenden Linienmaschine der Czech Airlines nach Prag. Erst an der Gangway gab der ukrainische Beamte mir meinen deutschen Pass wieder.

Doch der Clou war die Reaktion eines Redakteurs der linken Hamburger Monatszeitung *Analyse und Kritik*, den ich seit Jahrzehnten kenne. Als ich ihm von dem Vorfall in Odessa erzählte, kritisierte er, dass ich für den Vorgang das Wort »Deportation« benutzte. Das Wort »Deportation« werde nur für die Juden verwandt. Mein Schicksal sei nicht mit dem eines Juden vergleichbar. Ich war sprachlos, wie dieser Genosse und Freund meinen Fall versuchte herunterzuspielen.

Der Duden erklärt das Wort »Deportation« wie folgt: Zwangsverschickung, Verschleppung, Verbannung (von Verbrechern und politischen Gegnern). »Deportation« ist die übliche Bezeichnung in der Ukraine und Russland für eine zwangsweise Rückführung eines fremden Staatsbürgers.

Es braucht wohl viel Zeit, bis auch einige deutsche Linke begreifen, dass ein Staat wie die Ukraine undemokratische Zwangsmaßnahmen anwendet.

Zürcher *Wochenzeitung* sagt »Ade« (2015)

Wo ich auch hinguckte, überall bröckelte die Unterstützung für meine journalistische Arbeit. Als Journalist eine Akkreditierung in Russland zu bekommen, wurde für mich ab 2014 immer schwieriger, nicht weil die Russen sich weigerten mich zu akkreditieren, sondern weil es schwieriger wurde, ein deutsches Medium zu finden, welches in Moskau ein Akkreditierungsgesuch stellte.

Nach der Kündigung durch die *Sächsische Zeitung* 2013 bat ich die linke Zürcher *Wochenzeitung (WOZ)*, für die ich seit 1994 schrieb, einen Akkreditierungsantrag beim Moskauer Außenministerium zu stellen. Die Redaktion stellte den Antrag und ich wurde akkreditiert. Doch es dauerte kein Jahr, dass es auch bei der *WOZ* zum Eklat kam.

Der Anlass war eine Artikelüberschrift in der Internetzeitung *Telepolis*, für die ich damals ebenfalls schrieb. Ich hatte im Mai 2015, nach dem tödlichen Anschlag auf den pro-russischen Donbass-Feldkommandeur Aleksej Mosgowoi, getitelt: »Mordanschlag gegen den ›Che Guevara von Lugansk‹«[68]

Das war zu viel für die Chefredaktion der linksliberalen *Wochenzeitung*. So eine Überschrift widerspreche den »Prinzipien der Neutralität«, erklärte mir ein *WOZ*-Redakteur.

68 https://www.telepolis.de/features/Mordanschlag-gegen-den-Che-Guevara-von-Lugansk-3372985.html

RT DE – Ein Pakt mit dem Teufel? (2017)

Weil 2014 ein Großteil meiner Abnehmer im deutschsprachigen Raum wegbrach, ging ich 2017 auf ein Angebot von *RT deutsch* ein. Die Redaktion bot mir an, als freier Mitarbeiter Video-Reportagen und Texte zu gestalten. Ich wählte den Schwerpunkt Alltag und Kultur in Russland und Berichte aus den Volksrepubliken Donezk und Lugansk. Die Themen schlug ich weitgehend selbst vor.

Ich machte eine Reportage über Moskauer Gebäude, die in den 1920er Jahren im Stil des kommunistisch-utopischen Konstruktivismus gebaut wurden. Es gibt in Russland heute noch viele Studentenheime und frühere »Kommune«-Häuser, die in diesem Stil gebaut wurden.

Ich fuhr auf die Insel Walaam im nordrussischen Ladoga-See und machte dort eine Reportage über das berühmte Männerkloster.

Auf der Krim schrieb ich über das international bekannte Jugendferienlager »Artek« und machte eine Reportage über die Krim-Tataren, die gerade eine große, neue Schule bekommen hatten. Ich interviewte eine Aktivistin aus Leipzig, die mit Hilfe deutscher Spender seit 2016 zusammen mit ihrer Mutter ausrangierte Krankenhausausrüstung aus Deutschland in die Volksrepublik Lugansk schafft, wo die Ausrüstung an Krankenhäuser verteilt wird.

Kaum waren meine ersten Reportagen bei *RT DE* veröffentlicht, forderten mich linke deutsche Medien auf, mich von *RT* zu distanzieren.

Die Redaktion des Berliner *Antifaschistischen Infoblatts*, für das ich seit 2010 Artikel über russische Rechtsradikale schrieb,[69] hatte noch im April 2017 eine Analyse über ukrainische und russische Rechtsradikale bei mir bestellt. Zwei Wochen später wurde der Auftrag storniert. Man müsse zunächst meine Position zu *RT DE* prüfen, schrieb mir das *AIB*-Redaktionsmitglied S. »Uns ist aufgefallen, dass du momentan schwerpunktmäßig für RT deutsch schreibst. Da es innerhalb der Redaktion deutliche Kritik an dem Wirken von RT gibt, nicht zuletzt hinsichtlich unseres Themas ›Extreme Rechte‹, möchten wir das in Ruhe erörtern. Natürlich sind wir auch darin interessiert zu erfahren, wie du zu rt deutsch stehst und wie du rt politisch einschätzt.«

69 https://www.antifainfoblatt.de/artikel/russische-nationalisten-wollen-hitler-image-abstreifen

Ich antwortete: »Liebe S., habe ich in meinen Artikel und Filmen für RT nationalistische Positionen vertreten???? Wird bei RT eine nationalistische Ideologie vertreten? Könnt Ihr Beispiele dafür nennen?«

Auf meine Mail bekam ich keine Antwort.

Auch für die linke Hamburger Monatszeitung *Analyse und Kritik* hatte ich aus Russland gelegentlich Artikel geschrieben. 2014 erschienen in *Analyse und Kritik* von mir noch zwei Reportagen zum Brand des Gewerkschaftshauses in Odessa[70] und zur Lage in der Ostukraine.[71] 2014 konnte man solche Artikel in dem Magazin noch veröffentlichen. Im Februar 2017 hatte mich *Analyse und Kritik* zum 100. Jahrestag der Oktoberrevolution interviewt. Das war für das Heft – das damals kaum noch über Russland und die Ukraine berichtete – gerade noch verkraftbar, weil man über das geringe Interesse der russischen Offiziellen an dem Jahrestag die Nase rümpfen konnte.

Doch als ich *Analyse und Kritik* kurz darauf eine Reportage über eine von der ukrainischen Armee beschossene Schule in der Donbass-Stadt Górlowka anbot, wurde die Ladentheke hochgeklappt. Die Reportage wurde abgelehnt, weil sie in anderer Form schon bei *RT DE* erschienen war. Ein Redakteur der Zeitung, der schon kritisiert hatte, dass ich 2016 meine Rückführung aus Odessa »Deportation« genannt hatte, teilte mir mit, man habe »starke Vorbehalte« gegen *RT DE*.

Ich antwortete dem Redakteur, »ich verstehe Eure Position nicht. Bei Euch können doch auch Autoren schreiben, die in deutschen Mainstream-Zeitungen schreiben. Ist dieser deutsche Mainstream denn besser als RT deutsch?«

Ich dachte dabei vor allem an mich selbst. Die Redaktion von *Analyse und Kritik* hatte ja niemals beanstandet, dass ich in konservativen Medien, wie dem *Deutschlandfunk*, dem *Rheinischen Merkur*, der Wiener *Presse* und einmal auch in der *Frankfurter Allgemeinen* veröffentlicht hatte.

Das soll mal einer kapieren! Die Zusammenarbeit mit konservativen Medien wird akzeptiert, die Zusammenarbeit mit RT DE ist aber so schlimm

70 Tödliche Lektion. Das Massaker im Gewerkschaftshaus von Odessa – Massenmord im Auftrag der Kiewer Regierung? https://archiv.akweb.de/ak_s/ak597/index.htm

71 Die Machtfrage ist gestellt. Westliche Schablonen passen nicht: Eindrücke aus der Ostukraine https://archiv.akweb.de/ak_s/ak593/24.htm

wie ein Pakt mit dem Teufel? Warum diese ungleiche Behandlung? Weil Russland gefährlicher ist als deutscher Imperialismus und NATO?

Der Redakteur von *Analyse und Kritik* antwortete mir, vernünftige Linksliberale wie Heribert Prantl (ehemals *Süddeutsche Zeitung*) kämen bei *RT DE* nicht vor. Außerdem sei die Kritik des Mainstream-Medienmagazins Zapp »am Verschwörungsdenken der *RT*-Macher und ihres Publikums (›Fall Lisa‹!) wohlbegründet.«

Ich hatte den Eindruck, dass die Kritik an meiner Zusammenarbeit mit *RT DE* vorgeschoben war. Der wahre Grund bestand darin, dass man zum Thema Ukraine einfach nichts aus der Sicht der Donbass-Bevölkerung veröffentlichte, weil man sich nicht »prorussisch« positionieren wollte. Seit 2015 hatte *Analyse und Kritik* keine kritischen Artikel zum Kiewer Staatsstreich und zum Brand im Gewerkschaftshaus von Odessa veröffentlicht. Das sagt eigentlich schon alles zum Standort dieser Zeitung, die von sich selbst behauptet, sie sei »linksradikal«.

Zensur beim *Neuen Deutschland* (2017)

Meine Zusammenarbeit mit *RT DE* führte 2017 auch bei *Neues Deutschland (ND)* zu Konsequenzen. Mit der Redaktion hatte ich seit 1992 gut zusammengearbeitet. Doch plötzlich wollte man mich loswerden.

Am 3. August 2017 veröffentlichte das *Neue Deutschland* eine Reportage[72] von mir über die russische Brücke zur Krim. In die Reportage fügte die Redaktion – ohne Rücksprache mit mir – ein, dass sich die Krim seit 2014 unter der »Annexion durch Russland« befindet.

Ich schrieb eine Beschwerde an die *ND*-Redaktion:

»Liebe Kollegen und Kolleginnen,

am Donnerstag war ich tief geschockt, als ich auf Seite drei meine Reportage über die Krim-Brücke im ND sah. Jemand aus der *ND*-Redaktion hatte ohne Rücksprache mit mir in den Text reingeschrieben, (…) Russland hätte die Krim ›annektiert‹. Ich frage: War das die Einzeltat eines Volontärs mit transatlantischem Background oder ist das jetzt die Linie der

72 Wege auf die Krim. Trotz Schlicks und Eisgangs – die Brücke zur Halbinsel über die Straße von Kertsch wächst, Neues Deutschland, 03. 08. 17

Redaktion, dass Russland die Krim ›annektiert‹ hat, wie es uns seit Jahren von der NATO und ihren Fürbetern eingehämmert wird?

Was auf der Krim genau passierte, darüber gibt es bekanntlich unter Linken unterschiedliche Meinungen. Ich frage mich: Ist das ND jetzt nicht mehr links-plural? Müssen Moskau-Korrespondenten, die für russische Position Verständnis haben, bei Euch jetzt mit Zensur rechnen? Der Begriff ›Annexion‹ ist nicht nur ein negativ besetzter Begriff. Er ist auch einfach falsch, denn die Menschen auf der Krim haben in einem Referendum für die Vereinigung mit Russland gestimmt. An den Wahl-Urnen standen keine Soldaten mit vorgehaltener Maschinenpistole, sondern Polizisten, die Störungen des Referendums verhindern sollten.«

Wolfgang Hübner – damals Chef vom Dienst, heute *ND*-Chefredakteur – antwortete mir am 7. August, »Lieber Ulrich Heyden, ich will kurz auf Ihre Beschwerde antworten. Zunächst mal handelt es sich bei unserer Einfügung nicht um eine Zensur, sondern schlicht um eine inhaltliche Ergänzung. In Ihren Text (…) war mit keiner Silbe erwähnt, warum es zur Isolation der Krim gekommen ist. (…) Den Begriff Annexion haben wir schon des Öfteren in diesem Zusammenhang benutzt und ich finde ihn nicht falsch. Denn es hat eben nicht nur das Referendum stattgefunden, sondern vorher eine Quasi-Besetzung durch russische Paramilitärs. Würden Sie das auch so verständnisvoll betrachten, wenn irgendein anderes Land, sagen wir mal Deutschland, sich auf diese Weise ein Stück eines Nachbarlands ›aneignet‹?«

21. Unter Raketen in Donezk (2022)

Wann begann der Ukraine-Krieg, 2022 oder 2014?

Als die russische Armee am 24. Februar 2022 ihre Invasion in die Ukraine startete, war ich nicht überrascht. Der russische Präsident Wladimir Putin und der russische Außenminister Sergej Lawrow hatten zwar in den Monaten vor dem 24. Februar immer wieder erklärt, Russland werde nicht in die Ukraine einmarschieren, wie vor allem von amerikanischer Seite behauptet wurde. Russland forderte aber ab 2021 von den westlichen Staaten in immer neuen Initiativen Verhandlungen über Sicherheitsgarantien an seiner Westgrenze. Gleichzeitig erklärte Wladimir Putin am 21. April 2021, wenn vom Westen in der Ukraine »eine rote Linie überschritten wird, die wir selbst festlegen, wird die Antwort asymmetrisch, schnell und hart sein.«

Da die großen deutschen Medien nach dem russischen Einmarsch in der Ukraine so taten, als ob es einen Krieg der ukrainischen Armee gegen die »Volksrepubliken« seit 2014 nicht gegeben hätte, dass es keine Bombardements gegen Wohnviertel und Schulen in den »Volksrepubliken« und keine öffentlich geäußerten Angriffsabsichten hoher ukrainischer Militärs gab, entschloss ich mich, meine seit 2014 geschriebenen Reportagen und Analysen über den Donbass in einem Buch zu veröffentlichen, welches im April 2022 im Selbstverlag auf der Plattform »tredition«/Hamburg erschien. Weil das Buch eine Marktlücke abdeckte wurde es sehr gut verkauft und von alternativen Medien oftmals rezensiert.

Ein Pfeifton über mir

Man schrieb den 23. August 2022. Ich war als Journalist in Donezk, der Hauptstadt der gleichnamigen »Volksrepublik«. Es war ein sonniger Tag. Schon morgens zeigte das Thermometer 30 Grad. Ich hatte mir am Büfett des Park-Inn-Hotels mein Frühstück zusammengestellt und mein Tablett auf einem Tisch auf der Terrasse abgestellt. Während ich meinen Kaffee trank, schaute ich auf den Puschkin-Boulevard, einen Grünstreifen, der sich durch die Stadt zieht. Menschen waren kaum zu sehen. Nur ab und zu kamen andere Hotelbewohner auf die Terrasse, um etwas zu trinken oder sich zu entspannen. Es waren Journalisten, Bauleiter, die Wiederaufbauprojekte in Donezk leiteten oder Soldaten im Tarnfleck.

Ich schaute auf die Uhr. Es war Zeit, mit der Arbeit zu beginnen. Ich ging zu meinem Zimmer hinauf in die die zweite Etage und setzte mich an den Schreibtisch, überflog meine Notizen und rief ein paar Menschen in Donezk an, mit denen ich mich zu Interviews treffen wollte.

Das Fenster war geöffnet. Auf der Straße vor dem Hotel war es ruhig. Nur der Lärm eines Rasenmähers war zu hören. Ich guckte hinaus und sah, dass ein Arbeiter einen Grünstreifen mähte. Dann plötzlich war es mit der Ruhe vorbei. Mit einem Pfeifton flog etwas über das Hotel. Dann hörte ich nicht weit entfernt ein lautes Krachen. Es hörte sich so an, als ob da ein Geschoss einschlug.

Ich hatte Donezk seit 2014 öfters besucht und schon oft den Lärm ukrainischer Geschosse gehört. Doch so nah, das machte mir Angst. Aber ich war gefasst.

Meine Uhr zeigte 11 Uhr 37. Der Rasenmäher war plötzlich still. Alles war still. Um 11 Uhr 39 und 11:40 gab es noch mal diesen Pfeifton, gefolgt von lautem Krachen.

Es war Zeit, sich in Sicherheit zu bringen. Denn es war ungewiss, was noch kam. Ich schnappte mir den Laptop und den Pass und eilte die breite Marmortreppe nach unten. Das Ziel: Der Keller.

Ich war nicht der Einzige, der rannte. Journalistenkollegen und Hotelpersonal liefen ebenfalls die Treppen hinab. Im Foyer forderte ein Hotelangestellter, die Eingangshalle zu räumen. Die Halle war komplett verglast. Eine zerborstene Scheibe konnte lebensgefährliche Folgen haben.

In den engen Gängen und Räumen im Keller standen Hotelgäste und Mitarbeiter dicht gedrängt. Ein Angestellter verteilte Stühle. Den Hotelmitarbeiterinnen merkte man an, dass der Gang in den Keller für sie schon Routine war. Sie klagten nicht und saßen still mit müden Gesichtern. Die Journalisten dagegen unterhielten sich aufgeregt. Sie wirkten nervös und angespannt, obwohl viele von ihnen solche Situationen wohl schon kannten.

Nach etwa einer Stunde – es waren längere Zeit keine Einschläge von Geschossen mehr zu hören gewesen – verließ ich zusammen mit Kollegen das Hotel. Vor dem Gebäude sah ich, dass in der oberen Etage ein

Geschosssplitter eine Scheibe zertrümmert hatte. Scherben lagen davor herum, wurden aber schon eilig von Hotelmitarbeiterinnen zusammengefegt. Etwas weiter auf dem gefliesten Weg zum Puschkin-Boulevard lag ein scharfkantiger Betonbrocken, der offenbar durch ein ukrainisches Geschoss irgendwo herausgesprengt worden war.

Eine Rakete auf den Amtssitz des Leiters der Volksrepublik Donezk

Schräg gegenüber unserem Hotel war ein Gebäude zu sehen, aus dem Rauch stieg. Es war ein modernes, mehrgeschossiges Gebäude, in dem Denis Puschilin, das Oberhaupt der »Volksrepublik Donezk«, seinen Amtssitz hatte.

In den oberen Etagen des Gebäudes klaffte ein großes Loch. Doch Todesopfer hatte es nicht gegeben. Puschilin zeigte sich schon zwei Stunden nach dem ukrainischen Angriff in einer Videoschaltung direkt vor seinem beschädigten Amtssitz. Er wirkte gefasst und beschuldigte westliche Staaten, terroristische Akte gegen die Volksrepublik Donezk zu unterstützen.

Bei dem Angriff am 23. August in Donezk wurde nicht nur die Puschilin-Residenz, sondern auch das Hotel »Zentral« sowie Wohngebäude im Stadtzentrum beschossen. Insgesamt wurden drei Menschen getötet und sechs verletzt.

Wie örtliche Militärs mitteilten, schoss die ukrainische Seite mit »NATO-Kaliber« 155 mm sowie mit 227-Milimeter-Geschossen des in den USA hergestellten Mehrfachraketenwerfers HIMARS (High Mobility Artillery Rocket System). Die HIMARS-Raketenwerfer im Bestand der ukrainischen Armee haben eine Reichweite von 80 Kilometern.

Hurra! Bomben auf Belgrad!

Als ich abends in meinem Hotelbett lag, erinnerte ich mich an einen Telefonanruf meines Vaters. An einem Morgen im März 1999 klingelte es in meiner Moskauer Wohnung. Wilhelm war in der Leitung. Mit seinem Anruf zu so früher Stunde hatte ich nicht gerechnet. Was war passiert? Mein Vater sagte mit aufgeregter Stimme, ob ich schon wüsste, dass NATO-Flugzeuge

Belgrad bombardiert hatten? »Das ist richtig. Nur so kann man Leute wie Milošević in die Schranken weisen.«

Mir schien, Wilhelm erlebte den Zweiten Weltkrieg noch einmal neu. Diesmal nicht als Soldat auf dem Rückzug, sondern in der Position des Angreifers. Ich antwortete nicht auf seine plötzlich wieder ausgebrochene Kriegsbegeisterung. Aber meine Enttäuschung saß tief.

Dauerbeschuss zermürbt (2022)

2022 war ich dreimal in Donezk, das erste Mal Ende März 2022 im Rahmen einer vom russischen Verteidigungsministerium organisierten Journalistenreise. In unserem Bus saßen Korrespondenten europäischer und arabischer Medien. Ein großes westliches Medium war, wie immer bei diesen Pressetouren des russischen Verteidigungsministeriums, nicht vertreten. ARD und ZDF fürchten offenbar, dass sie mit ihrer Teilnahme an diesen organisierten Exkursionen durch das Kriegsgebiet zu einer Legalisierung der »russischen Besatzung« des Donbass beitragen. Deshalb berichten die deutschen öffentlich-rechtlichen Fernsehkanäle konsequent nur aus dem von der ukrainischen Armee kontrollierten Gebiet.

Zwei Wochen vor meiner Reise im März 2022 waren durch den Beschuss des Stadtzentrums von Donezk durch eine ukrainische Totschka-U-Rakete in der Universitetskaja-Straße 23 Menschen getötet und 37 Menschen verletzt worden. Unsere Reisegruppe besuchte die Stelle, wo die Menschen zu Tode kamen. Dort hatte man große Schautafeln mit Bildern vom Tag der Katastrophe aufgestellt sowie Blumen und Kerzen.

In Gesprächen mit Anwohnern erfuhr ich, dass der Artilleriebeschuss der Großstadt Donezk 2022 wesentlich stärker ausgefallen war, als während der heißen Kriegsphase 2014/15. Der Grund bestand wohl darin, dass Donezk für die Regierung in Kiew ein Symbol der Aufstandsbewegung von 2014 ist.

Die russischen Truppen hatten es im Frühjahr 2022 nicht geschafft, die Frontlinie, die nur zehn Kilometer nördlich der Innenstadt von Donezk verlief, nach Norden zu verschieben. Während der Zeit des Minsker Abkommens bunkerten sich die ukrainischen Truppen nördlich von Donezk in der Stadt Awdejewka in unterirdischen, betonierten Anlagen ein. Der Einsatz von Raketen und schwerer Artillerie gegen die ukrainischen Stellungen hätte massive Verluste unter der Zivilbevölkerung von Awedejewka zur Folge gehabt, was Russland nicht riskieren wollte.

In Donezk hatte ich den Eindruck, dass sich die Bevölkerung an den ständigen Beschuss gewöhnt hatte. Viele – vor allem ältere Menschen – bleiben lieber zu Hause, als auf die Straße zu gehen. Auf den Straßen und Plätzen der Stadt sind wenige Menschen und Autos zu sehen.

Im Oktober 2022 schrieb ich in mein Tagebuch: »In der Innenstadt von Donezk hört man faktisch 24 Stunden am Tag Artilleriefeuer. Mal gibt es ein paar Stunden Pause. Mal klingt es bedrohlich nah, mal fern, mal wie scharfes, mal wie ein hohles Knallen, mal wie ein unheimliches Prasseln. Mal in schneller Folge, mal in Abständen. Die Einwohner können Angriffs- und Abwehrfeuer unterscheiden. Ich noch nicht. Die Menschen halten sich mit ihren Kindern vor allem in ihren Wohnungen auf. Kinderspielplätze sind verwaist, Schulen und Kindergärten seit Februar 2022 geschlossen. Fast täglich sterben Menschen wegen der ukrainischen Geschosse.

Wenn es draußen mal ruhig ist, sieht man Leute spazieren gehen. Auch ich habe es heute mal gewagt. Ich machte einen Spaziergang in einem Park, der sich am Ufer des Kalmius-Stausees entlangzieht. Dort sitzen die Menschen ruhig auf Bänken oder gehen allein und in Gruppen spazieren. Der Park ist sehr gepflegt. Man hat einen schönen Blick über den Stausee. Es ist fast so, als ob ich in Hamburg an der Außenalster spazieren gehe.«

2014/2015, als ich in Donezk jeweils für zwei, drei Wochen lebte, herrschte in der Stadt eine völlig andere Stimmung. Es war eine Stimmung des Aufbruchs und der Siegeszuversicht. 2022 dagegen schienen mir alle – Journalisten, die örtliche Bevölkerung und die Hotelmitarbeiter – ausgelaugt von der ständigen Anspannung und der fehlenden Aussicht auf einen baldigen Sieg. Mir fehlte die Herzlichkeit, die ich zwischen 2014 und 2017 in Donezk erlebt hatte.

Die Kriegssituation machte mich hungrig auf Menschliches, auf positive Emotionen. Kleine aufmerksame Gesten geben emotionale Nahrung für ein paar Tage.

Als ich Liane Kilinc – eine deutsche Aktivistin – bei der Verteilung von Lebensmitteln an kinderreiche Familien in der Stadt Charzysk – östlich von Donezk – begleitete, hatte ich ein solches menschliches Erlebnis, das mich innerlich noch lange wärmte. In mein Tagebuch schrieb ich: »Als wir am

Sonntag mit Liane in der Gegend um Charzysk herumfuhren, um Lebensmittelspenden an kinderreiche Familien zu verteilen, schenkte mir eine junge Mutter von fünf Kindern zum Abschied einen Plastikbeutel mit frischen Nüssen. Und das kam so: Beim Abschied bestaunte ich den riesigen Nussbaum, der vor ihrem Haus stand und erkundigte mich, was er abwirft. Prompt lief die Gastgeberin zu ihrem Ofen in der Küche, wo Nüsse trockneten. Ich hörte ein Klackern und schon kam sie wieder und überreichte mir ihr Geschenk, eine Tüte mit Walnüssen. Ich wehrte ab, aber sie bestand darauf, dass ich sie mitnehme. Dem Gast zum Abschied etwas schenken, ist russische Sitte.«

Als Augenzeuge beim Referendum 2022

Im Juli und September reiste ich als Reporter für *RT DE* mit einem Kamerateam nach Lugansk und Donezk. Ein deutsches Medium hätte mir diese Reise nicht finanziert. Von einem deutschen Alternativmedium bekam ich 2020 einen Zuschuss von 300 Euro für eine Reportage-Reise in die »Volksrepublik Lugansk«. Mit dieser Summe konnte ich nur einen Teil der Ausgaben decken.

Das Referendum über die Vereinigung mit Russland Ende September 2022 lief wegen dem ukrainischen Beschuss über mehrere Tage verteilt, vom 23. bis zum 27. September. Die ukrainischen Angriffe gingen während des Referendums etwas zurück. Mobile Trupps der Wahlkommission zogen mit Wahlurnen durch die Wohnviertel und Gebäude. Ich hörte von den Menschen, dass sie lange auf dieses Referendum gewartet hätten. Fast alle erzählten, sie hätten für die Vereinigung mit Russland gestimmt. Nur ein paar Leute sagten, Russland habe »in der Ukraine nichts zu suchen«.

Was waren die Ergebnisse[73] des Referendums? In der Volksrepublik Donezk stimmten 99,23 Prozent und in der Volksrepublik Lugansk 98,42 für die Vereinigung mit Russland. In den Gebieten Saparoschje und Cherson stimmten 93,11 Prozent und 87,05 für die Vereinigung. Die Wahlbeteiligung lag in den Volksrepubliken Donezk und Lugansk bei 97,51 und 94,15 Prozent. In den Gebieten Saparoschje und Cherson beteiligten sich 85,40 und 76,86 Prozent an dem Referendum.

73 https://tass.ru/info/18875697?ysclid=ln8s5vyzeh347408388

In den Volksrepubliken Donezk und Lugansk war es übrigens schon das zweite Referendum. Am 11. Mai 2014 hatten 89,7 Prozent der Teilnehmer in der Volksrepublik Donezk und 96,2 Prozent der Abstimmenden in der Volksrepublik Lugansk für die staatliche Unabhängigkeit gestimmt.

Dem eindeutigen Abstimmungsergebnis vom 27. September 2022 folgte am 30. September 2022 eine feierliche Veranstaltung im St. Georgs-Saal im Moskauer Kreml, an der auch der russische Präsident Wladimir Putin teilnahm. Auf dieser Veranstaltung unterschrieben Vertreter der vier Regionen, die beschlossen hatten, sich Russland anzugliedern, Verträge über den Beitritt zur Russischen Föderation.

Die Integration der vier Gebiete in die Russische Föderation vollzieht sich seitdem auf allen Ebenen. Russland übernahm die komplette soziale Versorgung, die Zahlung von Renten und anderen Sozialleistungen. Die russischen Gesetze wurden eingeführt und der schon begonnene Wiederaufbau zerstörter Wohnhäuser, Schulen und die Wiederinstandsetzung der Infrastruktur wurde fortgeführt. Die russischen Parteien gründeten Parteiorganisationen in den vier Gebieten.

Die Sicherheitslage der Einwohner hat sich seit dem Referendum jedoch nicht verbessert. Fast täglich gibt es Beschuss mit HIMARS- und anderen Artillerie-Geschossen, Drohnen und Lenkwaffen gegen zivile und militärische Stellungen.

Donezk hatte vor 2014 fast eine Million Einwohner. Doch die Hälfte von ihnen hat die Stadt verlassen. Der Großteil ist nach Russland übergesiedelt, ein kleiner Teil in die Ukraine und andere Länder. Doch viele bleiben ganz bewusst. Sie arrangieren sich mit den Verhältnissen.

Trinkwasser muss extra geliefert werden (2022)

In Donezk führte ich auf dem Puschkin-Boulevard, einem Grünstreifen, der sich durch die Stadt zieht, eine Straßenumfrage durch. Ein Rentner erzählte, er gehe nur noch zum Einkaufen raus. Donezk könne er nicht verlassen. Hier seien die Gräber seiner Vorfahren und hier besitze er eine Wohnung, für die er sein ganzes Leben lang gearbeitet habe. Sein Einkommen sei nicht groß und die Wohnung könne er nicht »irgendwohin mitnehmen«.

Außer dem ukrainischen Beschuss gibt es in Donezk seit 2022 noch ein weiteres großes Problem. Es gibt zu wenig Wasser. In meinem Hotel gab es Wasser immer nur morgens und abends. Und dieses Wasser musste man immer noch laufen lassen, weil es nach dem Aufdrehen des Hahns erst einmal braun war. Trinkwasser kaufte ich im Supermarkt.

Das ukrainische Militär hatte die Wasserversorgung über die südliche Donbass-Wasserleitung im März 2022 unterbrochen. Doch russische Baubrigaden und Ingenieure bauten in Rekordzeit eine neue Wasserleitung, die im März 2023 in Betrieb ging, den Bedarf von Donezk aber nicht vollständig deckt, weshalb die Menschen immer noch über Tankwagen mit Trinkwasser versorgt werden.

Eine Studentin erzählte während meiner Straßenumfrage, sie sehe keine Zukunft, versuche aber in guter Stimmung zu leben. Sie sei in den sozialen Netzwerken aktiv und dort beliebt für ihre Witze über die Probleme mit der Wasserversorgung und andere Beschwernisse. Sie habe viele Follower.

»Leute aus der Ukraine« hätten sehr negativ auf ihre Posts reagiert und sie als »schlimme Terroristin« bezeichnet. Ihren Freund habe sie zuhause versteckt, erklärte die Studentin freimütig, denn er wolle einer Einberufung zum Militär entgehen. Die Einkäufe und das Wasser in die Wohnung schleppen, das erledige sie selbst. Ihren Freund wolle sie auf keinen Fall in Gefahr bringen. Die Studentin erzählte, eine Ablenkung vom Krieg seien Treffen mit Freundinnen in ihrer Wohnung. Junge Männer kämen nicht, denn die seien alle eingezogen. Die Treffen in der Wohnung seien zeitlich begrenzt, denn wegen der Sperrstunde müssen alle um zehn Uhr abends zu Hause sein.

Keine Heizung, Decken und zugeklebte Fenster

Trotz der ständigen Anspannung gab es in Donezk auch immer wieder Momente, an die ich mich gerne erinnere.

Da war 2017 zum Beispiel diese alte Dame im Zentrum der Stadt. Sie lag unter Decken auf einem Sofa im dritten Stock eines Stalin-Altbaus. Es war Winter. Die gesprungenen Fenster waren mit Zeitungspapier verklebt. Die Zentralheizung funktionierte nicht. Für Wärme sorgte ein elektrisches Heizgerät. Zum Glück war die alte Frau nicht alleine. Sie lebte mit ihrem erwachsenen Sohn zusammen.

Wladimir, ein Kommunist aus Donezk, der die Wiederinstandsetzung von Wohnhäusern im Kirow-Bezirk im Nordwesten der Stadt überwachte, hatte mich zu der alten Dame geführt. Wladimir war etwa 50 Jahre alt und er war sehr unzufrieden, dass man die Kommunistische Partei der Volksrepublik Donezk nicht zu den Wahlen in der Volksrepublik zugelassen hatte. Die Außenseiterrolle der Kommunisten in der Volksrepublik hatte aber im August 2022 ein Ende. Da vereinigte sich die KP der Volksrepublik mit der Kommunistischen Partei der Russischen Föderation.

Tief beeindruckt haben mich 2017 auch 18-jährige Jungs aus dem Donbass, die mit der Waffe in der Hand trotz Matsch und kaltem Wetter in Schützengräben an der Südfront Wache standen, um ihre Volksrepublik zu beschützen. Einer dieser jungen Kämpfer erzählte mir, er sei stolz, dass er an der Front sei. Sein Großvater habe im Zweiten Weltkrieg gegen die deutschen Faschisten gekämpft.

Im Juli 2022 war ich auch in Lugansk, der Hauptstadt der gleichnamigen Volksrepublik. Ich wohnte im Hotel »Druschba« (Freundschaft), ein in den 1970er Jahren errichtetes Gebäude in ungewöhnlichem Stil. Das Hotel sah aus wie ein liegendes Dreieck. Die Zimmer waren im sowjetischen Stil, aber zeitgemäß renoviert. In Friedenszeiten hatten hier offenbar viele Künstler und Musiker aus Russland genächtigt, denn im Foyer hingen an den Wänden Fotos von bekannten russischen Unterhaltungskünstlern. Nun war das Hotel voll mit russischen Offizieren.

Wenn ich nicht gerade mit einem Kamera-Team von *RT DE* unterwegs war, guckte ich mir in meinem Hotelzimmer das aufgenommene Material an und schrieb Texte für Videos. Sobald ich die Arbeit abgeschlossen hatte, ging ich in Lugansk spazieren. Auf dem Markt kaufte ich mir eine externe Festplatte und Handcreme, denn meine Haut wurde in der trockenen Steppenluft spröde. Manchmal ging ich mittags in ein nahegelegenes Restaurant oder in einen Supermarkt, um mich mit Wasser, Brot und Aufschnitt fürs Abendbrot einzudecken. Abends schrieb ich folgende Zeilen:

Soll hier ewig Krieg herrschen?

»Soll hier ewig Krieg herrschen? Vor Beginn der Sperrstunde – es ist schon dunkel – noch schnell in den Supermarkt. Am Eingang spielt ein älterer

Mann mit lockigem Haar Gitarre. In seinem Koffer ein paar Münzen und ein Scheinchen. Die zarten Klänge in einer Stadt, die der Krieg zum Schweigen brachte, sind wie weiße Friedenstauben, die in den Nachthimmel flattern.

In Lugansk, vom Schreibtisch im Hotel ›Druschba‹, sehe ich einen hohen Wohnturm mit von Geschossen gerissenen Löchern. Nachts leuchtet aus den Fenstern des Turmes kein Licht. Nur der Mond wandert um die dunkle Ruine, die aussieht wie ein toter Zahn. Der Wächter am Parkplatz erzählt, dass in dem Hochhaus seit 2014 niemand wohnt.

Auf den Straßen zwischen den Städten kommen uns Kolonnen von Militärfahrzeugen entgegen. Auf Panzern sitzen braun gebrannte Soldaten mit verstaubten Gesichtern, die Augen hinter Brillen. Einige lächeln und winken uns. Auf den Lastwagen steht das weiße »Z« und schnell gepinselt der Heimatort der Einheit, wie eine Erinnerung an friedliche Zeiten.

In der Stadt Rubeschnoje vor einem Haus ohne Strom plätschert Wasser aus einem Tankwagen. Kinder jagen mit Fahrrädern um die Wette. Frauen tratschen. Ihnen steckt der Schrecken noch in den Gliedern. Aber das Leben geht weiter.

Eine Straße weiter erzählt eine alte Frau mit Schlapphut und großer Sonnenbrille von den Zeiten vor dem Krieg, von den Tanzabenden und der Freundlichkeit im Viertel. Sie hat ihr ganzes Leben in einer Fabrik gearbeitet. Nun sucht sie nach Halt in dieser Trümmerstadt.

Auf der Suche nach einem Weg an die Front geraten wir in ein Gebiet mit verbrannten Kiefernwäldern und Seen. Ein weißer Fischreiher steht stoisch und wartet auf Nahrung. Ein wilder Schwan schippert gemächlich, so als sei hier ein Kurort.

Wir kommen an einen Fluss mit zerstörter Ponton-Brücke. Nur Stacheldraht und ein zerschossenes Wächterhäuschen erinnern an Krieg. Der Wind rauscht in den Bäumen. Sonnenstrahlen lassen den Fluss Glitzern. Soll hier ewig Krieg herrschen?«

22. Meine linken Freunde in Deutschland

Vorauseilender Gehorsam (2014)

Seit dem Beginn der russischen Invasion in die Ukraine sind mehrere meiner besten Freundschaften in Deutschland zu Bruch gegangen. Über 40 Jahre waren wir befreundet oder zumindest in gutem Kontakt, haben zusammen politisch gearbeitet, gewohnt, gespeist, waren zusammen im Urlaub und haben Musik gemacht.

Was bleibt für mich nun von Deutschland? Nur das Territorium, welches ich mit meinem deutschen Pass weiter bereisen kann? Worauf muss ich mich in Deutschland einstellen? Auf Angriffe ukrainischer und deutscher Extremisten, die mich schon 2015 nach der Veröffentlichung des Films über den Brand im Gewerkschaftshaus von Odessa beschuldigten, ich würde den Krieg in der Ukraine anheizen und mir deshalb den Tod wünschten?

Zum Glück habe ich in den letzten Jahren neue Freunde in Deutschland gefunden, auch in Ostdeutschland, wohin ich früher wenig Kontakte hatte. Über das Internet bekam ich viel Zuspruch für meine Veröffentlichungen. So bleibt ein lebendiger Draht nach Deutschland erhalten.

Was mich besonders sorgt, ist mitansehen zu müssen, wie sehr meine rebellische Generation verbürgerlicht ist und sich in vorauseilendem Gehorsam den Instrukteuren der großen Medien unterwirft. Ein guter Freund von mir in Deutschland, nennen wir ihn K., war für mich immer wie ein Bruder, manchmal wie ein Vater. Er ist ein paar Jahre älter als ich. K. war das Gegenteil von meinem leiblichen Vater. Er war nicht militärisch-preußisch und ging nicht auf Jagd. Er spielte Gitarre und pflegte seinen Garten.

Wir hatten viel gemeinsam. Wir kommen aus der Mittelschicht, waren in einer K-Gruppe, machten linke Betriebsarbeit und waren dem Blues verfallen. 1999 war K. noch wütend über den Kampfeinsatz von Bundeswehr und NATO in Jugoslawien.

Als in Russland Wladimir Putin an die Macht kam, begann es zwischen uns das erste Mal zu knirschen. K. drängte, ich müsse unbedingt über Wracks ausgemusterter sowjetischer Atom-U-Boote im russischen Nordmeer und über die Verfolgung des russischen Öl-Magnaten Michail

Chodorkowski berichten. Das waren die Themen der »Tagesschau«. Mein Anspruch war über das zu berichten, was die »Tagesschau« ausblendete, etwa das Leben der einfachen Russen.

Als die Frauen von Pussy Riot ihr Punkkonzert in einer Moskauer Kirche machten, meinte K. zu wissen, dass in Russland bald eine Revolution ausbricht. Dass Moskauer Liberale, mit denen ich sprach, das Konzert verurteilten, interessierte ihn nicht. Die *taz* las er von Anfang bis zu Ende durch. Der Wertekanon, den diese Zeitung abbildete, sowie die »Tagesschau«, reichten ihm für die Meinungsbildung.

K. behauptete, er sei eigentlich nie Kommunist, sondern nur Antifaschist gewesen. Das war nun wirklich starker Tobak. Warum hat er sich dann jahrelang der strengen Disziplin einer K-Gruppe unterworfen? Warum wischte er 15 Jahre politischer Arbeit mit einer Ärmelbewegung weg?

Im Mai 2015 schockierte er mich mit dem Vorwurf »Antisemitismus«, und das kam so: Ich hatte mit K. eine Veranstaltung des »Jourfix-Gewerkschaftslinke« im Hamburger Curio-Haus besucht, wo mein Film »Lauffeuer« über den Brand im Gewerkschaftshaus von Odessa gezeigt wurde. Auf der Veranstaltung erklärte ich, es sei schwer verständlich, wenn der jüdische Oligarch Igor Kolomoiski in der Ukraine Ultranationalisten finanziert, die Russland-freundliche Menschen im Gewerkschaftshaus ermorden. Nach der Veranstaltung sagte mir K., mein Vorwurf gegen Kolomoiski sei »antisemitisch«. Denn, warum müsse ein Jude politisch-moralisch besser sein als ein Nicht-Jude?

Doch das war noch nicht alles. Bei einer Begegnung im Mai 2022 in Hamburg erklärte mir K., es sei richtig, wenn die NATO und Deutschland der Ukraine Waffen liefern. Ich dachte, na gut, das war's dann. Aber K. setzte noch eins drauf. Er schickte mir eine Mail nach Moskau, in welcher er ätzte, Putin sei jetzt wohl »mein neuer Papa«. Seitdem herrscht Schweigen zwischen uns.

Odessa-Flüchtling unter der »linken« Lupe

Ein anderer Freund aus Hamburg (er hatte die Film-Veranstaltung im Curio-Haus 2015 organisiert) – nennen wir ihn G. – beschwerte sich bei mir, dass Oleg Musyka, ein Überlebender des Brandes im Gewerkschaftshaus, der im Exil in Berlin lebt, bei der Veranstaltung anwesend war und auch das Wort ergriff.

Ich hatte Musyka nicht eingeladen, weil ich wusste, dass mein Freund ihn auf der Veranstaltung nicht sehen wollte. Musyka hatte über seine Kanäle Wind von der Veranstaltung in Hamburg bekommen und war auf eigene Initiative gekommen. Doch das konnte meinen Freund nicht beruhigen. Er forderte von mir, ich solle den Kontakt zu Musyka abbrechen, da er »nachweislich« mit Rechten zusammenarbeite. Ich erklärte, Musyka sei Antifaschist und habe in Berlin aus Unwissenheit auf einer Bühne mit Rechten gestanden. Er könne kein Deutsch und sei erst 2014 als Flüchtling nach Deutschland gekommen. Doch meine Argumente zeigten keine Wirkung.

Ich verstand nicht: Wie konnten meine Freunde, die aus der linken Szene kamen, die einmalige Chance ungenutzt lassen, jemand, der sein ganzes Leben in der Ukraine verbracht hat, über seine Erfahrungen zu befragen? Ich stellte wieder einmal erstaunt fest, dass die bürgerliche Presse – über die wir uns früher immer erregten – meinen Freunden nun plötzlich als Informationsquelle ausreichte.

Russland hatten meine Freunde politisch abgehakt. Dort vermuteten sie nichts außer Reaktion und Konservatismus. Der Mainstream hatte ganze Arbeit geleistet. Denn wer keine Fragen mehr stellt und Schwarz-Weiß-Bilder akzeptiert, ist eine leichte Beute für Manipulationen.

Ich hörte immer wieder, in Russland gäbe es nichts zu verteidigen. Russland habe für Linke nach der Auflösung der Sowjetunion jeden Vorbildcharakter verloren. Ich frage: Ist die russische Linke nur dann für die deutsche Linke attraktiv, wenn sie gegen Putin Sturm läuft? Woher kommt diese Anspruchshaltung? Will man damit die Niederlage der deutschen Linken von 1990 übertünchen?

Viele deutsche Linke berauschen sich gerne an »sozialen Bewegungen« in anderen Ländern, wie Griechenland oder Rojava-Kurdistan. Das Interesse besteht aber nur, solange die Linken dort auf dem Vormarsch sind. Scheitern sie, sinkt das Interesse auf Null. Dadurch schränkt sich das Weltbild ungeheuer ein.

Der Ukraine-Krieg ordnete mein soziales Umfeld neu. Ich fühle mich heute innerlich verbunden mit Menschen, die ich bisher nicht kannte, die aber den gleichen Weg gegangen waren wie ich und aus den Volksrepubliken berichten, obwohl sie dafür große Nachteile in Kauf nehmen mussten, etwa Konto-Kündigungen und mediale Hetzkampagnen, wie der britische Video-Reporter Graham Phillips, die deutsche Bloggerin Alina Lipp, die humanitäre Helferin aus Brandenburg Liane Kilinc und der Journalist und Uni-Dozent Patrik Baab.

Irgendwann – so hoffe ich – wird den Deutschen klar werden, dass die großen deutschen Medien sie belügen und in der Ukraine kein demokratisches System herrscht, das man unterstützen muss. Wie kann ein Land eine Demokratie sein, in der alle Oppositionsmedien und Oppositionsparteien verboten sind, in dem Rechtsradikale ungestraft ein Gewerkschaftshaus anzünden und Andersdenkende auf der Straße anfallen und sogar ermorden können? Was hat es mit Demokratie und Nähe zu Europa zu tun, wenn in der Ukraine Straßen und Plätze nach den Hitler-Kollaborateuren Stepan Bandera und Roman Schuchewitsch benannt werden? Und was ist daran demokratisch, wenn Friedensverhandlungen mit Russland per Gesetz verboten wurden?[74] Irgendwann werden die Menschen in Deutschland hoffentlich einsehen, dass es falsch ist, an ein Land wie die Ukraine Waffen zu liefern.

74 https://www.tagesspiegel.de/politik/per-dekret-von-selenskyj-ukraine-verbietet-gesprache-mit-putin-8711455.html

23. Sonderbehandlung durch die deutsche Botschaft (2014–2023)

An dieser Stelle sind noch ein paar Worte zur Deutschen Botschaft in Moskau fällig. Seit 1992 wurde ich von der Botschaft regelmäßig zu Hintergrundgesprächen mit dem Botschafter oder auch deutschen Politikern, die zu Besuch in Moskau waren, eingeladen. Doch diese Einladungen blieben ab 2014 plötzlich aus.

Von der Botschaft bekam ich auch täglich eine Presseschau über Russland-Artikel in deutschen Medien. Doch diese Zusendung wurde Ende 2022 eingestellt. Als ich nachfragte, warum das passierte, bekam ich von der Presseabteilung der Botschaft am 27. Dezember 2022 folgende Zeilen:

»Sehr geehrter Herr Heyden,

aufgrund der aktuellen Lage haben wir nach Rücksprache mit dem Botschafter entschieden, vorerst keine Presseauswertung mehr an einen ungesicherten, externen Verteiler zu schicken.

Ich hoffe, Sie haben hierfür Verständnis.

Mit freundlichen Grüßen/Im Auftrag
Referat für Presse- und Öffentlichkeitsarbeit
Deutsche Botschaft Moskau«

Dass die deutsche Botschaft in Moskau mich jetzt wie einen Fremden behandelt, ist schon erstaunlich, hatte mir doch die gleiche Institution 1993 dabei geholfen, dass ich vom russischen Außenministerium die für Auslandskorrespondenten übliche Jahres-Akkreditierung bekomme. Der für mich damals zuständige Mitarbeiter des russischen Außenministeriums empfing mich immer in strengem Ton und wollte mir als Korrespondent der Berliner *tageszeitung (taz)* nur Drei-Monats-Akkreditierungen ausstellen. Einmal grummelte er, »solche wie sie haben wir hier schon genug.« Ich war erschreckt und wandte mich in meiner Not an die Deutsche Botschaft. Kurz darauf bekam ich vom Pressezentrum des russischen Außenministeriums meine Jahres-Akkreditierung für Russland. Bis 1999 war ich einer von drei Moskau-Korrespondenten der *taz*.

Auswärtiges Amt schweigt zu ukrainischer Einreisesperre

Die Lage änderte sich ab 2014 um 180 Grad. Vom deutschen Auswärtigen Amt bekam ich keine Unterstützung, als ich am 30. April 2016 auf dem Flughafen von Odessa ein fünfjähriges Einreiseverbot für die Ukraine in meinen deutschen Pass gestempelt bekam.

Erst im August 2016 erhielt ich nach nochmaligem Nachfragen vom Auswärtigen Amt die ukrainische Begründung für das Einreiseverbot per Mail übermittelt. Ich hatte auf eine juristische und politische Bewertung des Einreiseverbotes durch das Auswärtige Amt gehofft. Doch diese Hoffnung erfüllte sich nicht. Das Außenministerium enthielt sich einer Bewertung und stellte sich damit faktisch hinter die Entscheidung.

Sawsan Chebli, damals im Pressereferat des Auswärtigen Amtes tätig, teilte mir per Mail mit, was die deutsche Botschaft in Kiew zu meinem Fall ermittelt hatte. Chebli schrieb, »die Rückweisung wird damit begründet, dass Sie nach ukrainischen Angaben im Juni 2015 über die nicht von der UKR kontrollierte russisch-ukrainische Grenze in die besetzten Gebiete des Donezker Oblast eingereist seien. Dies stelle einen Verstoß gegen die ukrainischen Gesetze dar. Mit freundlichen Grüßen, Sawsan Chebli.«

Meine Kommunikation mit der deutschen Botschaft in Moskau wurde ab 2014 immer schwieriger. Der deutsche Botschafter Rüdiger Freiherr von Fritsch, der 2014 sein Amt antrat, war, was Russland betrifft, ein ausgesprochener Hardliner. Von 2004 bis 2007 agierte er übrigens als Vizepräsident des Bundesnachrichtendienstes.

Von Fritsch zog einen Kommunikationsstil auf wie zu Notstandszeiten. Zu den Hintergrundgesprächen des Botschafters mit Moskau-Korrespondenten, die alle vier Wochen in der Residenz des Botschafters in der Powarskaja-Straße, nahe dem Arbat, stattfanden, wurde ich nicht mehr eingeladen. Aus den Gesprächsrunden durfte man nicht zitieren. Daran hatte ich mich immer gehalten.

Dass ich nicht mehr eingeladen wurde, machte ich im September 2016 auf meinem Blog bei der »Freitag Community« öffentlich.[75] Prompt wurde ich wieder zu einem Hintergrundgespräch in die Botschaft eingeladen.

75 https://www.freitag.de/autoren/ulrich-heyden/beim-botschafter-unerwuenscht

Als ich dann erschien, nahm der Freiherr mein Erscheinen zum Anlass, um vor der versammelten Schar von 20 deutschen Korrespondenten zu erklären, mein Vorwurf der Nichteinladung entbehre jeder Grundlage. Es hätten nur noch selten Hintergrundgespräche stattgefunden. Dieser Aussage glaubte ich nicht, schwieg aber.

Von Fritsch spielte gerne den Oberkommandierenden, etwa, wenn er bei Treffen mit den deutschen Korrespondenten Referenten der Botschaft anwies, einzelne Fragen der Korrespondenten zu beantworten. Auf die Delegierung von Auskünften an Referenten hatten die deutschen Botschafter bei Hintergrundgesprächen bis dahin verzichtet. Eben das war auch einer der Gründe, warum es sich lohnte, diese vertraulichen Versammlungen zu besuchen. Aber von Fritsch hatte entweder selbst zu wenig Faktenwissen oder er liebte es, sich als Oberkommandierender zu produzieren.

Typisch für den Stil des adligen Diplomaten war ein Vorfall auf einem Empfang in der Residenz des Botschafters, einem 1910 im Stil der italienischen Renaissance gebauten Gebäude im Zentrum von Moskau. Ich stand unter den Gästen in der Eingangshalle des Gebäudes und wunderte mich, dass der Gastgeber nicht zu sehen war. Da wurde es plötzlich still im Foyer. Alle Blicke wandten sich der bombastischen Freitreppe zu, die sich in einem schwungvollen Bogen in den ersten Stock wand. Über diese Freitreppe sahen wir den Botschafter mit einem gnädigen Lächeln herunterschreiten.

Es war nicht ganz klar, wen von Fritsch imitierte, einen Rock-Musiker, einen Fürsten? Dabei war er doch nur ein von Steuergeldern bezahlter einfacher deutscher Beamter.

Mit seinem Auftreten erinnerte mich von Fritsch an die adlige Gesellschaft, die mich in meiner Jugend umgab. Seine ganze Art riefen in mir Erinnerungen an die 1960er- und 1970er Jahre wach, als ich mich aus der Umklammerung der Ostpreußen-Flüchtlinge, Militaristen und Ultrareaktionäre in meiner Familie befreite und Kommunist wurde. Der Freiherr war nur ein Jahr älter als ich und wie ich auf einem Internat gewesen.

Erst Passfälscher, dann Diplomat

Das ausgerechnet Rüdiger von Fritsch 2014 deutscher Botschafter in Moskau wurde, hatte ein Geschmäckle, denn der Freiherr liebt es, Grenzen zu überschreiten. 2009 veröffentlichte er das Buch »Die Sache mit Tom«. Darin schildert von Fritsch, der seit 1984 im Auswärtigen Dienst arbeitete, wie er 1974 in einer ausgeklügelten Aktion bundesdeutsche Pässe für DDR-Flüchtlinge – darunter auch einen Vetter von ihm – fälschte. Er sei sich bewusst gewesen, dass er damit nicht nur gegen die Gesetze der DDR, sondern auch gegen jene der Bundesrepublik verstoßen habe. Aber es sei ja für einen guten Zweck gewesen, erklärte er später gegenüber dem *Schlesien-Journal.*[76] Die Gesetze des sozialistischen Staates seien »Gesetze gewesen, um Menschen zu unterdrücken« und damit sei das Fälschen von Pässen moralisch berechtigt.

Die Passfälschung im Jahre 1974 zog von Fritsch offenbar mit Billigung des Bundesnachrichtendienstes durch. Dem *Spiegel* berichtete der Freiherr 2009, einen entscheidenden technischen Tipp für die Aktion habe er von einem Bekannten seines Vaters erhalten, der »in Pullach« arbeitete.

Der Adelssprosses, der Pässe fälschte, verblüffte mit seiner tollpatschigen Art 2018 auch den Liedermacher und Komponisten Tino Eisbrenner, als er auf Einladung der Rosa Luxemburg Stiftung in Moskau weilte und an einem Treffen mit von Fritsch teilnahm. Der Musiker schrieb auf Facebook folgende Zeilen über das Treffen:

»Nach 20 Minuten bin ich stocksauer und kann angesichts dessen, was der offizielle und oberste Vertreter deutscher Botschaft(en) da von sich gibt, die geschulte Ruhe eines Politikers wie Dietmar Bartsch nur noch bewundern. Nicht aber teilen! Ich bekomme das Wort und kann nicht anders als anzugreifen … Es macht mich wütend, wenn ›unser‹ Botschafter uns tatsächlich einreden will, dass Russland in der Ukraine der Aggressor sei und zum Glück die deutsche Politik immer wieder helfen würde, friedliche Lösungen herbeizuführen. Und unsere Sanktionen seien eben ein Mittel zu diesem Zwecke und eine Reaktion auf Russland als Aggressor. Als ich ihn frage, wo er denn bei seiner Einschätzung von Aktion und Reaktion den Nullpunkt setzen würde und ob nicht die NATO, wie auch Deutschland, den Ukrainekonflikt nicht doch mindestens miterzeugt hätten (Osterweiterung, Regierungsputsch, Maidan etc.), manövriert er sich in die Ecke

76 *Schlesien Journal* 09.07.2013 »Rüdiger von Fritsch als Fluchthelfer und Passfälscher«, https://www.youtube.com/watch?v=ly9sjbSSHX4 (ab Minute 5:44).

und tönt, sein Nullpunkt sei der 8.5.1945. Was denn? Will er uns weismachen, von dem Tage an wäre der Westen heilig geworden und die Aggression kam ab da von Russland?«

In meinem Blog beim *Freitag* kommentierte ich das Verhalten von Fritsch wie folgt: »Rüdiger von Fritsch ist ein Mann der klaren Worte. Aber ist er auch ein Diplomat? Versteht er es, Brücken zu bauen? Ich habe da meine Zweifel. Der Herr aus adeligem Haus hat offenbar Spaß an der Konfrontation. Er fühlt sich als Vorkämpfer der Freiheit und da dürfen auch schon mal Gesetze übertreten werden. Der familiäre Hintergrund des Botschafters gibt zu denken. Fritsch ist Großneffe von Werner von Fritsch. Der war unter Hitler Oberbefehlshaber des Heeres.«[77]

Nach meinem Blog-Kommentar teilte mir die Pressestelle der Deutschen Botschaft in Moskau das Missfallen des Botschafters mit.

77 Diplomat oder Zuspitzer?, https://www.freitag.de/autoren/ulrich-heyden/diplomat-oder-zuspitzer

24. Die Jungs vom Christianeum (2022)

Nach dem Einmarsch russischer Truppen in die Ukraine gab mir auch die Berliner Wochenzeitung *der Freitag* den Laufpass. Für den *Freitag* schrieb ich seit 1992. Seit 2015 war ich für die Zeitschrift in Moskau akkreditiert. Am 23. März 2022 bekam ich einen Brief von *Freitag*-Chefredakteur Philip Grassmann, in dem dieser erklärte, ein neues Akkreditierungsgesuch für Moskau werde er nicht unterschreiben.

Ich ahnte, was der Anlass der Kündigung war, mein Porträt im *Freitag*[78] über den russischen Außenminister Sergej Lawrow, in dem ich darstellte, dass dieser die Entscheidung für die russische Intervention in die Ukraine mitgetragen hatte. Mein Artikel widersprach der Ende Februar 2022 gängigen Behauptung in den großen deutschen Medien, die Intervention sei eine Allein-Entscheidung des »Diktators Putin« gewesen. Auch hatte ich die damals in westlichen Zeitungen gängige Formulierung »russischer Angriffskrieg« nicht benutzt, sondern vom »Einfall in die Ukraine« geschrieben.

Es gäbe viele Texte von mir, die er schätze, hieß es im Schreiben des Chefredakteurs Grassmann. »Allerdings habe ich kein Verständnis für Ihre Positionierung im Ukraine-Krieg. Es gibt eine Vorgeschichte zu diesem Krieg – ja. Aber der Westen trägt keine Mitverantwortung an diesem Krieg. Das war Putins alleinige Entscheidung. Es handelt sich auch nicht um eine Intervention Russlands, sondern um einen völkerrechtswidrigen Angriffskrieg.« Ein Autor mit dieser Haltung habe »keinen Platz im Freitag – zumindest nicht solange, wie der Ukraine-Krieg dauert oder seine politischen Auswirkungen das Geschehen in Europa dominieren.«

Ich war wütend über die dreiste Behauptung, der Westen trage »keine Mitverantwortung an diesem Krieg«. Mit dieser Behauptung stellt Grassmann meiner Meinung nach das Selbstverständnis einer kritischen linken Zeitung auf den Kopf. Dem *Freitag* hätte es gut zu Gesicht gestanden, im Blatt eine Debatte über den Krieg in der Ukraine zu eröffnen, unterschiedliche Standpunkte gegenüberzustellen und andere Sichtweisen nicht von oben abzuwürgen.

78 https://www.freitag.de/autoren/ulrich-heyden/sergej-lawrow-der-sekundant

Während ich an meinem Schreibtisch in Moskau saß und über das Verhalten des Chefredakteurs grübelte, bellte plötzlich Gaida, unser Hund. Hatte sie meine Wut gespürt oder war es ein fremdes Geräusch im Treppenhaus? Ich versuchte Gaida zu beruhigen und sann über Gegenmaßnahmen nach. Ich beschloss, den Brief des Chefredakteurs auf meiner Website zu veröffentlichen.[79]

Nach der Veröffentlichung des Briefes bekam ich viele Zuschriften von *Freitag*-Lesern, bei denen der Brief des Chefredakteurs das Fass zum Überlaufen gebracht hatte. Sie waren schon länger mit der politischen Linie des *Freitag* unzufrieden und kündigten nun an, sie würden ihr Abo abbestellen. Ich veröffentlichte – nach Rücksprache mit meinen Unterstützern – auch ihre Briefe auf meiner Website.[80]

Ich hatte übrigens nicht zu Abo-Kündigungen aufgerufen. Dass nach der Veröffentlichung des Grassmann-Briefes viele Leser von sich aus ankündigten, ihr Abo beim *Freitag* zu kündigen, hing offenbar damit zusammen, dass die Blattlinie vielen Lesern schon seit einiger Zeit nicht mehr gefiel. Ich für meinen Teil muss sagen, dass ich im *Freitag* gelegentlich Artikel finde, die mir gut gefallen.

Unter den Anhängern der Kiewer Regierung stieß meine Kündigung beim *Freitag*, wie nicht anders zu erwarten, auf helle Begeisterung. Diese Kündigung sei »lange fällig« gewesen, schrieben Kiews Unterstützer auf Twitter.

Ukrainischer Konsul in Hamburg wegen Nazi-Posts von seinem Posten abberufen …

Der Kündigungsbrief des *Freitag*-Chefredakteurs rief mir ein Ereignis in Erinnerung, das sich im Mai 2020 ereignete und mir im Rückblick wie ein Schlüsselereignis vorkommt.[81]

Zunächst die Vorgeschichte: Seit acht Jahren wurde ich in der »Freitag Community« – einem für alle Internet-User zugänglichen öffentlichen

79 https://ulrich-heyden.de/article/eigener-sache

80 https://ulrich-heyden.de/article/eigener-sache-2

81 Ich habe dieses Ereignis auf den »Nachdenkseiten« geschildert und gebe diese Schilderung hier wieder. https://www.nachdenkseiten.de/?p=82304

Forum, wo jeder Interessierte seinen eigenen Blog führen kann – von drei deutschen »Ukraine-Verteidigern« regelrecht gejagt.

Ich habe seit 2014 auf diesem Blog immer wieder Ereignisse in der Ukraine problematisiert, insbesondere wenn es um die Einschränkung der Menschenrechte und der Medienfreiheit ging.

Nachdem ich in der »Freitag Community« aktiv wurde, fand sich sehr schnell eine Gruppe von drei Personen (»Kolobok« (Pseudonym), »mber«/ Martin Dietze und Wilfried Jonas), welche mich koordiniert unter Feuer nahmen und alles, was ich schrieb, in ellenlangen Posts als »Putin- und RT-Zeug« diffamierten. Die Zeit von der Veröffentlichung eines Posts von mir in der »Freitag Community« und dem Auftreten der drei »Ukraine-Verteidiger« dauerte nie länger als eine Stunde. Und das acht Jahre lang. Die drei wiesen jegliche Kritik an der Politik der Staatsstreich-Regierung in Kiew zurück. Sie behaupteten von sich, sie seien engstens mit der Ukraine verbunden, hätten das Land vielmals bereist, sie hätten dort viele Freunde und würden auch Opfer »der russischen Aggression« kennen. Ich dagegen säße in Moskau und habe keine Ahnung von der Ukraine.

Rhetorisch fragten die drei immer wieder, wie es denn sein könne, dass die Redaktion eines so angesehenen Blattes wie dem *Freitag* Artikel von einem »Putin-Schreiberling« in der gedruckten Ausgabe veröffentliche.

Es war eine regelrechte Hetzjagd. Nur noch selten wagten andere Teilnehmer des Forums, die eine neutrale Haltung zur Ukraine hatten, sich an den »Debatten« zu beteiligen. Die Redaktion des *Freitag* griff nicht ein. Sie forderte die drei auch nicht zu einem sachlichen Ton auf.

Erst dachte ich, ich könnte den drei »Ukraine-Verteidigern« mit Argumenten das Wasser abgraben, doch das stellte sich als Illusion heraus, da sie sich nicht auf meine Argumente einließen und stattdessen von mir forderten, ich müsse mich zu ihren »Argumenten« äußern. Sie stellten also Bedingungen, wie auf meinem Blog in der »Freitag Community« über die Ukraine zu diskutieren sei.

Anfang Mai 2020 legte ich dann eine schärfere Gangart ein. Ich postete ein Foto, auf dem Martin Dietze, einer der drei »Ukraine-Verteidiger« und Gründer des Deutsch-Ukrainischen Kulturvereins[82] in Hamburg,

82 https://ukrainer.net/hamburg-ein-chor-der-menschen-verbindet/

freundlich lächelnd neben Wasil Maruschinez, dem ukrainischen Konsul in Hamburg, zu sehen ist. Das Foto entstand am 1. Dezember 2017 am Rande einer Veranstaltung im Hamburger Konsulat der Ukraine. Die Veranstaltung hatte Martin Dietze mitorganisiert. Doch kurz nachdem ich das Foto in meinem Blog auf der »Freitag Community« publiziert hatte, wurde es vom *Freitag* gelöscht.

Ich hatte unter dem Foto kommentiert, es sei merkwürdig, dass Martin Dietze im ukrainischen Konsulat in Hamburg eine Veranstaltung mit dem ukrainischen Konsul durchführte, obwohl dieser nachweislich ein bekennender Nazi ist.[83] Hatte denn Dietze bei der Vorbereitung der Veranstaltung in Hamburg rein gar nichts mitbekommen von der Einstellung dieses Konsuls, fragte ich in meinem Post zum Foto.

Wasil Maruschinez wurde 2018 vom ukrainischen Blogger Anatoli Schari als Nazi enttarnt. Dieser hatte sich Zugang zum Facebook-Account des Konsuls verschafft und dort eine große Zahl pro-nazistischer und antisemitischer Fotos und Posts vorgefunden. All das hatte Schari am 12. Mai 2018 auf seinem Video-Kanal[84] publiziert.

Schari konnte auch nachweisen, welche Beamten aus dem ukrainischen Außenministerium Fotos von Maruschinez, die den deutschen Faschismus verherrlichten, mit einem »like« versahen.

Der Skandal, den Anatoli Schari auf seinem Kanal mit 2,9 Millionen Abonnenten aufdeckte, schlug hohe Wellen. Schari stellte seine Maruschinez-Videos in mehreren Sprachen – auch Deutsch und Englisch – ins Netz. Der ukrainische Konsul in Hamburg wurde für Kiew untragbar und im Mai 2018 vom ukrainischen Außenministerium von seinem Posten abberufen.[85]

… nur die Redaktion des *Freitag* bekommt nichts mit

Am 5. Mai 2020 erhielt ich vom *Freitag*-Chefredakteur Philip Grassmann einen Brief, in dem er erklärte, er habe das Foto von Dietze und Maruschinez löschen lassen, weil es eine Verleumdung sei. Er schrieb: »Sehr geehrter

83 https://www.nachdenkseiten.de/?p=57222

84 https://www.youtube.com/watch?v=xiB_iQ5RNq4

85 https://taz.de/Ukrainischer-Konsul-in-Hamburg/!5506281/

Herr Heyden, uns erreichen Beschwerden über ihre Berichterstattung auf Freitag.de. Ich habe keine Sympathien für Rechtsextreme, aber es geht über eine sicherlich zulässige Verdachtsberichterstattung weit hinaus, wenn Sie jemandem unterstellen, dass er mit Rechtsextremen oder Faschisten sympathisiert, nur weil er auf einem Foto mit einer entsprechenden Person abgelichtet worden ist. Sie sind Journalist und ich möchte Sie bitten, dann Ihren Verdacht auch inhaltlich zu recherchieren – und zwar mit direkten Zitaten und nicht mit Unterstellungen oder Meinungen von anderen Personen.«

Ich wunderte mich damals, dass der *Freitag*-Chefredakteur jahrelang schweigend zusah, wie ich, ein Autor, dessen Artikel im *Freitag* regelmäßig gedruckt wurden, in der »Freitag Community« mit schlimmsten Unterstellungen angegriffen und in einem hetzerischen Tonfall gejagt wurde. Noch mehr wunderte ich mich, dass der *Freitag*-Chefredakteur sofort eingriff, als ich das freundliche Verhältnis zwischen Martin Dietze und dem schwer belasteten ukrainischen Konsul in Hamburg öffentlich machte.

Daher stellte ich mir die Frage: Genießen Verteidiger der Kiewer Staatsstreich-Regierung in der Ukraine beim *Freitag* besonderen Schutz?

Westdeutsche Führungskräfte wissen nichts über Russland

Ich forschte nach, wer eigentlich dieser Chefredakteur Grassmann sei. Mit irgendwelchen interessanten Positionen oder Analysen war er mir bisher nicht aufgefallen.

Grassmann hatte – wie auch *Freitag*-Herausgeber Jakob Augstein – sein Abitur am Christianeum gemacht, einem Gymnasium in den Hamburger Elbvororten, das traditionell von Kindern der Mittel- und Oberschicht besucht wird. Auch ich hatte dort 1966 ein Jahr die Schulbank gedrückt.

Grassmann hatte ein Jahr in London studiert und viele Jahre bei der *Welt* und der *Süddeutschen Zeitung* gearbeitet. Ein paar Jahre leitete er in Hamburg das Abaton-Programm-Kino, welches sein Vater gründete. Dass Grassmann irgendwann einen mutigen Schritt machte, gegen den Strom schwamm und seinen Namen für eine gute Sache hergab, indem er sich zum Beispiel für einen in Deutschland politisch verfolgten Journalisten oder Aktivisten einsetzte, ist mir nicht bekannt. Ich wundere mich, was Grassmann zum Chefredakteur einer linken Zeitung prädestiniert.

Offenbar hing die Berufung von Grassmann zum Chefredakteur damit zusammen, dass der Verleger Jakob Augstein, nachdem er 2008 den *Freitag* übernommen hatte, das Blatt zu einer »normalen Zeitung« entwickeln wollte und eben dafür Grassmann als geeignet schien.

Man muss wissen: Die Wochenzeitung *Freitag* war 1990 als Ost-West-Zeitung aus der Zusammenlegung von drei Zeitungen aus Ost- und Westdeutschland gegründet worden. Zu diesen Zeitungen aus denen der *Freitag* hervorging, gehörte auch die 1953 vom ehemaligen Reichkanzler Dr. Joseph Wirth (1879–1956) gegründete *Deutsche Volkszeitung*.

Wirth gehörte zum linken Flügel der katholischen Zentrumspartei. 1922 ging Wirth auf ein Vertragsangebot der Sowjetunion ein. Im Ergebnis schloss Deutschland mit der Sowjetunion den Rapallo-Vertrag. Nach 1945 beteiligte sich Wirth an Initiativen zur Wiedervereinigung von Deutschland. In den 1990er Jahren wurde der Name von Wirth im Impressum des *Freitag* genannt.

Die Wochenzeitung *Freitag* brachte in den 1990er Jahren viel über ostdeutsche Politik und Kultur und war deutlich links. Doch das änderte sich, als der vermögende Jakob Augstein die finanzschwache Zeitung übernahm und ummodelte. Der Zeitungsname wurde in *der Freitag* geändert. Namhafte Ostdeutsche verloren Leitungsfunktionen. Gleichzeitig begann Jakob Augstein eine Kooperation mit der britischen Tageszeitung *Guardian*.

Gibt es in Deutschland einen Mangel an britischen Sichtweisen?

Man muss sich fragen: Warum ging Augstein ausgerechnet eine Kooperation mit einem britischen Verlagshaus ein? Gab es denn in Deutschland einen Mangel an britischen Meinungen und Sichtweisen? Nein, aber 1999 begann mit dem Beitritt von Polen, Tschechien und Ungarn zur NATO die Osterweiterung der von den USA gesteuerten Militärallianz. In dieser Zeit der militärischen Ausdehnung nach Osten störten Zeitungen, die sich als Brückenbauer zwischen Ost und Westen verstanden oder eine historische Nähe zu Russland hatten. Bereits 2007 hatte die *Sächsische Zeitung* einen Chefredakteur bekommen, der von der *Bild* kam und dafür sorgte, dass auch die »Sächsische« eine »normale Zeitung« wurde.

Dass in fast allen ostdeutschen Zeitungen seit 1992 Westdeutsche den Ton angeben, ist im vereinigten Deutschland »normal«. Bei der Durchsetzung der westlichen Sichtweise auf die Weltlage stören Menschen ostdeutscher Herkunft offenbar. Denn sie haben nicht selten Verständnis für Russland.

Die Familiengeschichte westlicher Führungskräfte verbindet meist nichts mit Russland, außer dass die Väter oder Großväter in Russland im Krieg waren. Die meisten westlichen Führungskräfte können kein Russisch. Die wenigsten haben Russland besucht. Ihr Auslandsstudium haben sie meist in einer der westlichen Hauptstädte oder in einer Hauptstadt der »Dritten Welt«, aber so gut wie nie in Moskau gemacht, im Gegensatz zu vielen Ostdeutschen meiner Generation, die in Moskau oder in einer anderen sowjetischen Stadt studiert haben. So kommt es, dass einem westdeutschen Chefredakteur die Hand keine Sekunde zittert, wenn es darum geht, einem »Putin-nahen« Moskau-Korrespondenten den Laufpass zu geben.

Der Verrat der 1968er

Von dem Rebellischen der 1968er – also denjenigen, die vor 55 Jahren gegen den Vietnam-Krieg und den reaktionären Geist in den Universitäten auf die Straße gingen – ist in Deutschland nichts mehr zu spüren. Aus Anti-Imperialismus wurde Anti-Russismus. Aus dem Traum von Selbstbestimmung wurde ein Ja zu den Corona-Zwangsmaßnahmen. Anstatt mit kritischer Gesellschaftsanalyse beschäftigen sich »Experten«, »Philosophen« und »Antifa« heute lieber mit der Suche nach »Antisemiten« und »Querdenkern«. Die heutigen Jugendlichen haben das Nachsehen. Sie erfahren nicht mehr, warum wir 1968 auf die Straße gingen. Sie müssen sich das nötige historische Wissen selbst aneignen.

Über die Jahre haben die Herrschenden dazugelernt. Während man auf die 68er noch mit Repressionen reagierte, hat der Staat seitdem vielfältige Mittel der Protest-Ablenkung entwickelt. Mit Fördergeldern, Stipendien und Stiftungen saugen Staat und Unternehmen die kreative und kritische Energie der jungen Generation ab.

Linke Medien und Parteien unterliegen einem massiven Anpassungsdruck. Die *taz* – 1978 als selbstorganisiertes, alternatives Medium gegründet – passte sich in den 1990er Jahren immer mehr an den Mainstream an. Während das Alternativblatt 1992 noch unter der Losung »Waffen für El Salvador« vier Millionen D-Mark für die mittelamerikanische Guerilla sammelte, schwenkte man 1999 um und unterstützte den Angriffskrieg der NATO gegen Jugoslawien.

Deutsche Parteien, die aus der 68er-Bewegung hervorgingen, wie die Grünen, ließen sich von der Parlamentsarbeit aufsaugen und vergaßen, dass das Parlament nur eine Tribüne für gesellschaftskritische Forderungen, aber nicht Instrument für grundlegende Veränderungen sein kann. Die Generation der 68er und ihre Nachkommen haben ihr Ziel einer grundsätzlichen gesellschaftlichen Veränderung komplett aufgegeben. Sie haben den westdeutschen Imperialismus nicht weniger imperialistisch gemacht, sondern ihm im Gegenteil zu neuer Stärke verholfen. Denn sie schwächten ihre Systemkritik so weit ab, bis sie im bürgerlichen Politikbetrieb als »seriös« anerkannt wurden.

Viele der ehemaligen 68er gingen – wenn sie in Westdeutschland wegen der Intellektuellen-Schwemme keine Arbeit fanden – als faktische Kolonialbeamte nach Ostdeutschland, lehrten die Ostdeutschen, wie man »das DDR-System aufarbeitet« und taten alles dafür, gewachsene Verbindungen zwischen Ostdeutschland und Russland zu zerbrechen und die Menschen von der angeblichen Überlegenheit der »westlichen Werte« zu überzeugen.

Die 68er und späteren Linksliberalen verdrängten die soziale und die Systemfrage und beschränkten sich auf die Frage der Menschenrechte. Aber selbst auf diesem Gebiet waren sie nicht konsequent. Warum protestierten die Linksliberalen und Grünen nicht, als Ostdeutschland kolonisiert wurde, eine ganze Generation ostdeutscher Geisteswissenschaftler aussortiert, ostdeutsche Verlage geschlossen und Industriebetriebe stillgelegt wurden? Warum stellten sich die 68er und ihre Nachkommen nicht in den Weg, als die deutschen Ewig-Gestrigen, die aus zwei Weltkriegen nichts gelernt hatten, in Berlin wieder begannen, das gruselige Militärritual »Zapfenstreich« abzuhalten? Warum läuteten bei den ehemaligen 1968ern nicht alle Alarmglocken, als in Berlin 2006 die Volkskammer, das Parlament der DDR, abgerissen wurde, ein Parlament, welches den Weg zur deutschen Wiedervereinigung frei gemacht hatte? Warum gab es kaum Proteste, als auf dem freigewordenen Platz ein Preußenschloss für 595 Millionen Euro wiederaufgebaut wurde? Warum protestieren deutsche Linksliberale nicht, als der Stadtrat der ostdeutschen Stadt Halle 2021 beschloss, dass das örtliche Planetarium nicht weiter den Namen des ersten deutschen Kosmonauten Siegmund Jähn tragen darf, weil dieser »in die DDR-Diktatur verwickelt war«? Der wahre Grund, warum das Planetarium in Halle nicht weiter diesen Namen tragen durfte, liegt für mich auf der Hand: Siegmund Jähn, der 1978 mit dem sowjetischen Raumschiff Sojus-31 in den Weltraum flog, ist ein Symbol der Freundschaft zwischen der DDR und der Sowjetunion. Doch diese historische Tatsache versucht man in Halle aus dem historischen Gedächtnis auszuradieren.

Die Progressivität der 1968er und ihrer Nachkommen erschöpft sich heute im Engagement für sexuelle Minderheiten, Flüchtlinge und Antirassismus. Aber der Antirassismus hört bei den meisten 68ern auf, wenn es um Russen geht. Die werden seit der russischen Invasion in die Ukraine im Februar 2022 – egal ob sie diese Invasion unterstützen oder nicht – mit rigiden Visa-Bestimmungen von Deutschland ferngehalten. Und die deutsche »Zivilgesellschaft« schweigt dazu.

Deutschland ist wieder dort angekommen, wo es in den 1950er Jahren schon mal war, als man im Westen die Remilitarisierung durchsetzte, die KPD verbot, zu den Verbrechen der Wehrmacht in der Sowjetunion schwieg und nicht wenige Deutsche der Meinung waren, Deutschland habe den Krieg gegen die Sowjetunion zu Unrecht verloren.

25. Warum ich bleiben möchte

Manch Leser wird vielleicht sagen, dass ich zu wenig Positives aus Russland berichtet habe. Diesen Lesern möchte ich sagen: Ich halte nichts davon, Negatives, das es in Russland gibt, zu verschweigen, weil darüber zu berichten der Propagandamaschine des Westens nützen könne. Ich bin der Meinung, dass man sich mit solch einem Herangehen eben auf das Niveau der westlichen Propaganda begibt, welche versucht, die Menschen zum Schwarz-Weiß-Denken zu erziehen. Mit sturer Gegenpropaganda stößt man auch die Menschen vor den Kopf, die sich gerne vielfältig informieren, Informationen vergleichen und selbst Schlüsse ziehen wollen, anstatt alles vorgekaut zu bekommen.

Über Russland aus der Position der »totalen Verteidigung« zu berichten, indem man immer stur das Gegenteil von dem behauptet, was die großen deutschen Medien gerade über Russland verbreiten, trägt nicht zu Aufklärung und zu einem nachhaltigen Stimmungswandel bei. Die »totale Verteidigung« kann Stimmungen mobilisieren, sie kann aber auch Menschen, die sich umfassend informieren wollen, abschrecken.

Die Bilder der Russland-Totalverteidiger sind mir zu einfach. Wenn der Westen sagt, Russland sei homophob, wird dagegengehalten, dass es in Moskau tolle Klubs für Homosexuelle gibt. Wenn gesagt wird, in Russland gäbe es keine Pressefreiheit, wird dagegengehalten, sie hätten in einem zentralen Moskauer Buchladen gerade die oppositionelle *Nowaja Gaseta* gekauft. Wenn gesagt wird, in Russland gäbe es keine Demokratie, wird erklärt, Russland sei demokratischer als Deutschland, weil in Russland der Präsident direkt gewählt wird.

Alles zu verteidigen, was in Russland passiert, ist nicht überzeugend angesichts der Tatsache, dass die russische Führung seit 2014 gar nicht mehr um das Prädikat eines demokratischen Landes »wie im Westen« buhlt. An erster Stelle stehen in Russland heute Werte wie nationale Sicherheit, die Auseinandersetzung mit der westlichen Propaganda, das Hochhalten »traditioneller Werte« wie der Schutz der Familie und die Ablehnung von Freiräumen für sexuelle Minderheiten.

Näher an der Realität als mancher deutsche Russland-Totalverteidiger ist der Kreml-nahe Politologe Sergej Markow, wenn er schreibt, »Russland ist ein offenes Land mit einem mäßig autoritären plebiszitären Regime persönlicher Macht. Das heißt, auf einer Skala von Demokratie-Autoritarismus ist Russland der Demokratie sehr viel näher, und die Ukraine ist dem Totalitarismus sehr viel näher.«[86]

Ich lese täglich russische Zeitungen, den *Kommersant*, die *Nesawisimaja Gaseta*, *Moskowski Komsomolez* und *Komsomolskaja Prawda*. In den ersten drei genannten Zeitungen finde ich täglich kritische Artikel, etwa zu der mangelnden Kontrolle der Gasherde in den Mehrfamilienhäusern im Moskauer Umland, weshalb es dort häufig zu Explosionen kommt, wobei ganze Hauseingänge einbrechen.

Ich lese in diesen Zeitungen Artikel zum Pfusch beim Bau von Neubauwohnungen. Dort finde ich auch Artikel zur sinkenden Zahl russischer Wissenschaftler, zum konstanten Mangel an russischen Facharbeitern und zum Einsatz von Arbeitsmigranten aus Mittelasien als billige aber schlecht ausgebildete Ersatzarbeitskräfte.

All diese Themen haben etwas mit der von russischen Linken kritisierten russischen Finanz- und Wirtschaftspolitik zu tun, die sich nach ihrer Meinung zu sehr an den Interessen des Großkapitals orientiert.

Es zeugt von einer schreienden Ignoranz, wenn man selbst in deutschen Medien, die für die Mittelschicht und die Intellektuellen schreiben, nichts über die russische Sozial-, Finanz- und Wirtschaftspolitik findet und kein Wort über das »Moscow Economic Forum«, das seit 2013 jedes Jahr in der Moskauer Universität eine internationale Experten-Konferenz veranstaltet, auf der die russische Wirtschafts- und Finanzpolitik aus links-patriotischer Sicht kritisiert wird.

Gründe für Kritik gibt es viele. Die Schere zwischen Arm und Reich geht in Russland sehr weit auseinander. Die Kaufkraft der einfachen Leute sinkt durch Preissteigerungen, die über der offiziell angegeben Inflation liegen. Das Wohlstandsgefälle zwischen den Großstädten, Kleinstädten und Dörfern ist groß.

Was diese Problematik im russischen Leben konkret bedeutet und welche Bemühungen die russische Regierung unternimmt, um die Armut zu

86 https://t.me/logikamarkova/7619

bekämpfen, darüber schreiben »Russland-Experten« und Moskau-Korrespondenten fast nie. Über das 2007 eingeführte »Mutter-Kapital« beispielsweise – ein Festbetrag von 5700 Euro für das erste und 1800 Euro für das zweite Kind – wird in den großen deutschen Medien so gut wie nicht berichtet.

Für die meisten deutschen Journalisten werden soziale Fragen in Russland erst interessant, wenn sich soziale Unruhe andeutet und man wieder »Stoff« hat, eine Geschichte über den »absehbaren Sturz des Regimes« zu schreiben.

Ich meine, wer Russland schätzt, sollte sich vor Kritik nicht scheuen. Kritik ist wie Hefe in einem guten Teig. Aber natürlich muss man – gerade als Ausländer – den richtigen Ton und den richtigen Anlass finden, um Kritik vorzubringen. Zudem läuft man in die Irre, wenn man Russland stur nach deutschen Maßstäben misst. Manches, was auf den westlichen Betrachter im russischen Alltag unverständlich wirkt, hat aus russischer Sicht einen Sinn und entspricht den russischen Sitten. Wer sich in Russland bewegt, sollte sich für Hintergründe interessieren, anstatt Unverständliches gleich negativ einzuordnen.

In Russland leben, obwohl es schwierig ist?

Manch einer wird sich fragen: Wenn das Leben in Russland so schwierig ist, wie ich es beschrieben habe, warum komme ich dann nicht zurück nach Deutschland? Hier meine Antwort:

Weil Russland inzwischen Teil meiner Identität ist. Erst war es Abenteuerlust und Neugier. Jetzt fühle ich mich als Teil dieses Landes. Mich fesseln alle Entwicklungen in Russland, egal ob positiv oder negativ. Ich verfolge sie, kommentiere sie und wünsche mir eine gute Entwicklung.

Seit 2015 bin ich fest mit einer Russin verbunden. Wir haben keine Kinder, aber über meine Frau wurde ich Teil einer russischen Familie, was meinen Einblick in das russische Leben noch einmal vergrößerte.

Ich erfuhr, wie die Familie den Übergang vom realen Sozialismus in den wilden Kapitalismus erlebte. Meine Schwiegereltern sprachen nicht gerne über diese Zeit, aber das Wenige, was sie erzählten, machte mir noch einmal klar, warum die Russen die Stabilität so sehr lieben und warum Wladimir Putin nach wie vor populär ist.

Meine Schwiegereltern kamen aus Arbeiterfamilien. In der Sowjetzeit machten sie eine Ausbildung als Ingenieure und arbeiteten ihr ganzes Erwerbsleben in einem Forschungsinstitut der Luftfahrtindustrie. In dem Institut wurden elektronische Messungen bei Testflügen von Flugzeugen überwacht und ausgewertet. Mein Schwiegervater wartete die Datenverarbeitungsmaschinen, meine Schwiegermutter war mit der Auswertung beschäftigt.

Als die beiden ihre Gehälter Ende der 1980er Jahre nur noch unregelmäßig bekamen – der sowjetische Staat hatte kein Geld mehr –, begann mein Schwiegervater während der Arbeitszeit mit seinem gelben »Lada 2101« als Taxifahrer zu arbeiten. Die Wache am Betriebstor drückte ein Auge zu. Und meine Schwiegermutter nähte Zelte für Marktstände. Denn in Russland schossen Anfang der 1990er Jahre überall Freiluftmärkte aus dem Boden. Es entstand eine neue Klasse von Händlern, die Versorgungslücken mit billiger Ware schloss.

Gegen Ende der 1980er Jahre leerten sich in den damals noch staatlichen Lebensmittelläden die Regale. Um den Grundbedarf der Menschen zu sichern, gab der sowjetische Staat Lebensmittelkarten für Zucker, Hülsenfrüchte, Fleisch und Zigaretten aus. Die Übergangszeit vom Sozialismus zum Kapitalismus ist für meine Schwiegereltern mit schmerzlichen Erinnerungen verbunden. Sie waren keine Parteimitglieder und hatten ihren eigenen Kopf gehabt, doch dass große Teile des Staatseigentums ab 1991 in die Hände von Neureichen kam, die gegenüber dem einfachen Volk keinerlei Verpflichtungen übernahmen, hat vor allem meinen Schwiegervater verbittert.

Dass ich als ausgebildeter Metallflugzeugbauer ausgerechnet in einer Familie landete, die Jahrzehnte in der Luftfahrtindustrie gearbeitet hatte, war ein Zufall. Man empfing mich mit offenen Armen. Ich fühlte mich in dieser Familie schnell heimisch, denn ich wurde als Mensch angenommen. Dass ich Deutscher war, spielte keine besondere Rolle.

Nach Deutschland zurückkehren?

Ich denke manchmal daran, nach Deutschland zurückzukehren. Aber eine Rückkehr nach Deutschland würde bedeuten, dass ich nicht mehr meiner Lieblingsbeschäftigung – aus erster Hand über die Ereignisse in Russland zu berichten – nachgehen kann. Von dem Tag an, an dem ich dieses Land verlassen habe, würde mein Wissen über Russland vergilben. Ich merke das schon nach einer Woche Abwesenheit von Moskau. Ich möchte nicht zu dem Kreis der deutschen »Russland-Experten« gehören, die ihre Thesen nicht in Gesprächen mit Menschen in Russland überprüfen können.

Die Russen sind mir ans Herz gewachsen. Sie ermuntern mich täglich, mehr Emotion zu zeigen und sich nicht in der Einsamkeit zu verkriechen. In Russland finde ich Emotionalität, die ich im Nordwesten Deutschlands, wo ich herkomme, oft vermisst habe.

Mir gefällt, dass die Russen das Leben genießen wollen. Und zwar nicht über-übermorgen, sondern heute. Was sich allerdings noch ändern muss, ist die Qualität im Arbeitsprozess. Die Qualitätskontrolle müsste verbessert und die Löhne erhöht werden.

Ich bewundere die Großherzigkeit der Russen. Sie begegnen uns Deutschen ohne Hass, obwohl wir Waffen in die Ukraine liefern und obwohl unsere Vorfahren zusammen mit den damaligen Verbündeten 27 Millionen Sowjetbürger getötet haben.

Russen haben oft eine raue Schale. Aber sie sind mitfühlsam. Im Haushalt werden Knochen nicht einfach in den Müll geworfen, sondern sie werden an einer bestimmten Stelle zwischen den Wohnhäusern für herrenlose Hunde ausgelegt. Auch abgetragene Kleidung wird nicht achtlos im Müll entsorgt, sondern an einer sichtbaren Stelle neben den Müllcontainer gelegt.

Russen sind hilfsbereit. Als ich mir im Winter 1993 – kurz nach meiner Ankunft in Moskau – auf einem nicht gestreuten Weg ein Bein gebrochen hatte und eine Weile auf Krücken durch Moskau lief, halfen mir Leute Taxen anzuhalten. In der U-Bahn standen Passagiere wortlos auf, um einen Platz für mich frei zu machen. Ich fühlte mich fast wie ein Afghanistan-Kriegsveteran.

Als Journalist in Russland ist man oft erschöpft. Aber es gibt genug Möglichkeiten, die Seele baumeln zu lassen. Ein Spaziergang durch die Moskauer Altstadt oder eine Fahrt in das Moskauer Umland bringen die Welt wieder ins Lot.